張國榮

一場不會謝幕的流星盛宴

燕山刀客 著

橫跨樂壇與影壇，張國榮如何成就一代傳奇？
他的故事仍然在無數人的心中持續書寫

每一首深情旋律，都是他不朽的情感
每一位經典角色，都是他靈魂的倒影
再久的時光，都帶不走他的溫柔與力量

一個人如何跨越時代，留下無法被抹滅的印記
張國榮用他的璀璨人生，帶來了幾代人的永恆閃耀

目錄

自序　熱愛張國榮的理由

第一章　青春歲月

　　一、孩提時光，別問他為什麼不快樂 …………………… 012

　　二、留學英倫，收穫可以潛移默化 …………………… 018

　　三、躋身娛樂圈，有失落才有進步 …………………… 022

第二章　歌壇打拚

　　一、寶麗多時代，飽嘗失落與無奈 …………………… 028

　　二、加盟華星，貴人指點成大器 …………………… 033

　　三、愛的專輯是《為你鍾情》，愛的人又是誰？ ………… 040

　　四、征服紅館，正式躋身巨星之列 …………………… 046

　　五、揚威新藝寶，譚、張爭霸寫傳奇 …………………… 050

　　六、孤獨求敗，果斷擁抱新生活 …………………… 058

第三章　銀幕生輝

　　一、《喝采》聯手陳百強，讓自己的辛苦沒有白費 ………… 064

　　二、《失業生》再演配角，為自己贏得未來 …………………… 067

　　三、難忘1982，小明星有了大爆發 …………………… 071

　　四、《檸檬可樂》首當男一，展現不俗表演才華 ………… 076

　　五、褪去青澀，《烈火青春》跟上香港電影新浪潮 ………… 081

　　六、用心做《鼓手》，默默爭上游 …………………… 085

七、《楊過與小龍女》全情投入，遺憾之中有收穫 ……………… 087

八、珍惜《緣分》，珍惜陪你到老的朋友 ……………………… 092

九、《聖誕快樂》票房大爆，客串出場成就名場面 …………… 096

十、《為你鍾情》牽手李麗珍，花心浪子也迷人 ……………… 099

第四章　演技突破

一、相信《偶然》，才會擁有必然 …………………………… 106

二、《英雄本色》締造經典，請叫他演員張國榮 …………… 112

三、《倩女幽魂》感動天地，人鬼戀成就愛情經典 ………… 120

四、《英雄本色Ⅱ》水準欠佳，張國榮成亮點 ……………… 128

五、《胭脂扣》甘當綠葉，詮釋風華絕代十二少 …………… 133

六、《殺之戀》牽手鐘楚紅，票房慘淡卻讓人懷念 ………… 139

第五章　賀歲大戰

一、《新拍檔》聯手偶像，見證超級 IP 的衰落 ……………… 146

二、《縱橫四海》票房口碑雙贏，書寫浪漫黑幫片 ………… 152

三、《家有囍事》雙王霸榜，締造闔家歡喜劇 ……………… 160

四、《花田囍事》以古諷今，古裝喜劇玩出新高度 ………… 171

五、《東成西就》十星報喜，男一號戲份有限也出彩 ……… 176

六、《大富之家》充當外客，見識到愛情美的模樣 ………… 183

七、《金玉滿堂》用武俠方式拍美食，更有別樣浪漫 ……… 189

八、《大三元》出演靚神父，助人為快樂之本 ……………… 195

九、《97 家有囍事》關注回歸，賀歲影史華麗的客串 ……… 200

十、《九星報喜》再演古裝喜劇，後一次亮相新年檔 ……… 204

第六章　票房擔當

一、《倩女幽魂Ⅱ：人間道》大賣，從此站上影壇一線 ………… 212

二、《白髮魔女傳》上演曠世絕戀，原來這才是愛情 …………… 219

三、《金枝玉葉》牽手袁詠儀，清新主題傳遞愛情心聲 ………… 229

四、《錦繡前程》合作陳嘉上，出演草根逆襲者成經典 ………… 235

五、《新上海灘》再造經典，張國榮致敬周潤發 ………………… 242

六、《金枝玉葉2》揚威暑期檔，直擊性別困惑引關注 ………… 251

七、香港電影黃金時代，與張國榮個人同時結束 ………………… 255

第七章　家衛有約

一、《阿飛正傳》輸了票房贏得影帝，為王氏電影奠定基調 …… 262

二、慢工至榆林，《東邪西毒》締造另類武俠經典 ……………… 273

三、《春光乍洩》香港回歸前上演，不如我們從頭來過 ………… 282

第八章　中國大陸拍片

一、《霸王別姬》人戲合一，詮釋「不瘋魔不成活」…………… 290

二、《夜半歌聲》悲情虐戀，打造東方《羅密歐與茱麗葉》…… 300

三、《風月》再度牽手鞏俐，演活民國「無腳鳥」……………… 305

四、《紅色戀人》熱映，為香港電影人北上做先鋒 ……………… 310

第九章　力求卓越

一、回歸歌壇，他還是當仁不讓的天王巨星 ……………………… 318

二、《星月童話》浪漫入骨，生命中有什麼比愛更精采？……… 323

三、用《流星語》為港片探索新路，大銀幕上做父親 ………… 330

四、《鎗王》中自願演反派，癲狂式演技成就經典 ……………… 335

五、《戀戰沖繩》戀愛大作戰，張國榮拍得輕鬆⋯⋯⋯⋯⋯⋯342

　　六、《異度空間》站上天臺，入戲快，出戲也快⋯⋯⋯⋯⋯⋯347

第十章　導演之夢

　　一、《日落巴黎》景美人靚，跨國三角戀令人反思⋯⋯⋯⋯⋯356

　　二、《左右情緣》再續花都，年下戀能否進行到底？⋯⋯⋯⋯362

　　三、《煙飛煙滅》全程把控，見證個寶寶誕生⋯⋯⋯⋯⋯⋯⋯367

　　四、《偷心》未完成，留下太多遺憾⋯⋯⋯⋯⋯⋯⋯⋯⋯⋯⋯373

後記　做不了張國榮，也要做好的自己

主要參考文獻

自序
熱愛張國榮的理由

　　每個人都是生活在地球上的過客，都在自己的哭泣中來到人間，在他人的哭泣裡告別世界。

　　青春有期限，生命有盡頭。但是有一些人，明明早離開了世界，他們的名字卻被人反覆提及，一再緬懷，無限推崇。

　　毫無疑問，張國榮就是這樣有超級影響力的偶像。更值得強調的是，他是罕見的同時在樂壇與影壇取得極高成就的超級巨星。

　　他已經去世 20 年了，但是他的那些經典電影和金曲，一直是各大網站點播的熱門。

　　他已經去世 20 年了，得益於資訊科技的發展，他的各種資訊和錄像，反而在網路上越來越多。

　　他已經去世 20 年了，在「SARS」之後出生的年輕人之間，卻有著異乎尋常的影響力。這似乎是個很奇怪的事情，但是也足以證明，在某種條件下，代溝完全是個偽命題。

　　他已經去世 20 年了，但是他似乎一直生活在我們之間，從未離開。正如他的一首經典曲目：〈這麼遠，那麼近〉。

　　作品跨出娛樂圈，就把自己打造成文化品牌，成為一種社會現象，放眼整個華語娛樂圈，也唯有周星馳等極少數人，可以與張國榮相提並論。但是前者從未進入流行音樂界，在這一點上顯然相形見絀。

　　愛一個人需要理由嗎？需要嗎？不需要嗎？

自序 熱愛張國榮的理由

張國榮的人格魅力,既展現在其作品中,更體現在日常生活裡。作為身家數億的超級明星,他嚴於律己,勇於擔當,銳意進取,追求完美,照顧同行,提攜後輩,無論銀幕內外、臺下臺下,都堪稱楷模。

很多人以為,張國榮這樣的「準富二代」,是含著金鑰匙長大的。但事實上,他經歷的坎坷與挫折,一點也不少於普通人。他曾四年未出一張唱片、曾被嘲笑「公鴨嗓」、曾被視為只會演青春片和「叛逆少年」、曾經多次品嘗戀愛失敗的滋味、曾多次錯失執導院線電影的機會,更是不幸罹患了普通人難以理解的生理性憂鬱症。

在人生一次次的起起落落之中,張國榮輝煌時謙虛淡定,失落時奮起直追,他不光努力規劃和拓展自己的事業,更表現出了對香港和整個華語歌壇、影壇的高度責任感。只有這樣,在他不幸離世時,才會引發大家的震驚與那樣規模的哀悼;在他去世20年後,依然擁有極高的知名度與大量粉絲。

我們熱愛張國榮,既愛其才華與風采,更愛他的努力與堅韌。

我們懷念張國榮,既懷念其作品和逸事,更懷念他的修養與氣度。

我們學習張國榮,當然學不來他的歌藝與演技,但可以學習他的品德與「三觀」。

張國榮在歌壇的成就更是空前的,在「四大天王」之前,他已經是香港頂尖的流行歌手了。

但是,他的歌以粵語為主,在多數華語地區,還是電影作品影響更大、更深入人心。特別是為華語電影首次贏得金棕櫚獎和金球獎[01]的《霸王別姬》,堪稱他的封神之作。

張國榮的很多歌曲翻唱自日文歌,而每一部電影,幾乎都是獨一無二的原創。

---

[01] 本書中如無特別說明,金像獎均指香港電影金像獎,金馬獎均指臺灣電影金馬獎,奧斯卡獎均指美國電影奧斯卡金像獎,金球獎均指美國電影電視金球獎。

在香港電影最為輝煌的 1990 年代早期和中期，他的工作重心恰好完全轉移到了電影上。除了演唱參演電影的部分插曲，他幾乎停止了所有的歌壇活動。

張國榮個人表演的巔峰，與香港電影的巔峰時代幾乎完全重合，這是他本人的幸運，更是華語影壇的幸事。

在香港電影的黃金時期，張國榮從一開始就不是旁觀者、見證者、仰慕者，而是重要的參與者、締造者。抽取出他的名字，香港電影史肯定會面目全非。

2005 年，在百年百部華語電影評選中，由張國榮主演的電影達到 8 部，是所有演員中最多的，這是對其實力的充分肯定。

在社群媒體前 250 部優秀電影中，他主演的電影目前同樣有 8 部，與梁朝偉並列第一。隨著時間的推移，10 部指日可待。（《胭脂扣》與《家有囍事》）

他 8 次提名金像獎影帝，5 次提名金馬獎影帝，雖然只憑《阿飛正傳》得到了一次金像獎最佳男演員，但是在萬千影迷和眾多專業影評人心目中，他的地位無可取代。

1980 年代初，在校園青春題材興盛時期，他主演了新浪潮電影代表作品《烈火青春》，早於成龍和周潤發拿到金像獎影帝提名，還留下了《檸檬可樂》、《鼓手》、《緣分》等一大批優秀作品。

在平民喜劇和動作片主導市場時，他和周潤發聯袂主演了兩部《英雄本色》，開創了黑幫警匪片的新時尚，帶來無數跟風模仿，使之成為香港電影最重要的標籤之一，影響了之後 30 餘年。

在古裝電影幾乎無人問津時，他主演的兩部《倩女幽魂》，開創了古裝奇幻片的風潮，令香港電影的產業更新成為可能，更直接影響了《畫

皮》、《西遊‧降魔篇》等新世紀一大批華語古裝奇幻片的拍攝。

在唯票房論甚囂塵上的年代，他與關錦鵬、王家衛和爾冬陞等導演密切合作，拍攝了為華語電影史增輝的《胭脂扣》、《阿飛正傳》、《色情男女》等優秀文藝片，幫助香港電影贏得了更多國際聲譽。

在1990年代早期和中期，當周潤發淡出香港影壇之時，作為東方影業「一哥」，張國榮是唯一一個可以比肩成龍和周星馳的巨星，在一年一度的賀歲大戰中，也唯有他能與上述二人直接對抗並互有勝負。張國榮令自己的名字成為票房保證，在香港電影的黃金歲月，書寫了最後的輝煌。

在香港電影走向全面衰退時，他零片酬出演《流星語》，與日資合作出演《星月童話》，為本地從業者增加機會；他積極提攜後輩，還成立了自己的電影公司，為港產片度過難關，為華語電影產業全面崛起，進行了非常有價值的探索。

如果生命不是在46歲戛然而止，張國榮一定會為華語影壇和歌壇做出更多貢獻，但也因為他的突然離世，讓人更為崇敬、更加緬懷。

時光流逝，越來越多的年輕人加入了「榮迷」的隊伍。大浪淘沙，張國榮的電影和音樂作品，使得越來越多獨立思考、有判斷力的年輕人，自發成為張國榮的粉絲。從他身上，我們看到「一分耕耘，一分收穫」並不是空話，看到認真做事，明白做人產生的巨大示範效應。也能為自己的人生規劃，帶來非常寶貴的啟示與借鑑。即便再過五十年、一百年，相信他的作品也不會被埋沒，他的事蹟只會更加傳奇。

是為序。

燕山刀客

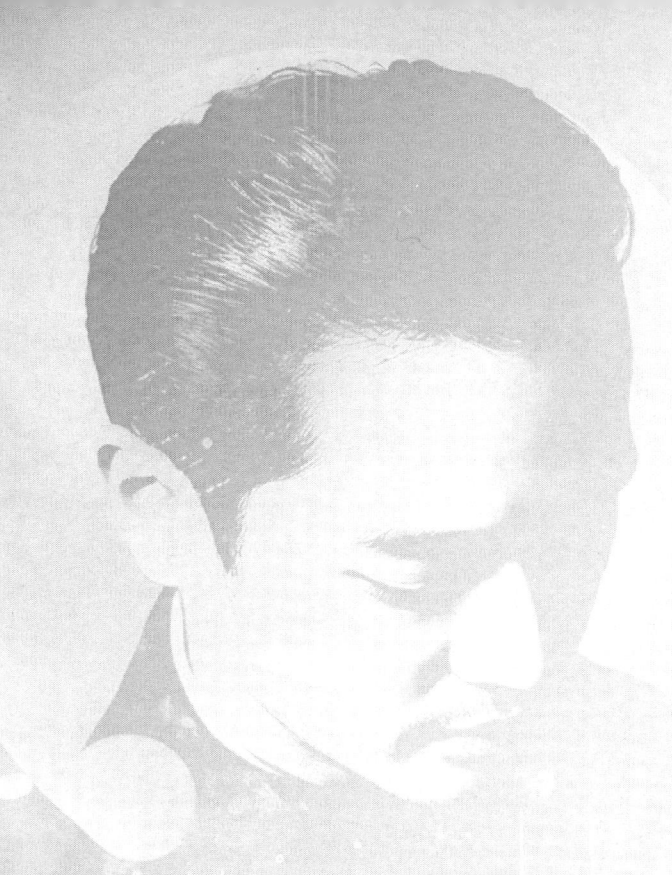

第一章
青春歲月

一、孩提時光，別問他為什麼不快樂

每個生命降臨人間，當然都不是他的自主選擇。但降生的時機、身處的家庭、成長的環境、求學的選擇，卻是極為重要的。

香港電影黃金時代的明星，很多都出身底層，但是成功逆襲，成龍、周潤發和周星馳均是其中傑出代表。因此，他們的作品中展現出比較強烈的草根意識。

而我們的主角，似乎是一個異類。

張國榮並非星二代，也非真正的富二代，並非憑出身就可以在娛樂圈獲得很多資源，但是他的家庭，也並非平民家庭可比。

張國榮的父親張活海，在1930年代移民香港。移民後，張活海在中環德忌笠街18號（現在的德己立街）開設了以自己姓名命名的洋服店鋪「西服家張活海」。

張活海對品質秉持著精益求精的態度。他曾經說過：「在任何情況下，我都嘗試讓西服來美化穿著者的身體。」

張活海的眼光、勤奮與人緣，為他贏得了香港「洋服大王」的美譽。成年之後的張國榮，對於時尚與著裝有深刻的洞察力，從一定程度上說，離不開父親的薰陶。

張活海的名氣大，甚至一些好萊塢巨星，都成了他的顧客。而香港的政界和名流，更以能在張活海處定製西裝為榮。被美國電影學會選為「百年來最偉大的男演員」第2名的卡萊・葛倫（Cary Grant），就曾與張活海有不解之緣。

葛倫曾向張活海定製了兩件上等上衣，並支付了2,400港元，希望他48小時之後送到自己下榻的酒店。這麼短的時間，這麼高的要求，一般人

恐怕都不敢接受，但是見過大世面的張活海，卻一口答應了下來。

在規定的時間內，張活海帶著衣服出現在了酒店。我們搞不清楚，這段時間內他是否闔過眼；但是可想而知，他承受的壓力是非常大的。試過衣服之後，葛倫相當滿意，還來不及表示感謝，張活海就掏出了 400 港元，當場要遞給他。

這玩的是哪齣呢，難道香港的裁縫還要給顧客小費？葛倫懵了。

原來，他是向葛倫表示歉意，因為時間倉促，原本打算使用的頂級羊毛缺貨，他來不及徵求葛倫的意見（當時也沒手機），就自作主張，用了次級的羊毛縫製。

這 400 元正是差價。張活海還進一步表示，如果對服裝不滿意的話，他願意將 2,400 元全部退回，分文不取。

話說得這麼真誠，葛倫又怎能不被感動、沒有回饋呢？

張活海沒有上過大學，沒有讀過多少書，他的身上，清晰地打上了時代的許多烙印。他的思考方式，難免也帶有時代的局限性。但是他誠實守信的美德，卻潛移默化地影響了每一個孩子，當然也包括張國榮在內。

1956 年，是農曆猴年。

9 月 12 日，在香港北岸灣仔區的一幢六層住宅裡，隨著一聲嬰兒啼哭，張活海和妻子潘玉瑤的第十個孩子來到了人間。父母為他取名張發宗，小名「十仔」。後來，還有了個土氣的英文名字 Bobby（警察）。這就是後來的張國榮。

不過，之前的 9 個孩子中，3 個已經不幸早夭。值得強調的是，十仔的出生日期，居然正是九哥的忌日。因此，一家人都堅定地相信，這孩子一定是老九轉世而來。

大姐張綠萍比十仔大 18 歲，差不多就像兩代人；即使老八，也比老

十大8歲。用今天的話說，張國榮和幾個哥哥姐姐，很難在一個頻道上。因此，儘管並不缺少親人的關愛，張國榮從小就不愛說話，顯得孤獨幽怨，經常是「出奇的安靜」。這顯然也影響了他成年之後的性格，影響了他的為人處世。

11天之前，另一位同樣姓張的男嬰，在遙遠的湖南長沙出生。

36年之後，在他們的本命年，兩人將合作一生中最為重要的作品。

兩人都是處女座，形象、氣質卻大為不同。

普遍認為，處女座「心思縝密，善於分析研究，追求完美」。這在張國榮的身上，顯然體現得非常充分。

張國榮有兩個母親，一個是親媽潘玉瑤，另一個是所謂的繼母。張活海同時擁有兩個配偶。直到1969年，香港才改革了婚姻法，實施嚴格意義上的一夫一妻制。但是之前形成的夫妻關係，並不用解除。

兩個女性即便不會在張家上演《甄嬛傳》，關係也好不到哪裡去。據張國榮回憶，繼母甚至用尿淋過他，真可謂是「童年陰影」。這會不會影響他對女性與愛情的看法呢，不得而知。

而張國榮與母親的關係，其實也談不上多好。這對母子一週只能在週六見一次面，而且，她因為工作，也不會留下過夜。

父親回家的次數更少，只是在端午或中秋這樣重要的節日才回家吃飯，還往往喝個爛醉，似乎沒盡到一個父親的責任。他的心思，幾乎都放在自己的店鋪生意上了。

張活海的兩個妻子日益衰老，他又娶了第三房。這還不算完，張活海又在尖沙咀著名的半島酒店長期租房，邀約一些年輕漂亮的女孩子過來「聊天」。潘玉瑤做出的反應，就是僱私家偵探跟蹤調查，這自然讓老公很不高興，夫妻關係就越發冷淡了。這種氛圍，敏感的十仔豈能感覺不到？

1962 年，在上完幼稚園之後，6 歲的張國榮進入了聖璐琦書院附屬小學。

大姐張綠萍和當時的姐夫亞巴斯正好也在書院教書，彼此能有個照應。

大姐也真是太不容易了。父親重男輕女到了骨子裡。張綠萍刻苦努力十二年，終於考上了這座城市的最高學府——香港大學，這在無數家庭看來是光大門楣的喜事，甚至能炫耀上一輩子。

但是張活海居然不願意女兒繼續讀書，希望她能留在店裡幫忙，或者早點嫁出去。

可是這個倔強的女孩，硬是靠自己打工和親戚資助，最終完成了學業，成為公務員，甚至在 1978 年當選了「香港十大傑出青年」。這一切當然不是靠爸，也不是沾弟弟的光。這一年，張國榮還只是個小歌手。

在家中，她則最疼這個比自己小 18 歲的十仔。張國榮也最尊重大姐，他倆的性格也非常相像，都在看似柔弱的外表之下，有著一顆永不服輸的心。

張綠萍深愛十仔，但絕對不是溺愛。恰恰相反，她對小弟的要求非常嚴格，潛意識裡，希望他至少能和自己一樣，考上香港最好的幾所大學之一。而張國榮的成績確實還可以，小學畢業前都在前十名。中文更是突出，曾經有過全年級第二的紀錄。

在聖璐琦時，張國榮結識了兩個好朋友，一個姓劉，一個姓關，大家聯想到什麼了沒有？對，就是桃園三結義嘛。

張國榮從小就重義氣、講信用，自律到了骨子裡。到了成年之後，雖說沒有再遇到這麼要好的兄弟，卻有幸結交了非常多的朋友，並讓自己活得坦坦蕩蕩，無愧於心。

第一章 青春歲月

學校就是個小社會。學生很自然地分成了好幾派。家境好的是一派，學習好的是另一派，但最吃香的往往是體育成績突出的。這樣的男生，最招女孩子喜歡。

據張國榮自己回憶說，還在上小學的他，居然已經開始 puppy love（小孩子的初戀）了。他對一位姓鄺的女生很有好感，一心想牽人家的小手，就一直給她傳紙條，後來還真牽到了。不過到四年級時，小姑娘跟隨家人移民去了加拿大，讓張國榮早早體會了一把「失戀」的滋味。

所謂塞翁失馬，焉知非福。張國榮化悲痛為力量，認真讀書，這才順利地升入了中學。

小時候的張國榮並不特別喜歡體育，卻相當熱衷於游泳池，4歲就開始游泳了。這個習慣的養成，也幫助他終生維持了好身材。

張活海應酬多。張國榮後來回憶說，有一次，他從泳棚的臺階走下去時，一眼就看到了父親和他的朋友們在說說笑笑。

張活海見到他，並沒有表現出多少驚喜和意外，就像看一個朋友的孩子一樣，這讓兒子難免有些失落。但父親還是親暱地摸了摸他的小腦袋，接下來更做了一個動作，讓兒子終生難忘。張活海把手伸進口袋，變魔術一般掏出了好大一把硬幣，讓小孩子眼前一亮。

當時牛奶才兩毛一瓶，這麼多錢不知道什麼時候才花得完。張國榮甚至都不清楚該怎麼花，於是把錢都交給了一直照顧自己的六姐。

這位六姐不是張活海的女兒，只是家中的傭人。她和張國榮的關係，有些類似《桃姐》中的那對主僕。

那一代的父母，往往都不願意直接對子女表達愛意，但是張活海對十仔的愛，其實一點都不少。都說談錢傷感情，其實能給錢才是真感情。

小時候的張國榮，自然難以理解父母的辛苦。長大之後，雖說沒有娶

妻生子，卻明白了長輩的不易。他後來回憶道：

　　父母對孩子的影響會是一生一世，我今日的事業，是父親間接的激勵，甚至我家中各兄弟姐妹的婚姻，也受到父親的影響，包括我自己在內。

　　上小學一年級時，張國榮第一次見證了親人的離開。

　　有一天放學後，六姐來接他。在路上，她突然告訴十仔一件事。「你待會兒不要害怕啊，婆婆睡著了。」

　　此時的張國榮倒是非常聰明，認定「睡著了」肯定是有大事發生，心裡也不好受。這是他生命中的第一次，見證一位親人的離開。

　　人人都不想死，但生命終歸是有限的，這是誰也擺脫不了的必然結局。那麼，活著的意義又是什麼呢？這時候的小國榮，顯然可能不會想這樣複雜的問題，但是自小敏銳脆弱的性格，使得他愈發要強，愈發不願過俗人的生活。

　　小學畢業後，張國榮升入了位於灣仔跑馬地的玫瑰崗中學。學校的校訓是「信守真理」，知名校友除了他，還有翁美玲、梁家輝、陳慧琳、蔡卓妍和林奕華等，稱得上星光熠熠了。因為有方便的校車，張國榮也就不需要六姐接送上下學了。

　　但是升到中學以後，張國榮的學習成績卻開始大下滑。父親忙於生意，也未能及時為孩子轉學，任由他在玫瑰崗當差生。

　　但張國榮顯然也不是一無是處、一無所獲。這時候的他，在英文朗誦、才藝和體育方面，可以說是自由發展，甚至是「野蠻生長」。

　　1969年2月28日，在第22屆香港校際音樂及朗誦節中，張國榮代表玫瑰崗中學參加了英文散文朗讀比賽，獲得了第3名，展現出了在公開場合的良好適應能力。

張國榮人長得秀氣，又喜歡羽毛球和足球，憑藉硬實力，他成為校隊成員。

但是，張國榮的中學生活，卻過得很不開心，這是為什麼呢？

二、留學英倫，收穫可以潛移默化

我們的小國榮這麼帥氣，但是學習成績並不能靠刷臉獲得。除了英語，他哪一門都不好。中學一年級就上了兩年——留級了嘛；然後中學二年級又危險了。按這個節奏，上完中學不得十來年？想想都怕。

終於，在1969年的一天，父親發話了：「看你在香港是讀不上學了，有沒有想過到別國去唸書呢？」

當時的小國榮，無疑如同溺水的遊客抓住了游泳圈、飢餓的孩子找到了泡麵，趕緊回答：「好啊，當然好啊！」

別看張活海平時對兒子不怎麼關心，關鍵時刻還是會幫他的。把這麼小的孩子送出去留學，開銷可不小，風險更不小。之所以選擇英國，並不是因為那裡是莎士比亞和披頭四的故鄉，想讓孩子多受藝術薰陶，只是相比美國和加拿大，英國的學校更好申請。

張國榮後來的經歷證明，這種薰陶真的是潛移默化的，英國真的沒有白去。

要離開家鄉了，13歲的孩子，似乎也沒有太多傷感，反而有了一種衝出牢籠、海闊天空的興奮。張國榮坐的包機叫Laker（大湖船），是專為留學生定製的，票價便宜，單程只要幾百港元，在飛機上居然還能看電影，夠新潮的。在印度短暫停留，就直接飛到倫敦了。

為了倒時差，張國榮就美美睡了一覺，不過時間稍微長了點——28個小時。

張國榮就讀的學校，是諾里奇的埃克爾斯霍爾中學，這裡遠離大都市，風景怡人、氣候溫和，一派田園風光，與香港的水泥森林形成了鮮明的反差。

但是，學校裡的各種規章制度，也讓張國榮覺得壓力不小。每天早上7點就得起床，自行收拾床鋪。盥洗完畢之後，步行10分鐘到餐廳。孩子們7點半吃早飯，有炸魚條、牛奶、雞蛋和麵包。當然了，入鄉隨俗，飯前禱告是逃不脫的。

中午12點吃午餐，有用牛肉、豬肉等做的馬鈴薯肉餡餅和肉糲子，還有甜點。不過沒有牛奶，只能喝水。吃完午餐後就要上課直到下午3點，然後就是運動時間了。

別看張國榮在香港時愛好體育，到了這裡卻變了。英國成年人往往都很紳士，西裝領帶文質彬彬，但是中學的體育課，卻熱衷於足球和橄欖球。

張國榮在香港人裡不算矮，但是跟英倫三島的當地孩子一比，那差距可就大了。只要被同學一撞，他都能坐地上半天起不來。

體育課要上到下午5點，然後去圖書館上自習，晚上8點回到宿舍，還要吃晚餐。不過夥食比較單調，也就一杯奶茶和兩塊餅乾。

因為吃不習慣學校的夥食，張國榮的父母甚至要從香港寄泡麵給他。但是就這種垃圾食品，居然也有孩子要偷，當時也沒有監控，丟了也就自認倒黴。

後來，張國榮和他的小夥伴們認識了一位好心的地理老師，將自家的廚房借給孩子們使用，讓他們煮泡麵。

可能是受這位老師影響，張國榮也喜歡上了地理課，特別是參加 field trip（田野旅行考察），更令他開心不已。這群孩子可以暫時擺脫學校的清規戒律和單調生活，來到英格蘭與蘇格蘭交界一帶，欣賞連綿的群山、壯觀的瀑布、一眼望不到邊的牧場，更有無比湛藍的天空。這樣的活動自然開闊了孩子們的眼界，對張國榮來說，也讓他比在香港的同學，能有更多的獨立生活能力和獨立思考的習慣。

人都是這樣，在家裡時覺得父母煩，離開久了，卻一定會想他們。每到假期，學生們就不能住校了。張國榮也曾回過香港，但是那樣確實太麻煩。在張活海的安排之下，著名影星傅聲的姐姐，就做了這孩子在英國的監護人。

傅聲姐弟的父親，是香港張氏宗親會會長張人龍，他和張活海關係很好，自然要照顧對方的小公子。

傅聲的姐姐在英國開了一家餐廳，小國榮假期沒有事，就跑到餐廳來幫忙，學著調酒當 waiter（服務生）。他長相秀氣又舉止斯文，穿上馬甲相當有型，當然能為傅姐姐多拉生意。

更重要的是，他的表演生涯，正是在這裡開始的。

在香港時，張國榮的英語就已相當不錯了。到了英國，透過自己的努力和老師指點，他的英語水平自然與在家裡時不可同日而語。

在這裡，張國榮喜歡上了大衛·赫伯特·勞倫斯（D. H. Lawrence）和威廉·莎士比亞（William Shakespeare）的作品，讀了大量書籍，自然也在無形之中，得到了不少文藝薰陶。

1960 年代末、1970 年代初，正值披頭四樂團風靡全球，無數英國年輕人以那四位利物浦小夥子為榜樣，希望能走上表演之路。愛上了英國文學的張國榮，隨之也愛上了英文歌曲。當然，上天對他真是不薄，讓他擁

有遠比普通人好的嗓子。

如果沒有這一段的餐廳駐唱經驗，他的人生，也許真的要重新改寫。

不過在當時，張國榮也不可能想像得到，自己會在不遠的將來，用英文歌開啟通往娛樂圈的大門，更要站在全香港最矚目的舞臺放聲歌唱，接受粉絲的瘋狂膜拜。

也正是在這段時間，張國榮還曾經從多佛搭船去法國加萊，然後一路去意大利、德國和荷蘭等國家遊玩。這樣的旅程也許一時半會兒不會為他帶來好處，卻讓他的精神氣質受到了相當程度的洗禮，讓他在潛意識中，明白了世界之龐大、個人之渺小，認識到了光陰之珍貴、人生之無常。

1976 年，張國榮即將年滿 20 歲時，考上了里茲大學。

今天，如果你有機會造訪里茲大學，就會發現這所名列世界百強的英國「紅磚大學」，還將張國榮當成知名校友重點推介，以此來吸引華人學生。

如果說來英國讀中學，還是父母的錢能解決的事；考上這樣級別的大學，主要就得靠自己努力了。很多英國當地人，對里茲大學也只能望而生畏。而他，一個黃皮膚、黑頭髮的香港孩子，卻拿到獎學金，就讀了紡織專業。

這個專業，當然也是張活海所期望的。自己的精力體力已經大不如前，如果有一個在英國鍍過金、又懂專業的兒子來當幫手，無疑是非常理想的事情。而張國榮對於服裝設計也很有興趣，更希望自己能成為知名設計師。

能在世界名校讀紡織專業的人，對於自身著裝的品味、對於時尚感的把握，怎麼可能差呢？冥冥之中，一切都有安排，甚至是最好的安排。

那麼，又是什麼事情，改變了他的計畫？

三、躋身娛樂圈，有失落才有進步

如果把人生比作一場演出，這程式可沒有劇本能預先把握。如果不出一場意外，也許張國榮真的可以成為一名出色的設計師或者服裝商人，穿梭在英國和歐洲大陸的各種時尚秀場，與大小名人觥籌交錯。

但是他哪裡想得到，計劃真的趕不上變化。

1976年，張活海突然病危，張國榮被迫中斷了在里茲大學的學業，返回香港。

喜的是，也許是因為他的回來，父親脫離了生命危險，只是從此癱瘓在床。憂的是，他的家庭，也不可逆轉地敗落了。經濟條件已經不允許他返回里茲大學，完成學業了。

這麼好的大學，說不上就不上了，是不是太可惜？但是與張國榮成年後的輝煌相比，一所世界一流大學的學位，似乎又不算什麼。

在英國生活了7年多，剛回到香港的張國榮，不得不面對生活的嚴峻挑戰。

他無奈地發現，自己的粵語講不好、中文也不會寫，怎麼能適應香港的生活呢？

不得已，張國榮做了一個讓我們看起來很不可思議的決定。

幾個月前，他還是世界百強大學的高材生；幾個月後，他居然進入了香港的威靈頓英文中學，不是任教，不是擔任教務人員，更不是當校董，而是做起了中學五年級插班生，跟一群弟弟妹妹共同學習，補習中文。

上完五年級，張國榮參加了全港統一會考。但是由於某些原因，他沒能繼續讀大學，而是早早步入了社會。據分析，可能是因為他與父母的關係惡化了。

張國榮離開了那個令他感受不到愛的家，開始自己租房住。為了餬口，他不得不四處奔波折騰。好在還年輕，什麼事情都能做。他打過零工、送過外賣，還擺起地攤，販賣一些自己根本看不上的牛仔褲和皮鞋。

成名之後的張國榮，絲毫不掩飾自己的這段經歷。但是他這樣對未來有追求的人，豈能這樣一直荒廢下去。

1978年，中國開始了改革開放。而香港經濟快速發展，文化娛樂產業更是一派繁榮。在香港這個開放的東方大都會，各種音樂選秀活動也是層出不窮，為非專業出身的年輕人提供了很多通向成功的跳板。

溫拿樂隊的輝煌影響了不少人，組樂隊在香港青少年中也很時尚。1977年5月，張國榮與幾個朋友組成了一個「ONYX」樂隊。憑藉自己的唱功和顏值，張國榮成為主唱。「ONYX」並沒有特殊含義，指的是一種黑色石頭。

就在同月，麗的電視臺（亞洲電視的前身）主辦了一次亞洲業餘歌手大賽。張國榮有個樂隊搭檔很有興趣，於是就拉他一起參加。

當時的張國榮，說窮困潦倒並不誇張，甚至連5港元報名費都拿不出來。當他鼓起勇氣向一個人借錢時，對方不但沒有令他難堪，反而慷慨地掏出20港元，根本不在乎他到底能不能還。

這樣的人，難道不值得感激一生嗎？

這20港元，顯然比他成名後賺的200萬還有意義。

她不是別人，正是從小照顧張國榮的六姐。

張國榮帶著這筆「鉅款」，坐船來到了麗的總部。他一開口，就把評審給鎮住了。

一個黃皮膚、黑眼珠的本地孩子，居然把英文歌唱得這樣標準、這麼到位！張國榮演唱的是紐約民謠搖滾歌手唐・麥克林（Don McLean）於

1971 年完成的〈American Pie〉（〈美國派〉），這首歌長達 12 分鐘。不過，張國榮初賽時只唱了六七句就過關了，複賽時，他唱到兩分鐘，又被評審打斷。

就這樣，張國榮就進了決賽，簡直有點幸福太快、太突然的感覺。

今天的歌迷喜歡稱張國榮為「哥哥」，其實，他就像個永遠長不大的孩子，不願放棄自己的原則。

當時，著名音樂人黎小田正是評審之一，他希望張國榮在決賽時演唱一個 3 分鐘版本，但是後者據理力爭，表示一定要唱完，還說對方的做法「It doesn't make sense（沒有道理）！」

如果換成別人，恐怕當時就生氣了，可是黎小田卻記住了這個模樣清秀的大男孩。此後，他們更成了忘年交。當然，張國榮最後也做了妥協。

邀請他一同參賽的朋友，早就在試音時被淘汰了。張國榮卻一路殺入決賽，最終名次也是他之前沒有想到的。

人生，真的是變幻無常。

5 月 10 日，張國榮迎來了香港區決賽，與他同場角逐的還有另外 11 人。

張國榮第 7 個出場。他留著香港青年當時熱衷的半長髮型，一身白衣白褲，打著紅領帶，腳蹬紅色長筒靴，十分帥氣，演唱的依然是〈American Pie〉。這個大男孩嗓音渾厚，肢體語言相當豐富，唱到動情處邊歌邊舞，臺下觀眾的回應也相當熱烈。

評審潘迪華後來回憶說，當天的比賽，她給張國榮打的是滿分。她非常欣賞這種唱功扎實又非常有現場表現力的年輕人。

遺憾的是，張國榮贏得了現場觀眾的高度認可，但是沒有完全征服評審。他最終以 696 分屈居亞軍。

麗的電視臺高層對比賽非常重視，總經理黃錫照特意由菲律賓趕回香

港，親自主持了頒獎儀式。冠軍得主鍾偉強獲得 5,000 港元現金及名貴紀念品一份；張國榮獲得 3,000 港元現金及名貴紀念品一份。兩人將代表香港，角逐在香港大會堂音樂廳舉行的總決賽。

在總決賽中，鍾偉強表現一般，而張國榮的發揮依舊非常出色。後來與這位巨星多次合作過的大導演陳可辛，居然也清楚地記得這場比賽。

但是，上天似乎又和張國榮開了個大玩笑。他最後僅獲得第 5 名。冠軍被菲律賓的丁馬卡度獲得。

當時，菲律賓評審巴絲麗奧為張國榮打了 77 分──這可是全場最低分。而香港評審黎小田為丁馬卡度打了 93 分，差距就這麼被拉開了。

如果張國榮順利拿下冠軍，他的人生會重新書寫嗎？後來的經歷證明，他沒有拿到第一，反而是個好事。這讓他隨時自醒，逼出了他不服輸的勁頭。

張國榮的成名之路，遠沒有普通人想像的那樣光鮮、那般順利。其間經歷的波折、遭受的意外、承擔的屈辱，外人真的難以體會。

雖說成績一般，但是很多媒體卻對張國榮有了更多關注。時任麗的總經理助理兼節目總監的鐘景輝，對這個秀氣的大男孩更是青睞有加，與他簽訂了為期 3 年的工作合約，每月 1,000 港元，這待遇相當不錯了。

從此，張國榮就有了自己第一份比較體面的工作，在電視臺做主持。

1977 年 5 月 24 日，原本是尋常一天，但是所有的榮迷，恐怕都不應該忘記。張國榮 25 年無比輝煌的娛樂圈生涯，正是從這一天開始的。他的第一份工作，是綜藝節目《星期三晚會》的主持之一。

麗的所在的廣播道位於小山丘上，卻集中了麗的、無線和佳藝 3 家電視臺，以及香港電臺和香港商業電臺。這五大媒體大廠扎堆之處，被市民戲稱為「五臺山」。

就在這一年，張國榮的好運接連不斷：一家頂級唱片公司聯繫他，要他當簽約歌手；一位資深製片人聯繫他，要他出演新片的男一號。

這位日後的天王巨星，難道就這樣踏上一帆風順之路了？

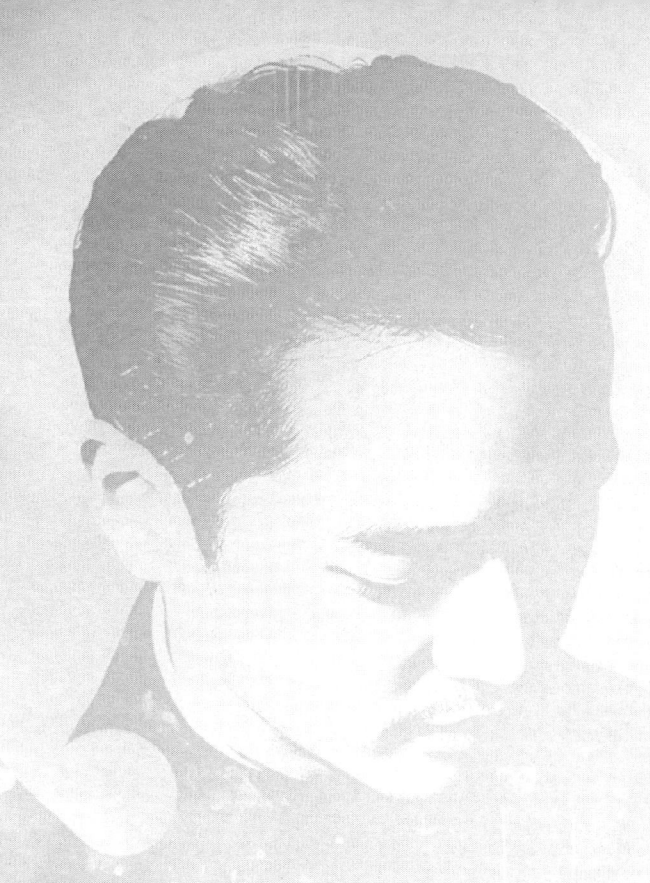

第二章
歌壇打拚

一、寶麗多時代，飽嘗失落與無奈

即使組樂隊「ONYX」時，張國榮也不敢想像能以歌唱表演為職業，畢竟在他小時候，完全沒接受過專業訓練。

但是事實證明，唱歌與踢球還真不一樣，真不一定非要從娃娃抓起。

麗的高層對這位帥氣的年輕人相當欣賞，簽約兩天之後，就安排他在知名綜藝節目上亮相。不久，張國榮又參演《星期三晚會》，還客串了《繽紛帶你威》。

進入麗的之後，因為張發宗的名字沒有星味，又和「發腫」音近，公司決定為他改名。

從此，世間就多了一個張國榮。「國榮」這名字大氣好記，方便傳播。進入麗的不久，張國榮又為自己取了個Leslie的英文名。

Leslie取自英國著名演員萊斯利・霍華德（Leslie Howard），他是現象級電影《亂世佳人》的男二號。而Leslie的名字比較中性，不那麼「直男」，可能會更吸引女性粉絲。

常言道，福無雙至，禍不單行。但是，1977年的張國榮，確實相當幸運。

香港寶麗多（下稱寶麗多）旗下藝人有鄧麗君、徐小鳳、泰迪・羅賓、許冠傑和溫拿樂隊等。能跟這麼多偶像成為同事，絕對是無數年輕人夢寐以求的事情。張國榮當然喜出望外，毫不猶豫就簽字了。

加入寶麗多之後不久，張國榮成為譚國基旗下藝人。他以為自己能有一個很好的發展，卻沒有想到，一齣悲劇即將上演。

「既生瑜，何生亮！」《三國演義》中，周瑜在臨終前絕望地喊道。換成張國榮，恐怕就得喊「既生榮，何生強」了。

強，就是陳百強，雖說不會比張國榮強百倍，但是優勢卻非常明顯。

陳百強和張國榮一樣，有著香港青年中不可多得的貴氣與儒雅，也有著相當不錯的聲線和唱功。這麼好的條件，想低調真的不太容易。

而且，陳百強還是香港樂壇中不太多見的創作型才子。

1978 年，陳百強和張國榮相識了。陳百強家境優越，對著裝和生活品味非常講究，讓張國榮相當羨慕。而前者的作曲才華，更讓後者感覺差距甚遠。

相比張國榮出道後的諸多坎坷，陳百強卻以火箭一般的速度竄紅。1978 年，香港商業電臺（簡稱 HKCR）開始舉辦「十大中文金曲評選」，不分普通話與粵語，也不限制演唱者的身分。1979 年，21 歲的陳百強就憑藉〈眼淚為你流〉這首歌，在當年的「十大金曲」中排列第七，譚詠麟這一年還沒有歌曲入選呢。

相比張國榮，陳百強內向靦腆、不善交際，最大的愛好就是寫歌唱歌。他能夠脫穎而出，實在是香港樂壇乃至華語樂壇的幸事。當然，陳百強是貴公子出身，在娛樂圈遇到的障礙與阻力，比那些寒門子弟小太多了，這也是事實。

第二年，為了替陳百強的音樂之路造勢，經紀人譚國基推出了青春校園片《喝采》，由旗下陳百強、鍾保羅和張國榮主演。

1983 年，邵逸夫掌控的電視廣播有限公司[02]，也推出了自己的勁歌金曲排行榜。相比 HKCR，TVB 有著更為強勢的平台、更加娛樂化的行銷，自然也更受香港年輕人的青睞。勁歌金曲榜未必是最權威的，卻很快成為香港以至整個華語流行音樂中最有影響力的獎項。

當時，在勁歌金曲榜的歌，必須用粵語演唱，歌手必須是香港公民。

1984 年，勁歌金曲榜又增加了最受歡迎男女歌手的評選，自然引發了

---

[02] 俗稱無線電視台，簡稱 TVB。

更多關注。當然以香港樂壇陽盛陰衰的現實，最佳男歌手才是媒體和歌迷最為關注的對象，才是實力的代表。

張國榮擅長演唱英文歌，寶麗多也能人盡其才。1977 年 8 月，公司就發行了一張拼盤專輯《多多寶麗多 Summer Special》，銷量超過 3 萬張，成為當年的金唱片。許冠傑、許冠英、陳麗斯和秋霞等歌手都有歌曲收入，張國榮則有〈I Like Dreamin'〉等兩首收錄。次年 4 月 8 日，他還代表公司，領取了香港國際唱片業協會（簡稱 IFPI）頒發的金唱片獎[03]。

生命中的第一次，往往都令人無比難忘。這年 8 月，寶麗多為張國榮發行了第一張唱片《I Like Dreamin'》，不過只收錄了兩首歌。這就是人們所說的「迷你專輯」（簡稱 EP）。

這位天皇巨星的一小步，應該說也是香港樂壇的一大步了。公司策略相當保守，只製作了 500 張，就這還有很大一部分銷不出去，靜靜地躺在倉庫裡。當張國榮紅遍香港時，這張處女專輯自然也是身分猛漲，很多歌迷不惜血本也要收藏一張——真正的限量版。

相比之下，當年許冠傑的唱片《賣身契》卻實現了十一白金的銷量。同名電影也力壓成龍《醉拳》，以 782 萬[04] 的票房成為年度冠軍。

8 月 27 日，張國榮再受打擊。在香港「青年音樂節」之寶麗多專場上，他得以與許冠傑、溫拿樂隊和陳斯麗等大咖同臺演出。

這本是提升人氣、擴大影響力的大好機會，但是張國榮出場時，場下卻噓聲四起，還有歌迷高喊「快回家休息啦」，現場氣氛很不友好。他頂著噓聲堅持唱完，但內心的失落與不忿顯然是相當強烈的。

後來提及此事時，張國榮這麼說：

我這個人的原則就是，我做的事一定要做得好，我一定要讓你們覺得

---

[03]　IFPI 當時規定，25,000 張為金唱片，50,000 張為白金唱片。
[04]　注：本書中涉及的電影票房，香港默認港幣，台灣默認新臺幣，中國大陸默認人民幣。

我做得好，我是用心的，只不過在那時你不接受我，是因為你未必認識我是誰，你未必真的留心去聽我的歌，或那時候我根本唱得不好。但始終有一天，當我練好了回來的時候，我就要你賞識我，要你看得起我。

1978 年 1 月 8 日，寶麗多發行了張國榮生平的首張專輯《Day Dreamin'》，專輯的 12 首歌全是英文歌，但都不是原創，而是在海外被人唱過再買版權的，也沒有他最喜歡的 American Pie。唱片上市之後反響平平，張國榮則被批評為「雞仔聲」、「不夠成熟」等。

1 月 19 日，張國榮參演的首部院線電影《紅樓春上春》也上映了。出品方是知名電影人吳思遠的思遠影業，首次接觸電影的他，演的就是男一號賈寶玉。可這部電影，卻成了張國榮一生不願意提及的汙點。

原來，這部致敬林青霞《金玉良緣紅樓夢》的電影，是一部不打馬賽克的「春宮片」，當時香港也沒有電影的分級制度。

唱片賣不動，拍電影被忽悠，讓張國榮在麗的的日子更不好過。但是公司卻主動為他加薪了。為什麼呢？

作為無線和麗的之後的第三電視臺，佳視為了拉攏人才，只能開比它們高得多的薪水。之前，毛舜筠已經「過檔」佳視，出演了《紅樓夢》中的林黛玉。由於張國榮和她傳過緋聞，佳視準備以 6,000 港元的年薪挖走這個不得志的帥哥。

麗的高層聽到風聲之後，很快採取對策，給張國榮的薪水漲到了 2,950 港元（也有 2,900 港元和 2,980 港元的說法），這讓他非常開心，也就暫時打消了跳槽的念頭，還參演了電影《鱷魚淚》、《死結》等，並主持綜藝節目《跳躍奔騰》。

1978 年 11 月，在古裝武俠片《浣花洗劍錄》中，張國榮出演男一號方寶玉，這又是個生命中的第一次。

顯然，他之前的表演才華與職業態度，已經得到了高層的相當認可。但是同名主題曲的演唱，卻安排給了李龍基。也許是想補償張國榮，公司安排他演唱了《沈勝衣》和《變色龍》兩部劇集的主題曲。

拍戲與唱歌，真的是可以互相幫襯的。1979年4月，寶麗多發行了一張粵語拼盤唱片，其中有譚詠麟兩首歌，也有張國榮兩首，並且專輯名稱就叫《沈勝衣》。這麼一來，在香港1980年代常被拿來比較的譚、張兩位，他們的名字首次出現在了一張唱片上。

9月10日，又是一個所有榮迷都不能忘記的日子。張國榮的首張粵語唱片《情人箭》，由寶麗多在全亞洲正式發行。值得強調的是，這比譚詠麟的首張個人專輯還早15天。

《情人箭》收錄了12首歌，其中有7首都是熱門電視劇主題曲，〈追族〉、〈情人箭〉和〈沈勝衣〉是張國榮為同名劇集演唱的主題曲，而〈浣花洗劍錄〉、〈變色龍〉、〈大亨〉和〈大報復〉則是翻唱他人的作品。

上一年，約翰・特拉維爾塔（John Travolta）主演的歌舞片《油脂》以1.6億美元拿下北美冠軍，又以417萬港元成為香港西片[05]第一，讓更多的本地年輕人愛上了迪斯可。張國榮的專輯中，還特意加入了一首迪斯可曲風、旋律明快的〈油脂熱潮〉。他當然也不會想到，18年後，這位好萊塢大帥哥居然會在一位香港導演的指導下拍片。

雖說連結了很多熱門電視劇，《情人箭》上市之後，並沒有寶麗多所期待的熱賣，銷量也就5,000多張。而譚詠麟的《反鬥星》卻成為金唱片，兩人的差距實在過於明顯。

走得更遠的，無疑是比他倆更年輕的陳百強。9月1日，百代唱片為陳百強發行了首張專輯《First Love》，包含英文歌和粵語歌各6首，上市

---

[05]　外國電影，多指西方電影。

之後大受歡迎，毫無懸念地成為白金唱片！其中，由他本人作曲的主打歌〈眼淚為你流〉，入選了香港電臺「十大中文金曲」，做到這點比張國榮整整早了 5 年。

主宰 1980 年代香港流行樂壇的三位王者——「三王」，發行的首張個人專輯，居然都在 1979 年 9 月，真的完美詮釋了什麼叫「神同步」，不能不說是一段佳話。

不過，譚詠麟比張國榮大 6 歲，還讓後者覺得有追上的可能；陳百強比張國榮小 2 歲，專輯銷量卻是他的 10 倍多，這難免就讓人苦悶了。

更要命的是，張國榮很快就陷入了將近 4 年的「空窗期」。直到跳槽新東家，他才得以發行新唱片。

不過，也正是在這段時間裡，張國榮在影視方面不斷進步，先後主演了《對對糊》、《甜甜廿四味》等多部偶像劇和《檸檬可樂》、《烈火青春》等青春電影，累積了一定的名氣與粉絲，他的娛樂圈生涯並沒有中斷。

與此同時，張國榮也沒有放棄歌唱夢想，一直努力堅持，一直「默默爭上遊」。有演唱劇集主題曲和外派演出的機會，他就全情投入、全力以赴。

命運拿你開玩笑，你讓命運受嘲笑！

二、加盟華星，貴人指點成大器

人生在世，個體力量極其有限，即便天賦滿滿，沒有合適的平台就難以「破圈」。

作為張國榮的第一個經紀人，譚國基似乎對張國榮的栽培不太用心。

否則，兩人也斷不會鬧到對簿公堂的地步。

作為張國榮的第一家唱片公司，寶麗多似乎也沒有看到這位帥哥的潛能。否則，絕不會在出過兩張唱片之後，就對他「不聞不問」。

當然，就在張國榮出不上唱片的這段時間裡，譚詠麟卻在寶麗多的強力扶持之下，坐穩了公司「一哥」的位置，更坐上了香港樂壇的頭把交椅。

作為一個天生要強的孩子，張國榮可不願意輕易承認自己的失敗，不想徹底放棄歌唱夢想。

被寶麗多否定，不等於被全世界否定。但是有時候，就算被全世界否定，也得有不認輸的勁頭與偏執。

張國榮是努力的，更是睿智的。在未能出唱片的那幾年，他不但拍攝了大量影視作品，還演唱了其中大量插曲並登臺演出，並不斷磨練歌唱技巧，不讓自己的歌唱能力退化。

張國榮更是幸運的。他離開了寶麗多，加盟了新成立的華星唱片。否則，譚、張爭霸就永遠不會出現了。

同時，張國榮與麗的的合約也到期了，《凸凹神探》是他在這家公司參演的最後一部劇集。

此後，他就可以在 TVB 拍電視劇、在邵氏和其他公司拍電影、在華星出唱片，真正成為影視歌三棲明星。

樹挪死，人挪活。這話一點兒不假。

1982 年，絕對是改變張國榮人生的一年。

華星是邵逸夫旗下公司。1982 年，華星成立唱片部，開始像寶麗多一樣包裝藝人。有 TVB 這棵大樹，華星不可能默默無聞。

華星的第一位簽約歌手，是在日本走紅的陳美齡。她用普通話演唱的〈原野牧歌〉，幾乎家喻戶曉，比張國榮甚至張明敏都有國民度。

而張國榮，則是華星第一位簽約男歌手。他能夠加盟，是幸運地認識了又一位貴人。

此人叫陳淑芬，負責新成立的華星唱片。張國榮拍攝《鼓手》時的表現讓導演楊權非常滿意，遂把他介紹給了陳淑芬。

而陳淑芬看到了張國榮的潛力，果斷地簽下了他。從此也開啟了兩人超過 20 年的密切合作。

更讓張國榮高興的是，當年帶他入行的黎小田，同樣也加盟了華星。

就在這一年，黎小田運作了第 1 屆香港新秀歌唱大賽。時年 19 歲的梅豔芳，以〈風的季節〉一曲奪冠並加盟華星。

她從華星一姐迅速成長為香港一姐，也成為張國榮一生中最重要的「紅顏知己」。

當時，放眼整個香港，恐怕也只有華星，能把張國榮當成頭牌男星打造；也只有華星，能夠背靠 TVB 這棵大樹，與全球頂級唱片公司在香港的機構正面抗衡。似乎可以小心翼翼地加上一句：放眼整個香港，也只有陳淑芬和黎小田這樣慧眼識英雄的高階主管，才能令張國榮發生神奇蛻變，以 28 歲「高齡」，躋身香港一線歌手之列。

1983 年 5 月 1 日，在上年連續主演了 3 部院線電影，票房總和接近 1,000 萬的張國榮，又迎來了自己在歌壇的巨大突破：時隔近 4 年，他的第 4 張唱片終於釋出了。

新專輯定名為《風繼續吹》，寓意似乎是，那個在選秀舞臺上活力無限的小夥子，現在又回來了，繼續向全港歌迷展現實力。黎小田、鄭國江和顧嘉輝擔任製作人，封套的設計者，是著名設計師張叔平。

專輯 12 首歌中，有 7 首為原創，比例不低。電影歌曲有 4 首，包括〈烈火青春〉主題曲〈流浪〉，以及〈鼓手〉主題曲〈默默向上游〉和兩首插

曲〈人生的鼓手〉和〈我要逆風去〉。

至於專輯主打歌〈風繼續吹〉，並不是一首原創曲目，而是改編自日文歌〈再見的另一方〉，是山口百惠告別專輯《不死鳥的傳說》中的名曲。

當時，香港的流行音樂與日本差距甚大，很多粵語歌都是翻唱熱門的日文歌曲，要不然，黃家駒怎麼會發出「香港有歌壇無樂壇」的感慨呢？但是在黎小田看來，翻唱〈再見的另一方〉，有著特別重要的意義。

在1980年代初期，山口百惠可謂如日中天，張國榮和梅艷芳等都視她為偶像。她在21歲時結婚，告別娛樂圈，轉做全職太太，離開鍾愛她的萬千歌迷，山口百惠心中除了成家的幸福與喜悅，何嘗沒有遺憾與失落呢？〈再見的另一方〉傳遞出的，是對歌迷的感激與歉意。但〈風繼續吹〉表面上是描述情侶的離愁別緒，實際上是表達張國榮堅持音樂夢想的決心。

> 風繼續吹　不忍遠離
> 心裡極渴望希望留下伴著你　風繼續吹不忍遠離
> 心裡亦有淚不願流淚望著你
> 過去多少快樂記憶　何妨與你一起去追
> 要將憂鬱苦痛洗去　柔情蜜意我願記取

作為張國榮歌唱道路和人生旅程上的貴人，黎小田不光幫他製作了這張專輯，還全方位指導他的唱功。當時張國榮已不年輕了，他的聲線過尖，被人戲稱「公鴨嗓」。黎小田建議他向渾厚低沉的音調轉變，聽起來更有成熟男人味。同時，也糾正了他「吞音」、吐字不清的毛病，盡量帶給聽眾更愉悅的感受。

張國榮天分不低，悟性很高，又非常努力，在名師指點之下，取得的進步自然肉眼可見。但更重要的是，他有了一個更好、更可能脫穎而出的

平台。

　　作為華星簽下的首位男歌手，公司對張國榮專輯的重視程度，當然和群星薈萃的寶麗多完全不同。年輕的張國榮，幸運地獲得了發展。但更重要的是，他的天賦和努力程度，匹配得上這個運氣。

　　況且，華星和TVB是兄弟公司，既可以利用電視臺的資源為新歌造勢，也可以更方便地安排旗下歌手參加TVB節目來刷臉，提高曝光率與知名度。

　　《風繼續吹》上市之後，並沒有立竿見影般讓張國榮爆紅，最後也只是成為金唱片。但是對他來說，無疑是可喜的進步。之後，無論成就有多高，在樂壇走多遠，張國榮都不會忘記這張專輯及同名主打歌。作為一個懂得感恩、懂得珍惜的人，對偶像山口百惠為自己帶來的好運，他也一直不會忘記。

　　恰好就在這一年，在香港流行音樂一片繁榮的大背景下，財大氣粗的TVB模仿香港電臺，開始評選「十大勁歌金曲」。以無線的媒體號召力，這個獎項很自然成為全港最為權威、各家唱片公司最為看重的獎項。

　　這一年的11月，張國榮發行了在華星的第二張專輯《張國榮的一片痴》，但反響較為平淡，只有主打歌〈一片痴〉入選了1983年「十大勁歌金曲」第4季的10首季選歌曲。專輯中收錄的〈願能比翼飛〉，則是他主演的邵氏武俠片《楊過與小龍女》的主題曲。

　　次年1月，香港樂壇迎來了史上首次「十大勁歌金曲」頒獎禮。當時風頭最強勁的又是張國榮的老熟人。

　　陳百強以〈今宵多珍重〉順利入選，還拿下觀眾調查最受歡迎獎，可謂贏得了滿堂彩。遺憾的是，此時TVB還未評選金曲金獎和最受歡迎男女歌手，否則以陳百強的人氣，有很大的機率會力壓譚詠麟登頂。

一個人要想成功,實力與運氣缺一不可。陳百強確實是缺點運氣。而改變張國榮一生命運的契機,就出現在了這一年。

1984 年 4 月 1 日,張國榮和陳淑芬、黎小田等人現身東京音樂節,為公司偶像組合「小虎隊」助威。這個組合由胡渭康、林利和孫明光三位陽光大男孩組成,由於表現不佳,第二年就解散了。

當時,現場有一位新人吉川晃司,表演了一首激情四射的舞曲,邊唱邊跳,格外瀟脫,十分帶感,很快將現場觀眾的情緒引爆了。陳淑芬等人見多識廣,也都被深深吸引了。

音樂嗅覺極其敏銳的張國榮,馬上意識到自己能夠駕馭好這樣的舞曲。所謂言者無意,聽者有心。陳淑芬立即動用了一切能夠利用的關係,費盡手段,終於買下了這首歌的中文版權,並在第一時間找黎彼得填詞,加至張國榮將在當年 7 月 15 日發行的新專輯之中。

張國榮的人生命運,從此就被這首歌改變。時至今日,無數榮迷依然願意高呼:

Thanks thanks thanks thanks Monica 誰能代替你地位……

這就是〈Monica〉。不過,今天我們回想起來,如果張國榮不去東京,如果沒有〈Monica〉,他就沒有衝上一線的可能嗎?當然不是。機遇永遠垂青有準備的頭腦,並不是一句空話。只要不停努力,永遠保持開放的心態與敏銳的時尚感,機會還是一直會存在的。

但是也並不能說,張國榮命中注定能夠成為天王巨星。他的成功,其實也是小機率事件。

1982 年,全球流行音樂第一人麥可·傑克森(Michael Jackson),發行了他最為成功的專輯《Thriller》,透過索尼唱片精心拍攝的 MTV,這首迪斯可舞曲風靡一時。1984 年 5 月,好萊塢電影《Breaking》震撼上映,受

到全美青少年廣泛追捧。7 月 28 日，第 23 屆洛杉磯奧運會開幕式上，數千時尚的男女青年伴隨著麥可‧傑克森演唱的勁爆熱歌〈Beat It〉，大跳霹靂舞，成為當天最為激動人心的表演之一。

從此，太空步和霹靂舞也就衝出了美國，很快流行到全世界。〈Monica〉的 MV 之中，也很應景地加入了一些霹靂舞動作。張國榮雖說不是郭富城和草蜢那樣的專業伴舞出身，但跳起來也是活力十足。

事實上，〈Monica〉的中文歌詞並沒有多少新意，只是一個情場浪子的懺悔，其實並不利於口耳相傳：

只可惜初生之虎將你睇低　好多謝分手你啟發了我

期求原諒我

餘情隨夢去你不要計

但是誰在意呢？跟著強勁的旋律搖擺身軀、放縱自己就好了。1984 年的夏天，香港哪家迪斯可舞廳如果沒有唱片〈Monica〉，肯定是要被年輕人恥笑的。哪個帥哥能學著張國榮唱跳一下，沒準自己的桃花運就來了。

1984 年的張國榮已經 28 歲，長年的舞臺經驗，讓他駕馭舞曲時沒有任何拘束感，帥氣的外形及出色的聲線，又為歌曲加分不少。7 月 15 日，以張國榮英文名 Leslie 命名的全新專輯震撼上市，成為他生平第一張白金唱片。

專輯包括 12 首歌，〈Monica〉、〈H2O〉是充滿青春活力、熱情勁爆的舞曲，〈儂本多情〉、〈不怕寂寞〉是溫柔抒情的慢歌，〈柔情蜜意〉、〈一盞小明燈〉則更顯甜蜜溫暖。

據著名影星章子怡透露，正是聽了〈儂本多情〉之後，她才瘋狂地迷上張國榮。同班同學梅婷能和張國榮演情侶，讓她羨慕不已。而在這首歌的同名電視劇中，張國榮飾演的「少女殺手」James 也吸粉無數。這種帥

氣中帶有一點不羈味道的「壞男孩」，最能讓青春少女無可救藥地迷戀與仰慕。

人氣暴漲的張國榮沒有自滿，還在向更高的目標衝刺。

三、愛的專輯是《為你鍾情》，愛的人又是誰？

1984 年的張國榮，雖說只發行了《Leslie》一張專輯，卻創造了四白金的佳績。隨後，〈Monica〉又首次入選「十大勁歌金曲」和「十大中文金曲」。

在年底的香港「十大當紅人物」評選中，張國榮也首次入選，排名第六，譚詠麟高居第一。不過許冠傑、成龍和周潤發等真正的頂尖明星，並沒有出現在這個榜單上。

可以說，經過將近 7 年的不懈努力，到了這一年年底，張國榮終於躋身一線歌星之列。他以帥氣俊朗的外形、華麗多變的曲風、大膽出位的現場表演，收穫了大批粉絲，特別是正值青春年少的女孩子。

想想連張國榮都要熬 7 年，我們普通人受些挫折簡直太正常了。

到了 1985 年，說張國榮集萬千寵愛於一身，已經不算誇張了。他在香港以至整個華人世界到底有多少迷妹，誰也統計不清。但是有一點毫無疑問，如果哪一天他公布戀情，無疑會令許多少女心碎流淚，甚至有更加不理智的行為。

5 月 14 日，一個非常值得紀念的日子。多數榮迷肯定會相當開心，但是也有許多少女，一定會有別樣感觸。

時隔 10 個月之後，千呼萬喚之下，張國榮發行了他在華星的第 4 張粵

語專輯。如今，誰還收藏有這張唱片，並且儲存完好，絕對能大肆炫耀。

這是香港歷史上第一張白膠唱片。在封面上，張國榮穿著米白色西裝，深情款款，一臉幸福，左手無名指上戴著卡地亞戒指——有沒有搞錯？這難道表明，他已經情有所屬，別的女人就不要再繼續糾纏了？

這張專輯的名字也相當浪漫——《為你鍾情》。為張國榮鍾情的姑娘太多了，可是他的心，也只能為一人跳動，不是嗎？

不過，別看張國榮在舞臺和銀幕上隨性灑脫，在現實生活中卻非常自律，甚至可以說相當保守。

事實上，從這一年開始，張國榮還真的不再和任何女星傳出緋聞，這讓工作積極主動的香港「狗仔隊」們很不甘心。

這一年，張國榮還首次代言廣告，為速食連鎖企業擔任形象代言人。

很難想像，在全亞洲擁有超高人氣的張國榮，一生只代言過 4 個廣告，而且都發生在 1990 年之前。他選擇合作方的嚴謹程度，實在讓我們感覺不可思議。另一方面也說明了，人家實在也不差錢。

這一年，張國榮 29 歲，已接近而立之年。

從 1992 年到 1994 年的 3 年，在黃百鳴的年度賀歲大片中，有一位女星以自己的精湛表演出盡了風頭，證明女演員不用拚命作踐自己，一樣能演好喜劇。

她就是毛舜筠，比張國榮小 3 歲。

讓很多人無法相信的是，這個相貌不算出色的女星，居然是張國榮唯一公開承認愛過的女性。

張國榮 1977 年進入麗的時，不滿 18 歲的毛舜筠就是公司員工了。在英國留學期間沒有真正談過戀愛的張國榮，對這個氣質優雅、性格堅強的姑娘，可以說一見傾心。

麗的安排兩人一起主持節目，甚至按「金童玉女」的模式來打造他們，以擴大影響力。接觸的機會多了，張國榮的想法難免就多了。

很快，他就對毛舜筠展開了熱烈的追求。在自己一個姐姐結婚時，他還特意把人家拉上。

當然有人會問：「這美女是誰呢？」張國榮的回答，差點沒讓毛舜筠笑出聲來。

「這是我的女朋友，毛舜筠。」

別人的大喜日子，毛小姐也不好意思當場發飆，結果張國榮就覺得對方是默許，追得更積極了。

他還使出圍魏救趙大法，跟毛舜筠的父母套近乎，讓兩位老人相當滿意。但是所謂「欲速則不達」，於是一齣悲劇即將上演。

在朋友鍾偉強的「慫恿」下，張國榮居然買了戒指，正式向「女朋友」求婚。

然後，就沒有然後了⋯⋯

落花有意，流水無情。在毛舜筠的心裡，一直給張國榮留有極其重要的位置，但那可以是好朋友、好哥們兒、好「閨蜜」，但唯獨不是好戀人。

看到這裡，各位心理平衡一些了嗎？

這麼有型、有品，更有錢的張國榮，都有被女孩拒絕的時候，何況我等凡人。

也許有榮迷覺得，毛舜筠無論相貌、品味還是才華，都根本配不上張國榮。但是這樣說，否定的不是張國榮的眼光嗎？感情的世界裡，根本就沒有配不配，只有合適不合適。

當然，如果毛舜筠當時答應了張國榮，兩個人的生活都會徹底改變。他們也許會結婚，會組建家庭，會生幾個小寶寶，會過上二、三線明星的

幸福生活。

但是，這個世界上，很可能也就再也不會出現〈當年情〉、〈沉默是金〉、〈紅〉等金曲，不會出現 1980 年代的譚、張爭霸，1990 年代的春節檔三國殺，不會出現《阿飛正傳》、《霸王別姬》、《金枝玉葉》等電影中的完美表演。

一切都是天注定嗎？是嗎？不是嗎？

一切都是最好的安排嗎？信，還是不信？

2001 年，在毛舜筠主持的節目中，張國榮開門見山，相當認真地說：「如果你當年肯嫁給我，可能改變我的一生。」

在筆者看來，「可能」可以改為「肯定」。1980 年，剛剛拒絕了張國榮的毛舜筠，扭頭卻嫁給了華僑商人文舒揚，並宣布告別娛樂圈，簡直和山口百惠神同步。這段婚姻沒有維持多久，1983 年，她又做回了演員，之後，又和張國榮成為銀幕情侶。

有句老話，叫情場失意，職場得意。可這定律並沒有在張國榮身上應驗。前腳被毛舜筠拒絕，隨即又被寶麗多拒絕了──長期不替他出唱片。好在張國榮在影視方面還有一定的發展，在「默默爭上游」的同時，他還在努力尋找生命中的另一半。

還是 1980 年，在一場慈善籃球賽的記者會上，張國榮認識了女星雪梨（嚴慧明），她是麗的當家花旦米雪的妹妹。

當晚，張國榮主動提出送雪梨回家。看到這麼靚的大男孩，還這麼斯文，懂得尊重女性，雪梨自然也心生好感。很快，他們就戀愛了。

這麼看來，雪梨應該是張國榮第一個真正的女朋友。但她比張國榮小 8 歲，後者又寵著她，對她說不上百依百順，也絕對是一味討好。張國榮是個比較傳統的男人，並不喜歡泡夜店，但是為了讓她開心，也就勉為其

難改變自己，陪她一起玩兒，一起瘋狂。

為了保持體形，雪梨瘋狂減肥，張國榮對她的行為不太認可，但是也不好反對。

張國榮去新加坡義演時，特意為她買了條橙色裙子，但是雪梨並不開心，還抱怨他不會買東西。

種種細節表明，兩人屬於「三觀」不合，沒有默契，更談不上靈魂伴侶了。這次首先提出分手的，居然又是女方。據傳，甚至還有第三者介入。

連續兩次被甩的張國榮，應該長點記性了吧。不過下一次，真愛似乎真的來了。

1981年，張國榮主演了麗的青春劇集《對對糊》。其他主演還有林國雄、陳秀雯和倪詩蓓。林、陳已經因為之前共同出演《驟雨中的陽光》相戀，麗的因此讓張國榮和倪詩蓓搭檔。但讓人意想不到的是，他們把鏡頭前的默契，帶進了現實生活，很快就假戲真做了。

看來，世界上沒有任何力量，能阻止戀愛。

倪詩蓓身材高挑、氣質高貴、性情溫和，幾乎就是按宅男的理想情人模板打造出來的。按張國榮自己的話說：「最難忘記那段純愛。」

後來，他們又一同主演《甜甜廿四味》和《凹凸神探》。當時，張國榮在麗的遠遠算不上一線明星，公司也不會過度干涉他的私人生活，讓這對小情侶，真正享受到了愛的甜蜜。

於是，倪詩蓓成了張國榮唯一一個被香港媒體公認的女友。他們的關係，有些類似後來的周星馳和羅慧娟。

不過，快樂的時光，總是讓人覺得短暫。相戀兩年之後，倪詩蓓去了臺灣發展，這段感情不久也就畫上了句號。這一次是誰首先提出的分手，其實已經不重要了。重要的是，張國榮又一次受到了滿滿的傷害。

張國榮的演藝生涯中，成功詮釋了很多情場浪子，如《為你鍾情》中的陳福水、《阿飛正傳》中的旭仔、《風月》中的忠良等。但我們千萬不要以為，現實生活中的他也是如此。事實上，張國榮從小從父母那裡沒有得到過多少溫暖，他一直渴望家庭、渴望婚姻、渴望愛情。對待每一位女朋友，他恨不能當場把心掏出來，讓對方看清自己的真誠。

曾幾何時，他對愛情的渴望，和我們萬千普通人一樣強烈。他那些「跪舔」方式，和普通人一樣笨拙。

三段不成功的戀愛，並沒有讓張國榮對愛情喪失信心。加盟華星之後，以他的相貌、收入和名氣，找個漂亮女友真是易如反掌。不過，他也越來越慎重了。

經由地產總經理楊受成引見，張國榮認識了他的寶貝女兒楊諾思。在父親的大力撮合下，富家千金與帥氣明星相戀了。

這個劇情，有點像陳百強與何超瓊的世紀之戀。不過當時的楊受成，還沒有進軍娛樂產業，身家遠不如賭王何鴻燊。而且，相比賭王的棒打鴛鴦，楊受成是極力希望女兒和張國榮走到一起的。

可惜，楊諾思要在美國完成學業，和張國榮成了異地戀。而且，這段感情並非完全出於自發，因此也顯得缺少激情。

當年沒有通訊軟體，張國榮與楊諾思遠隔萬里，互動起來相當不方便，也不浪漫，甚至也不積極，感情就慢慢淡了下去。

張國榮已經是一線明星，自然不能像和倪詩蓓戀愛時那樣無所顧忌。但是《為你鍾情》專輯的出現，難免還是讓一些人浮想聯翩，這個「你」就是楊諾思吧，莫非即將進入而立之年的張帥哥，要和楊家小姐成就好事了？

可就在這個暑假，當楊諾思返回香港，見到張國榮後，兩人卻做出了重要決定。

他們非但沒有訂婚，反而分手了。顯然，專輯名中這個「你」另有其人。

話說回來。張國榮的新專輯有 10 首歌曲，其中有一半改編自日文歌，這當然略顯尷尬，也有力證明了香港與日本在流行音樂領域的巨大差距。吉田晃司是張國榮的福星，這一次，華星又將〈玫瑰人生〉填上粵語詞，即經典舞曲〈不羈的風〉。〈少女心事〉節奏稍慢一些，但是依然被張國榮演繹得深情款款，這兩首歌，也是華星用來打榜的首選。

〈第一次〉則翻唱自中森明菜的〈禁區〉。張國榮對這位女星非常欣賞。據說後來在拍攝《倩女幽魂》時，曾極力向徐克推薦她來出演聶小倩，可惜被對方婉拒了。

當時，讓歌迷有點摸不著頭緒的是，與專輯同名的〈為你鍾情〉旋律優美，詞句漂亮，張國榮的演唱也是充滿深情，明顯是奉獻給摯愛之人的，卻沒有被公司作為重點推介。

《為你鍾情》發行後，市場反應非常熱烈，最後拿下了七白金，刷新了張國榮發片的最好成績。譚張爭霸的火焰，勢必越燒越旺。

專輯大獲成功之後，張國榮是不是就得開個演唱會了

四、征服紅館，正式躋身巨星之列

在很多 34 歲到 54 歲的壯年的童年記憶中，都有那麼一首艾敬的〈我的 1997〉。伴隨著舒緩的吉他聲，這位瀋陽姑娘深情唱道：

1997 快些到吧，我就可以去 Hong Kong

1997 快些到吧，讓我站在紅磡體育館

1980 年代，紅館可以說是神一樣的存在。在所有香港歌手乃至所有華

語歌手的願望清單裡，一定要把在這裡開一場個人演唱會，作為一生中最重要的奮鬥目標之一。

紅館的正式名稱是「香港體育館」，但是承辦的體育賽事卻不多，演唱會倒是一個接一個地安排，因此極其搶手。就算你是天王巨星，也不能想開就開，至少也得提前三五個月申請。

而一旦成功地在紅館開唱，就代表著你成了知名歌手。紅館，就是能讓你紅。

1983 年 4 月 27 日，擁有 12,500 個座位的紅勘體育館正式營業。在 1980 年代早期，就能修建如此規模的豪華場館，香港的建築水平與經濟活力可見一斑。

5 月，許冠傑成為首位在紅館開唱的歌星。這個榮譽，當然也是實至名歸，誰也不會去搶歌神的風頭。

7 月，傳奇歌手林子祥在此連開 4 場。

9 月，不滿 25 歲的新銳歌手陳百強舉辦了 2 場紅館演唱會。

12 月，鄧麗君舉辦「15 週年巡迴演唱會」，將紅館設為首站，她也成為在此開唱的首位女歌手。

直到 1984 年 8 月，作為 1980 年代香港歌壇第一人，譚詠麟才姍姍來遲，首次駕臨紅館，舉辦了「太空旅程演唱會」。

1985 年 2 月 20 日，在萬眾矚目之中，歌后徐小鳳首次駕臨紅館。

張國榮的「第一次」，同樣發生在 1985 年。

8 月 2 日晚上 8 點 12 分，當時的華語流行音樂勝地紅館，早已經是座無虛席。伴隨著〈為你鍾情〉的開場曲，張國榮從體育館中央的升降小舞臺上緩慢現身。「1985 張國榮百爵夏日演唱會」就這樣拉開了帷幕。

從此，他就成為紅館的常客。

第二章 歌壇打拚

張國榮演唱的第一首歌，是非常應景的〈第一次〉。從參加麗的的業餘歌手大賽進入娛樂圈，整整 8 年過去了，他在香港終於有了一場屬於自己的演唱會。

在這之前，他只在泰國和馬來西亞辦過小規模個人演唱會。

張國榮不願意隱藏自己的真實感受。他忘情地說：「1985 年的夏天，是我一個值得回憶的夏天，我終於交出了自己的第一次……」

是啊，即便是小小成就，對當事人來說，卻是終生難忘。更何況，他此時的成就已然不小了。

更令粉絲自豪、讓路人佩服、使同行眼紅的是，張國榮生平的第一場演唱會，就放在了紅館，而且連開 10 場，順便也打破了新人紅館首秀的場次紀錄。

「為了保證這第一次，不會是我的最後一次，所以我將會……」張國榮做出了一個游泳的姿勢，熟悉他的歌迷，立即想到了〈默默向上游〉。

成功不會驟然降

喝采聲不想白白承受　求能用心

求能用功

求能做好鼓手

他還很應景地將「鼓手」改為「歌手」，更是引發了全場觀眾的熱烈掌聲。

8 月 11 日，演唱會的最後一場，張國榮手拿禮帽出場，演唱了參加亞洲業餘歌手大賽的曲目〈American Pie〉。唱到興處，他將帽子猛地扔向觀眾席。

現場自然是一片歡呼，氣氛十分熱烈。有幸得到帽子的人，猜想也發家致富奔小康了。5 年前，張國榮剛剛登臺演唱時，也曾向臺下扔過帽

子，不過很快被觀眾扔了上來，落了個尷尬。

這一次，張國榮有點兒惡作劇似的「致敬」自己，也算是恰當的宣洩。

張國榮顧念舊情，恩師黎小田、好友梅豔芳，都成了他的演唱會嘉賓。

鍾保羅和陳百強也到場助陣了。張國榮與陳百強合唱了〈喝采〉，肯定要引發全場喝采。陳百強下臺時，張國榮還及時提醒燈光師照亮臺階。之前有過不和傳言的兩位才子，也用行動證明了他們的友誼。

1986 年 4 月，張國榮在美國和加拿大演出時，華星推出了他的全新專輯《Stand Up》。這張專輯共有黑、紫、黃和綠 4 種顏色，歌迷可以自由選擇。以後，其他公司也紛紛模仿這種彩色唱片。《Stand Up》發行兩週時，銷量已經達到了六白金。主打歌〈Stand Up〉是一首勁爆的舞曲，張國榮的唱跳技術，比以前又有了進步，顯得遊刃有餘、恰到好處。

6 月，張國榮與麥潔文來到新加坡，在獅城的世界貿易中心連開 4 場演唱會，反響熱烈。但是當地不時興香港的 encore（返場加演），令人有些失望。

11 月中旬，在媒體的高度關注之中，張國榮又推出了唱片《迷惑我》。與之前不同的是，他這一次參與到了唱片的錄製工作，全面把控專輯品質，並注入自己的理念與設想。這張唱片收錄了經典歌曲〈有誰共鳴〉和〈愛慕〉，以及當年票房冠軍《英雄本色》的主題曲〈當年情〉。

同月，張國榮的首張普通話唱片《英雄本色當年情》，在臺灣正式發售。除了〈Monica〉為粵語外，其他 9 首，均是經典歌曲的普通話翻唱，黎小田和齊豫擔任製作人。此次試水，也為日後他加盟滾石埋下了伏筆。

12 月 25 日，正值聖誕夜，在柯尼卡贊助下，「張國榮 86 濃情演唱會」在紅館開幕，讓上萬歌迷度過了一個終生難忘的聖誕夜。演唱會連開 12 天，場場爆滿，絕對是一票難求。

日本相機大廠柯尼卡，是張國榮代言的第二家企業。相比今天手機拍攝的方便快捷，當年的膠捲相機，顯然更有儀式感，更能精準記憶浪漫瞬間。

次年1月5日，本次演唱會的最後一場，梅豔芳、陳潔靈和麥潔文均到場助陣。接近尾聲時，張國榮演唱了〈為你鍾情〉。他沒有控制住情緒，當場流下了眼淚，卻讓歌迷非常感動。他真誠地說：「我不知道怎樣感謝，只能衷心地說多謝各位的支持！」

看來，超級明星與我等凡人的情緒失控，效果可以是天壤之別！最後，在一曲〈當年情〉中，演唱會圓滿落幕。

此時的華星，雖說有羅文、呂方和梁朝偉等眾多歌手，但根本不存在「一哥」之爭，其他人也就爭個第二。正是透過華星的漂亮運作，原本3年出不了唱片的張國榮連上幾個臺階，光芒直追譚詠麟。

很多人以為，靠著TVB這棵大樹好乘涼，張國榮應該會長留華星。但是1987年發生的事情，顯然出乎很多人的意料

五、揚威新藝寶，譚、張爭霸寫傳奇

1980年代，無疑是粵語通俗歌曲的巔峰時期。在許冠傑、徐小鳳、羅文和甄妮等逐步淡出競爭時，三位1950後出生的男星強勢崛起，他們以自己俊朗的外形、扎實的唱功和大量的粉絲，助力香港成為華語流行音樂勝地，並與1960後出生的梅豔芳一起，被歌迷譽為「三王一后」。

這三人的名字，永遠不會被埋沒。這三人的多首歌曲，如今早已成為經典。他們就是譚詠麟、張國榮和陳百強。

年紀最輕、起步最早的陳百強，在 1980 年代中期逐漸被譚、張拉開了距離。論歌唱技巧，三人難分伯仲；論創作才華，陳百強顯然最好。但是一位歌星能達到什麼高度，也與團隊的運作水準、社會潮流趨勢，以及個人運氣息息相關。

只能說，陳百強運氣差了一些。太早成名，反而不是好事。他掉隊之後，譚、張二人注定要被媒體拿來反覆比較。

世間有一種無奈，叫做「千年老二」。

參加業餘歌手大賽，張國榮獲得的是香港區亞軍；投到譚國基旗下，陳百強是首席明星，他只能是第二。

之後在相當長的時間裡，雖說媒體熱炒「譚張爭霸」，但真相卻是譚詠麟一路領先，張國榮在後面苦苦追趕。

拍電影，他也在很長一段時間，生活在周潤發的陰影之下。

著名作家李碧華說過：「當今之世，最生不逢時的藝人，要算是張國榮先生了。有句話：『既生瑜，何生亮』演戲，有發仔（周潤發）在的一天，他都要做阿二；唱歌，有阿倫（譚詠麟）在的一天，他就贏不了。但張先生，只緣身在此山中，經常要向多事的詢問者展示大方得體，不太在乎地輕鬆笑語。你們又不準他不高興，真是殘忍。」

可以落後，但不可以不奮起直追，這就是張國榮的理念。

1985 年 1 月 26 日，1984 年度 TVB 十大勁歌金曲（下稱「十大金曲」）暨首次最受歡迎男女歌手頒獎晚禮，在香港大專會堂隆重舉辦。本著看熱鬧不怕事大的娛樂精神，主辦方安排張國榮和譚詠麟坐在一起，相信他們是打不起來的。

從這一年起，「譚張爭霸」這個詞，也逐漸浮出水面。此後 4 年，兩人的競爭日趨白熱化，各自的粉絲，更是掐得不亦樂乎。

但是 1985 年初的張國榮，與譚詠麟的差距還是肉眼可見。

這一天晚上，阿倫理所當然地成為現場最忙的人，他不得不一遍遍起身，一趟趟領獎，一次次發表感言。坐在他身邊的張國榮，雖說也以〈Monica〉躋身十大金曲，但人氣與譚詠麟相比，還是差得很遠。

最激動人心的時刻終於來臨，最受歡迎男歌手新鮮出爐。當頒獎嘉賓拆開封信，公布出那 3 個字時，現場一片沸騰。當然，沒有也不可能有任何懸念。

張國榮也非常開心地和譚詠麟擁抱，顯然，他也認為譚詠麟這是實至名歸、當之無愧，沒有人比他更合適了。而能坐在最受歡迎男歌手旁邊的，肯定也不是普通人。這個背景板，不是誰都當得上的。

最終，譚詠麟以〈愛在深秋〉、〈愛的根源〉、〈幻影〉3 首歌曲入圍十大金曲，其中〈愛在深秋〉還榮獲金曲金獎，這樣，譚詠麟和張國榮的戰績之比是 5：1。最受歡迎女歌手是甄妮，梅豔芳則以〈似水流年〉入圍十大金曲。

上一年以〈今宵多珍重〉入圍十大金曲的陳百強，此屆一無所獲。也許是事前看出端倪，他連頒獎晚會都沒有出席。

轉眼到了 1986 年 1 月 18 日，張國榮和譚詠麟又坐在了一起。張國榮又一次次看著譚詠麟起立領獎，一次次品嘗失利的滋味。譚詠麟以〈愛情陷阱〉、〈雨夜的浪漫〉、〈暴風女神 LORELEI〉入圍十大金曲，其中〈愛情陷阱〉拿下金曲金獎。當公布最受歡迎男歌手時，主持人專業地欲言又止，讓聚光燈在許冠傑、林子祥和張國榮身上一一掃過，將現場氣氛推到了極點。

做戲嘛，當然要做全套。大家都明白這是一場秀，可也得好好配合不是嘛，大獎肯定還是阿倫的。

張國榮只以〈不羈的風〉入選十大金曲，〈為你鍾情〉都沒有選上。為他頒獎的，是大美女鍾楚紅。也許是為了活躍現場氣氛，張國榮居然把獎盃丟給鍾楚紅，一溜煙跑下臺了。為〈不羈的風〉做了個活注腳。

當然也有人理解為，他這是為獎項太少著急，宣洩不滿情緒。

這一次，陳百強繼續榜上無名，新人張學友和呂方卻脫穎而出。不過，最讓張國榮開心的是，師妹梅艷芳以 22 歲的芳齡，居然拿下了最受歡迎女歌手獎項，同時以〈壞女孩〉入選十大金曲──其實人家是好女孩！

張、譚二人的競爭，甚至從歌壇延續到了影壇。這年暑期檔，張國榮與狄龍、周潤發主演的《英雄本色》，以 3,465 萬的佳績打破了香港影史紀錄，主題曲〈當年情〉也狠狠刷了一撥流量。

次年 1 月 21 日，成龍、譚詠麟主演的《龍兄虎弟》以 3,547 萬拿下年度冠軍，並改寫了《英雄本色》剛剛創造的紀錄。譚詠麟還演唱了主題曲〈朋友〉，被視為對張國榮演唱〈當年情〉的挑戰。兩人的戰場，從歌壇又擴展到了影壇。

1987 年 1 月 18 日，1986 年度十大勁歌金曲頒獎禮在紅館盛大開幕。此時，張國榮與譚詠麟分庭抗禮的勢頭，比前一年更加明顯了。

當狄龍為張國榮〈當年情〉頒獎時，現場掌聲極其熱烈，不過也有點不和諧元素：阿倫粉絲的噓聲震耳。張國榮還有另一首〈有誰共鳴〉入選十大金曲，當然又引發了陣陣噓聲。

事前有傳聞，張國榮的《黑色午夜》將贏得新設立的「迪斯可最受歡迎金曲」，當頒獎嘉賓準備拆信封時，譚詠麟的粉絲們就開始起鬨，毫不客氣。不久，他們發現自己噓錯了人，就趕緊停止。這個獎項頒給了陳慧嫻的《跳舞街》。

這一次，譚詠麟本人乾脆沒有到場，給了媒體很多猜測的空間。很多人認為，最受歡迎男歌手的桂冠，輪也應該輪到張國榮了。否則，這麼重要的場合，譚詠麟說什麼也得參加，不是嗎？

激動人心的時刻到來了，歡呼之聲響徹紅館，但是很多人同樣憤憤不平：譚詠麟明明不到場，也能三連冠！真的是憑實力，缺席，我人可以不來，你的獎不能不給。

讓榮迷略感欣慰的是，張國榮的〈有誰共鳴〉拿下了金曲金獎，實現了一次小小突破。

當宣布獲獎結果時，譚詠麟粉絲紛紛退場以示抗議。梅豔芳則第一個過來擁抱張國榮，顯得比自己得獎還開心。

這一年，梅豔芳不但衛冕了最受歡迎女歌手，還有〈夢伴〉和〈將冰山劈開〉入選十大金曲，天后的位置算是坐穩了。主要競爭對手葉蒨文和陳慧嫻，都沒有任何歌曲入選。但梅豔芳更希望看到的是，自己的好朋友張國榮，能打破譚詠麟對重要獎項的壟斷。

連續三次失利，感覺張國榮對華星也多少有些失望了。正好這時，他多年合作的經紀人陳淑芬離開華星，創辦了恆星娛樂，無疑讓張國榮堅定了自己離開的想法。

1987年4月8日，張國榮正式簽約新藝寶，成為旗下藝人。而他跳槽引發的轟動效應，可能是花費數百萬港元也做不出來的。著名音樂人陳少寶在自傳《音樂狂人》中，將張國榮這次換東家，稱為「香港音樂圈歷史中最轟動的一次歌星跳槽」，這當然一點都不誇張。

在香港樂壇，寶麗金號稱「大寶」，新藝寶被視為「小寶」，一心超越譚詠麟的張國榮，放棄與TVB深度連結的華星，而要簽約一家小公司，確定不是在賭氣？

事後看來，張國榮的決策，非但不是意氣用事，還是相當睿智的。

當時的新藝寶，雖被視為唱片大廠寶麗金的「弟弟」——後者確實也有股份。但公司決策權，卻掌握在一家電影公司手中。

這就是逼得邵氏停產，讓嘉禾高層一再頭痛的新藝城。

許冠傑、林子祥和譚詠麟等歌星，正是透過新藝城電影成為一線和準一線影星。影歌互動讓新藝城收穫頗豐，因此，它才要成立新藝寶，打通娛樂全產業鏈。

早在3月，張國榮簽約陳淑芬新成立的恆星經紀，正式成為公司藝人。從此，張國榮、陳淑芬和陳少寶密切合作，在新藝寶又創造出了新的輝煌。

1987年8月21日，在張國榮拍攝《英雄本色II》期間，他在新藝寶的首張專輯《Summer Romance》順利發行。唱片收錄了10首歌，包括主打歌〈無心睡眠〉、〈倩女幽魂〉同名主題曲，以及〈共同度過〉、〈妄想〉等，快歌與慢歌各占5首，真正做到了平衡。

《Summer Romance》上市之後受到了廣泛追捧，以六白金的成績成為香港年度銷量冠軍。〈無心睡眠〉的火爆，也完全可以與當年的〈Monica〉相提並論。

因為跳槽和拍片，這一年，張國榮未能在紅館開演唱會。

1988年1月17日，1987年度十大勁歌金曲頒獎禮繼續在紅館舉辦。

這是張國榮跳槽新藝寶之後首次出席。

這一次，譚詠麟盛裝出席，志在必得。張國榮又要陪跑嗎？去年都沒得到的榮譽，今年會有奇蹟嗎？不出所料，譚詠麟以〈知心當玩偶〉、〈無邊的思憶〉、〈Don't Say Goodbye〉入選十大金曲，張國榮只有一首〈無心睡眠〉入選，同時拿下金曲金獎。

這個結果，肯定讓張國榮相當失望。不過，他畢竟比譚詠麟年輕6歲，

第二章 歌壇打拚

來日方長！

2月12、13日，1987年度十大中文金曲頒獎禮在紅館舉行。此次正值大獎十週年，香港電臺非常重視。

13日夜晚是「金曲群星之夜」，當時，周潤發是頒獎嘉賓，頒出第十首金曲。

聽到臺下譚詠麟粉絲的呼喊聲，發哥開了一個小玩笑。萬萬沒想到的是，無心之舉，卻引發了連鎖反應。

周潤發是這麼說的：「又是阿倫？這次不會做假了吧？這次是政府電臺主辦，是堂堂正正的頒獎禮。」

這個「又」字一字千金，資訊量極大，又能讓媒體大做文章，連夜趕稿。

周潤發和張國榮因共同主演《英雄本色》成了好朋友。發哥這番話，似乎在諷刺TVB偏向譚詠麟。

譚詠麟在領取了IFPI頒發的大獎並演唱〈玩出火〉之後，突然一臉嚴肅地發表了感言。結果，讓整個紅館如同炸開了鍋。

「今年拿的獎是我在樂壇最後一次，因為在以後的日子裡，我決定不參加任何有音樂和歌曲比賽的節目……」

瞬間臺下議論紛紛，對譚詠麟做出這一舉動感到驚訝，同時對周潤發的那句玩笑話認真起來。

譚詠麟粉絲更是遷怒於周潤發，認為正是他的一番話，才使得譚詠麟退出獎項競爭。事後，發哥也就此事登報向譚詠麟道歉。

今天看來，譚詠麟的選擇，與周潤發的玩笑一點關係都沒有。這根本就是一種巧合。

不管發哥有沒有那番話，人家肯定都是要退出競爭的。

當然，譚詠麟這個時候「撂挑子」，也許對張國榮很不公平。

譚詠麟已經連續贏了4次，張國榮屢戰屢敗，卻屢敗屢戰，不斷進步。如果能堂堂正正地贏上譚詠麟一次，對他來說，價值和意義無法估量。

但是，譚詠麟這麼一退出獎項競爭，張國榮就永遠失去了戰勝對方的機會。

4月7日，張國榮與百事（Pepsi）正式簽約，成為亞洲區代言人。當時，流行之王麥可‧傑克森是百事在美國本土的形象代言人，廣大榮迷自然為這樣的緣分而相當開心。

百事是張國榮代言的第3個品牌。

譚詠麟退出，1988年的夏天，注定要深深打上張國榮的烙印。

7月23日，張國榮推出了首部寫真集《純影集》，引發粉絲瘋狂搶購。29日，新藝寶發行了全新專輯《Hot Summer》。著名的〈沉默是金〉、〈無需要太多〉，正是收錄在這張唱片中。

就在同一天，「1988百事巨星張國榮演唱會」在紅館開始舉辦。上一年因為跳槽的關係，張國榮沒有舉辦演唱會，因而此次歌迷的反響尤其狂熱，主辦方原打算只開12場，最後不得不加到23場。唱功和臺風更加成熟的張國榮，不再強調自己的不羈形象，而是收放自如，盡顯巨星風範，絕對配得上他華語歌壇王者的地位。

1989年1月，張國榮順利拿下了期盼已久的十大勁歌金曲最受歡迎男歌手獎項，獲勝可以說毫無懸念。

此外，他演唱的〈貼身〉和〈沉默是金〉，也入選了十大金曲，金曲金獎頒給了葉蒨文的〈祝福〉。梅豔芳則實現了最受歡迎女歌星四連冠，追平了譚詠麟的紀錄。

這一屆的十大金曲中，居然破天荒地出現了一首國語歌，可見其當時的影響力。在張國榮當年拍攝的音樂電影《日落巴黎》中，他還翻唱了這

首歌——齊秦詞曲並演唱的〈大約在冬季〉。

這一年，可能是不想讓TVB一家獨大，香港商業電臺推出了叱吒樂壇流行榜頒獎典禮，評選規則一改勁歌金曲的投票制，而是以電腦統計上一年眾多歌手在電臺的播放率，分別評選出男女歌手的金、銀、銅獎。

結果，張國榮毫無懸念地拿到金獎，坐實了香港流行樂壇第一人的地位，陳百強則獲得銅獎，也算是小小安慰吧。

不過銀獎一出，卻引起了各方譁然。早就宣布不再領獎的譚詠麟，居然「不幸」當選，淪為了巔峰張國榮的背景板。顯然，如果譚詠麟繼續參選十大勁歌金曲，落敗的可能性也非常大。

對此結果，譚詠麟本人倒是懶得過問，該幹什麼還幹什麼。經紀人張國柱不幹了，很快向商業電臺提出抗議。但對方的答覆是，我們的結果不是評出來的，是根據歌手播放率統計出來的。

那意思就是，領不領是你們的事，怎麼評是我們的事。

當時看來，譚詠麟淡出之後，張國榮的霸主地位似乎要維持很長時間。畢竟他還非常年輕，畢竟香港已經沒有能與他比肩的歌手。

但是張國榮之後的決定，卻讓所有人都感慨貧窮限制了想像力

六、孤獨求敗，果斷擁抱新生活

時間來到1980年代最後一年，張國榮作為超級巨星，在香港娛樂圈的地位進一步得到了鞏固和加強。

1989年2月22日，商業電臺舉辦了「香港十大靚人」頒獎禮。這10人包括周潤發、陳百強、張國榮、譚詠麟、劉德華、張曼玉、李美鳳、李

嘉欣、林青霞和鐘楚紅。張國榮得票最高，成為「靚人中的靚人」。

就在同一天，新藝寶發行了張國榮的新專輯《Leslie》（又名《側面》）。

3月10日，香港電臺在香港文化中心揭曉了「香港1980年代十大演藝紅人」的名單。最終當選者是：成龍、汪明荃、沈殿霞、周潤發、徐小鳳、梅豔芳、張國榮、鄭裕玲、鐘楚紅和譚詠麟。

這個名單按姓氏筆畫排列，涵蓋了影視歌壇，代表了「東方之珠」娛樂界的最高水準。不過，最終當選的10人，全部是土生土長的香港公民，林青霞和鄧麗君都未能入選。

4月，韓國國寶級女歌手李仙姬邀請張國榮擔任她演唱會的嘉賓，引發了當地歌迷的狂熱追逐。8月，很少接廣告的張國榮再赴首爾，為東洋制果的To You巧克力拍攝廣告。在強大的偶像作用下，這個品牌的巧克力成為韓國市場霸主，創造了商業史上的一段佳話，也為中韓兩國榮迷長期津津樂道。

8月23日，新藝寶發行了他們當家歌星的全新專輯《Salute》，這是一張翻唱其他歌手經典歌曲的唱片，由10首歌組成。包括夏韶聲的〈童年時〉、許冠傑的〈紙船〉和梅豔芳的〈似水流年〉等。唱片的所有收益，都捐贈給了香港演藝學院。當時的張國榮如日中天，這樣的唱片自然引發了業界廣泛猜測。

9月17日下午2點，眾多記者現身麗晶酒店。恆星娛樂為張國榮即將舉辦的年底演唱會，召開了一場記者招待會。在會上，先是由陳淑芬介紹了演唱會的籌備狀況，隨後在熱烈的歡呼聲中，當天的主角張國榮走到臺上，掀開了早已準備好的布幔。一心想抓大新聞的各路記者，儘管都是老江湖，卻一個個難以理解。現場更是一片譁然，沒有人願意相信自己的眼睛。

只見布幔後面，赫然寫著「張國榮告別樂壇演唱會記者招待會」。在

六、孤獨求敗，果斷擁抱新生活

一片惋惜聲中，張國榮坦然表示，自己退出樂壇，是 3 年前就決定好的事情。既然當時說過 3 年後退出，就一定要兌現。

他未來的設想，是完成演唱會之後，先用 3 個月時間環遊世界，然後去紐約攻讀電影課程，再為嘉禾執導一部電影，之後就是徹底地「退休」隱居。

張國榮的退休，肯定是新藝寶的重大損失，但雙方能做到彼此諒解。12 月 8 日，張國榮的新唱片《Final Encounter》震撼上市，心情難受的全港歌迷，當然要第一時間購買和珍藏。主打歌〈風再起時〉，由陳少琪作詞，張國榮作曲，是為告別演唱會特意創作的，也是對成名曲〈風繼續吹〉的呼應，同時也巧妙致敬了偶像山口百惠。

風再起時
默默地這心
不再計較與奔馳　我縱要依依帶淚
歸去也願意　珍貴歲月裡
尋覓我心中的詩

12 月 21 日，一個令無數榮迷肝腸寸斷的日子，「張國榮告別樂壇演唱會」在紅館正式開唱。這位巨星選擇 33 場，對應的正是自己 33 歲的年齡。

這一年 2 月 5 日到 3 月 11 日，天后徐小鳳就在紅館連開 33 場「金光燦爛徐小鳳演唱會」，刷新了紅館演唱會連場紀錄。以張國榮當時的人氣，創造新紀錄其實一點都不困難，但是已經決心告別樂壇的他，似乎不願意搶小鳳姐的風頭。

告別演唱會以〈風再起時〉的前奏開始，但張國榮演唱的第一首歌，卻是〈為你鍾情〉。這可以理解為，他繼續鍾情廣大歌迷，也可以看作，

他繼續鍾情自己的神祕愛人。

一首首金曲，代表著他在樂壇打拚的心路歷程；一次次致謝，展現了他與歌迷的深情厚誼；一個個嘉賓，都為他的退出非常惋惜。儘管張國榮在演唱會上也曾有控制不住情緒、淚灑現場之時，但是在做封麥儀式時，他卻是毅然決然，沒有拖泥帶水。

巧合的是，在張國榮告別歌壇不久，新藝寶總經理陳少寶也去了寶麗金。1991年，更是發生了新藝城和新藝寶歇業的事情。這個連鎖反應實在耐人尋味，但是筆者更傾向於認為，這些事情純屬巧合。

1990 年 1 月 21 日，第 7 屆十大勁歌金曲頒獎禮如約而至。

張國榮已經宣布退出歌壇，但還是輕鬆拿下了最受歡迎男歌手大獎，並從周慧敏手中領取了獎盃。沒辦法，除了譚詠麟，當時其他人跟他真不是一個級別的。此外，張國榮的〈從零開始〉入選十大金曲。老對手陳百強則以〈一生何求〉入選。

梅艷芳則實現了最受歡迎女歌手五連冠，她的〈夕陽之歌〉還榮獲金曲金獎。因〈夕陽之歌〉與陳慧嫻（當時已決定暫別歌壇）〈千千闕歌〉的糾紛搞得沸沸揚揚，10 月 10 日，在 27 歲生日會上，梅艷芳也追隨譚、張兩位前輩，公開宣布退出競奪音樂獎項。

陳百強原為譚、張之後的第三人。在前兩者都不再領獎之時，他原本可以東山再起，可惜身體又出現了問題。

1980 年代盛極一時的香港流行樂壇，在 1990 年代剛剛開始時，卻要面對「三王一后」和陳慧嫻集體告別的尷尬。眼看齊秦、張洪量和伍思凱等大批唱功出色又有創作天賦的臺灣歌星紛紛「猛龍過江」，攻向香港，難道不遠的將來，粵語歌的盛世就要在香港終結？

不得不說，1992 年「四大天王」的推出，實在是華語流行樂壇最偉大

的創意，這麼一來，香港樂壇的衰落被推遲了十餘年，臺灣市場反倒被香港歌星徹底占領。

話說回來。1990 年 1 月 27 日，為了不給歌迷添麻煩，張國榮悄悄飛離香港前往溫哥華，開始了自己的「退休」生活。

張國榮告別歌壇，對萬千歌迷是重大損失，但是對華語電影及他本人，卻未必不是一件幸事。在 1990 年代初中期，他不光拿到了金像影帝，更成為真正的一線影星，成為華語影壇的票房保證，成為與「一成雙周」比肩的超級巨星。

不過，羅馬城不是一天建立起來的。張國榮的電影成就，當然離不開他之前 10 年的演技磨練與片場辛勞。他不是運氣超好，而是超好地把握了每一次機會，甚至超水平發揮。

第三章
銀幕生輝

一、《喝采》聯手陳百強，讓自己的辛苦沒有白費

失之東隅，收之桑榆。這話一點兒也不假。

誰能想像，作為香港流行樂壇的代表人物，自從1979年發行了首張粵語專輯《情人箭》之後，未來的天王巨星張國榮，在人生的黃金歲月裡，居然將近4年沒出唱片。

但幸運的是，在這4年時間裡，張國榮不光接拍了多部劇集，還在大銀幕上留下了不少經典形象。

1980年和1981年，他還只能演戲份很少的配角；1982年和1983年，在青春片和新浪潮最繁榮的年分，他一口氣出演了6部電影，全部都是男一號。這個成績，絕對不算太差，說是小有成就，應該也不算誇張。

《紅樓春上春》是張國榮參演的第一部電影，而且是男一號，但是他自己並不認可。至於《狗咬狗骨》，他出演的是配角中的配角，電影品質也相當一般。

1980年的《喝采》和次年的《失業生》，也許很多榮迷不願意提及，風頭都是別人的嘛！但是對張國榮來說，卻有著特別重大的意義。

這既是他大銀幕生涯真正的開始，又見證了他抓住不算機會的機會，盡力表現自己的表演才能與專業精神的認真。這兩部電影，對之後一系列經典的出現，有著重大意義。

兩部電影的男一號都是陳百強。巧合的是，這位才子一生之中，「一番」[06]電影也僅僅就這兩部。

當時，陳百強、鍾保羅和張國榮三人，都簽約在了著名經紀人譚國基門下。1980年，在譚老闆主導之下，福山影業公司開拍青春勵志片《喝

---

[06] 從日語中引進，即演員表中排列第一的角色。

采》，由蔡基光執導。電影主演，當然是這三位大男孩，影迷稱呼他們為「中環三劍客」，女主角則為年僅 16 歲的翁靜晶。

在片中，陳百強飾演的 Ken，是個家境優越的富二代，並有出挑的外在形象與出色的音樂才華。

他沒有不少富二代與生俱來的專橫與狂妄，卻有著鄰家大男孩一般的率真與善良。

Ken 還有個叔叔（陳欣健飾），是個落魄的畫家，沒有女人，沒有積蓄，沒有社會地位，儘管衣食無憂，Ken 並不願意接受父母安排的「金光大道」，而是堅持自己的音樂理想。他很有主見，一旦認準，絕對不會輕易放棄。

張國榮飾演的 Gigo 名義上是男二號，直到二十多分鐘之後才「姍姍」來遲。

Gigo 這個角色並不符合主流價值觀，是一個才華橫溢卻過於自負，甚至有些霸道的問題少年。他成績很好，可完全不是書呆子，根本不愁沒姑娘喜歡，身後還跟著一幫小弟。

片中，英語老師數落了半天，把一個個學生說得跟廢物沒有區別，然後，他突然話鋒一轉：「不過 Gigo 卻不同，他考試成績甚佳。」隨後將試卷遞給這孩子。

而 Gigo 完全沒有受寵若驚，非常平靜又相當霸氣地接過試卷。顯然，他對成績的優秀、對老師的青睞、對同學的羨慕，早已習以為常了。張國榮在電影中留下的第一個鏡頭，就與陳百強形成了鮮明的反差，似乎也預示了他們不同的道路。

但是此時的張國榮，時常會有用力過猛的痕跡，與 30 歲之後的舉重若輕完全不同。大家應該清楚，即便是他這樣的表演天才，依然需要大小螢幕的反覆磨練，依然需要一個突破過程，誰也別想一步登天。

在籃球場邊的歌手比賽海報前，Gigo 和 Ken 撞上了，火藥味十足。當 Gigo 冷冷地說出：「我和你不一樣，我是不能輸的。」旁邊的跟班們一陣鬨笑。Ken 的大塊頭兄弟看不下去，一把抓住了 Gigo 的襯衣。哪料到這傢伙一點也不慌亂，淡定甚至有些輕蔑地說：「幹什麼，你欠我的 200 元什麼時候還給我？」

然後，他又回過頭，輕描淡寫教訓 Ken：「有時候靠運氣是不成的，要有 talent（天賦），懂演戲，還要八字生得好。到時候見吧！」這種跋扈不羈讓張國榮詮釋得非常到位，自然讓導演留下了深刻印象。相比之下，男一號就顯得過於木訥了。

在夜店裡，Gigo 與 Ken 兄弟再起衝突。當時，Paul 正在這裡當班，Gigo 嫌他播的歌節奏慢，要求換個快歌。雙方很快起了摩擦，終致打成一團。

在歌唱比賽前，Ken 因為一些煩心事遲遲無法安心。而 Gigo 和他的樂隊卻志在必得。在舞臺上，Gigo 穿著白色西裝，懷抱吉他，邊彈邊唱，活力四射，很快引燃了現場的氣氛。

唱到興起時，他隨手脫下外套扔向觀眾席，引起一片騷動的場景非常吸睛，又巧妙「致敬」了張國榮在酒吧唱歌時，扔帽子給客人又被扔回的尷尬。哈哈，看來對於這個尷尬，不服輸的他一直無法釋懷。

結果，5 個評審居然一致打出了 10 分，給男主出了一道似乎不可克服的難題。還能翻盤嗎？怎麼翻？這種「正襯」，顯然比反襯的效果要好，更能抓住觀眾的情緒。

就在這樣的氛圍中，Ken 出場了，一曲〈鼓舞〉旋律優美，情真意切，確實充滿正向能量。

為什麼受苦痛的煎熬　快快走上快樂的跑道

剩一分鐘熱仍要發光　抓住美好

一山更比一山高,強中更有強中手。這樣的青春勵志電影,不可能讓配角拿冠軍。Ken 的成長與成熟令人欣慰,而 Gigo 也出色完成了自己的任務。

　　顯然,這部電影的高潮戲份,致敬了張國榮 1977 年參加的亞洲業餘歌手大賽。

　　凡事力求完美的張國榮,對於自己的角色安排肯定是不甘心的,但是他卻出色地配合了導演的安排,用自己的表演為電影增色,也給自己贏得了更多機會。

　　《喝采》於 10 月 2 日開映,兩週時間拿下 296 萬票房,高居年度第十五,超過了譚家明的武俠片《名劍》和徐克的成名作《第一類型危險》,可以說表現搶眼。遺憾的是,這部電影沒能進入學生的觀影高峰 —— 暑期檔,否則成績一定會更好。看到這樣的市場潛力之後,譚國基豈能不再接再厲?

二、《失業生》再演配角,為自己贏得未來

　　機遇總是垂青有準備的人,這話並不誇張。

　　在拍攝《喝采》的同時,張國榮還在麗的接拍了《浮生六劫》、《大內群英續集》、《小小心願》等劇集。這些作品品質一般,卻磨練了他的演技,也給了他更多的曝光機會。

　　1980 年 4 月,麗的播出了張國榮擔任主演的電視電影《歲月山河之我家的女人》。這部電影,贏得了芝加哥第 16 屆電影節金獎和第 1 屆英國電影電視節銀獎,為年輕的張國榮帶來了人生中首次重要榮譽,也讓更多的影視機構看到了他的潛力。

譚國基成立創藝影業公司之後，決定開拍創業作《失業生》。這一次，他依然安排旗下的陳百強、張國榮和鍾保羅主演，女主角則選定小花徐傑。

《失業生》由霍耀良執導。它與《喝采》有很多相似之處，都是三劍客配一位美女主演，主題都非常陽光和正向。

最重要的不同，是張國榮的戲份大大增加了，甚至讓電影有了「雙男主」的味道。顯然，張國榮在《喝采》中相當有限卻非常出彩的戲份，讓他的口碑和人氣持續走高。主創團隊看在眼裡，當然要順應民意。

電影一開始，就定下了劇情基調。孔家寶（陳百強飾）、孔家輝（鍾保羅飾）兄弟倆出身豪門，上學都坐高級轎車。家寶早早立下了以音樂為終生事業的志願，家輝卻根本不知道自己要做什麼。家寶對父母的安排不願意唯命是從，家輝卻樂意接受家裡的安排。

而他們的同學林志榮（張國榮飾），卻只能住最簡陋的公共住宅，每天騎自行車上學。這樣的孩子，不可能不敏感，不可能不自卑，不可能不急切地想改變命運。

可喜的是，林志榮並不是家寶的對頭，他們很快成為好朋友、好哥們兒。

這一年，陳百強23歲，張國榮25歲，可是他們長得秀氣，演起中學生來，一點都不違和。

在電影中，林志榮以自己的勇於擔當，被同學們稱為「榮少」。而這個暱稱也伴隨了張國榮一生。

如果說孔家寶的標籤是內斂，林志榮的符號就是張揚。一定程度上，這也與演員本人的性格貼近。而張國榮的演技，在這裡面顯然又有了進步。

當壞學生誣陷他們偷手錶時，林志榮非常不屑地站了出來，惡狠狠地盯著對方：「不要再繞彎了。你這表值多少錢？900塊。我這雙皮鞋值600，

皮帶值200，會去偷你的手錶嗎？想搜身嗎？」

這種不可一世的神情，配合一些小動作，把對方搞得下不來臺，最後只能是以一場群毆收場。

當「紅白老鼠大賽」被校方抓住，小夥伴們都得受罰時，林志榮果斷地站了出來，攬下責任：「神父，是我，是我教他們賭錢的。」在同學們事後表示感謝和欽佩時，他輕描淡寫地回應道：「我想，我一個人受罰，總比大家一起受罰好一些。」並不放在心上。

家寶追姑娘幸福的同時，榮少卻被家務事搞得焦頭爛額。

畫面在豪華氣派的上等別墅與簡陋汙濁的廉價公共住宅中來回切換，鏡頭在談吐優雅的成功人士與舉止粗俗的底層民眾間交替穿梭。導演無意掩蓋階層差距，更不想灌輸雞湯，只是用看似浮誇的鏡頭，將社會鴻溝生動呈現出來。

當家寶向父親表達自己想深造音樂的心願時，後者卻根本不願支持。看似循規蹈矩卻心高氣傲的家寶，罕見地和父親站在了對立面，「不知天高地厚」地開始打工賺錢，想湊齊去國外讀音樂的費用。

電影當然很勵志，家寶是達到自己目的了，可他的「成功」，只是憑藉自己的音樂天賦，能夠創作出貼合時尚潮流並有思想深度的歌曲，說白了，他是天才，非但可以不受規則約束，還能夠打破規則，甚至創造新規則。

但是對於大多數孩子來說，他們既靠不了爸，也沒有特別的藝術天賦，只能被擠壓在社會食物鏈的末端。

那麼，榮少又如何打理自己的人生呢？

他沒有後臺，沒有門路，長得帥也不能當飯吃，當大妹因偷竊鄰居財物被抓時，看到母親的絕望和小妹的無助，林志榮終於低下了高貴的頭

顧，去酒店上班——看廁所。

即便他有俊俏的面龐、帥氣的舉止，想得到漂亮姑娘青睞並不容易。他只能和來路不明的女人走近，隨後就給自己惹來大麻煩。

結果，他很快就被自己最不想見到的人撞個正著。當孔家寶去公共住宅找他，親眼看到他家的簡陋時，心高氣傲的林志榮，自尊心無疑深深地受到了傷害。曾經的好友，終於撕破了臉皮。

「除非有一天我發達了，否則你別想見到我！」

說這話時，林志榮將襯衣脫了下來，狠狠地扔到樓下。

與《喝采》不同的是，家寶並未遇到感情波折，女友全心全意地支持他。

電影的最後，在唱片公司打雜的家寶，終於抓住了機會，成功創辦了自己的演唱會；而另一邊，榮少卻因為與黑幫老大的女人戀愛惹了麻煩，並令親人受到了生命威脅……

8月26日，《失業生》在暑期檔末期「姍姍來遲」，只上映了9天就被迫下線，最終以273萬列年度第三十二，相比《喝采》差距明顯。只能說，兩部電影性質過於雷同，一定程度上影響了口碑。

陳百強自己恐怕也沒有想到，這居然是他最後一次在大銀幕上擔任男主角。而當年10月，張國榮卻接拍了一部新片，並首次出演男一號。

2017年9月8日，《失業生》修復版公映，並採用了一個相對中性的結局。這一次，更多人肯定是為張國榮而進了影院，但是我們同樣不應該忘記，那個比他早10年離開人世的音樂天才。

而1981年香港上映的版本，卻是林志榮被黑社會殺死，與家寶的音樂會成功舉辦形成了極其鮮明的反差。

而且，就在這部電影上映之後不久，張、陳二人就公開宣布不再合作。1989年，鍾保羅跳樓自殺，年僅30歲。

1993 年，陳百強在長期昏迷之後告別人世，享年 35 歲。

2003 年，張國榮也從文華東方酒店 24 層一躍而下，生命定格在 46 歲。

三個曾經何等意氣風發的青年，都在最美好的時光，以讓人特別痛心的方式離開了人間。他們都有過幾段戀情，但都是終生未婚，更沒有留下一兒半女，讓太多人惆悵不已。

他們都這樣了，我等凡人，還有資格相信愛情，還有能力追求愛情嗎？答案是：當然有，而且應該有。

顯而易見，《喝采》和《失業生》，他們三人共同參與的電影，帶給了普通人太多精神力量。不管出身怎樣、境遇如何、才華多少，都要堅持理想、珍惜友誼、勇敢追愛。緬懷三人的最好方式，就是努力讓內心充滿陽光，讓信念變成現實，讓自己變得更優秀，讓愛人不遺憾，讓生命不虛度。

相信參與拍攝的張國榮，也一定是不甘認輸、努力向上的，否則，他在第二年就不會有那樣的成就。

三、難忘 1982，小明星有了大爆發

1980 年代和 1990 年代上半期的香港電影有多賣座，恐怕是今天的年輕人難以想像的。

當時，東京是亞洲時尚之都，臺北是華語流行音樂高地。但是說到亞洲電影的勝地，到底在哪裡？誰才是東方好萊塢？

答案不是日本，不是印度，也不是韓國，當然更不是臺灣。

只能是香港，只有 1,000 多平方公里、500 多萬居民的香港。

香港電影不光在本土屢屢創造票房新高，更支配了整個東南亞市場。在 1954 年開始舉辦的歷屆亞太影展評選中，香港電影一直處於頭部地位。

而 1982 年，更稱得上是香港電影的里程碑之年。

1967 年，陳靜波執導的《金鷹》，把港片帶入了 100 萬時代。

1972 年，李小龍自導自演的《猛龍過江》，把港片帶入了 500 萬時代。

1980 年，成龍主演的《師弟出馬》，把港片帶入了 1,000 萬時代。

但在 1982 年，一切紀錄幾乎都被大幅度改寫。

整個 1970 年代，華語片在香港總票房中所占比例，從來沒有超過一半。

1982 年，全港共出產了 99 部華語新片，相比 1950、1960 年代動輒兩三百部的產能，似乎是退步，但電影水準已不可同日而語。

這一年，港產片拿下了 4.04 億票房，占比達到 59.33%。

更讓香港電影人揚眉吐氣的是，票房榜前十名，首次全部由港片包攬。

說這一年是香港電影黃金時代的開始，應該不算誇張。

在 1970 年代，香港電影幾乎被邵氏和嘉禾所壟斷。但是隨著 1980 年新藝城的成立，一切都不一樣了。

新藝城的決策權，控制在麥嘉、石天、黃百鳴、徐克、施南生、曾志偉和泰迪・羅賓手中。他們都是在香港電影史上赫赫有名的資深從業者。其中前三位是公司老闆。

1981 年底，新藝城以 200 萬一部的創紀錄天價，簽下了天王巨星許冠傑。在次年的春節檔中，《最佳拍檔》以 2,604 萬的驚人成績，大幅刷新了嘉禾《摩登保鏢》上年剛剛創造的 1,777 萬紀錄，直接將香港電影帶入了 2,000 萬時代。

《最佳拍檔》不光締造了香港影史上空前絕後的最大 IP（智慧財產

權），也成為港片進入巔峰期的最佳代言。

這一年，令無數影迷津津樂道的春節檔「賀歲大戰」格局正式形成。四大公司的4部大片同場角逐，最終在年度前十中占據四席。

春節檔作為第一檔期，已經毫無爭議。

此外，香港還有三大檔期：3月底到4月初的復活節檔、6月底到9月初的暑期檔、12月底的聖誕檔。顯然，這三個檔期全都在模仿好萊塢。唯有春節檔，才是具有香港本土特色的、最為重要的檔期。

在暑期檔，新藝城由石天和吳耀漢主演的《難兄難弟》，又以1,672萬取得年度季軍，並刷新檔期紀錄。

1980年，香港才有了第一部1,000萬以上的電影。1982年，突破1,000萬的就已多達8部，超過500萬的則有24部。這些熱賣電影的類型也相當豐富，不光有傳統的武俠片、動作片，以及恐怖片、靈異片，甚至還有青春片和文藝片，全面展現了電影人不俗的創造力。

1982年，很多日後香港影壇的重量級導演，都交出了自己的作品。

這一年，36歲的吳宇森執導了嘉禾的喜劇恐怖片《摩登天師》。一直在拍喜劇片的他渴望突破，次年加盟了新藝城。

這一年，32歲的徐克已是金馬獎最佳導演，並為嘉禾執導了奇幻巨作《新蜀山劍俠》，為日後創辦電影工作室奠定了基礎。

這一年，35歲的許鞍華拍出了代表作《投奔怒海》。這部文藝片斬獲1,543萬票房，高居年度第五，一舉奠定了她在華語電影圈中的重要地位。

這一年，27歲的王晶，憑藉上一年執導的《千王鬥千霸》，在邵氏做得風生水起，執導了《賊王之王》、《獵魔者》，並逐步形成了自己特有的雜糅風格。

這一年，25歲的關錦鵬擔任了《投奔怒海》和《烈火青春》的副導演，

不久之後，他就開始獨立執導電影。

這一年，24歲的王家衛還在新藝城上班，他的劇本《彩雲曲》第一次被拍成電影。但是王家衛的人生目標，顯然不只是做個編劇。

香港電影的迅速發展，讓很多從業者在年紀輕輕之時，就走上了執導之路。而這一年，著名的電影學院1978屆畢業生告別了校園，迎來了各自的第一份工作。其中的陳凱歌、張豐毅和顧長衛，在10年之後都與張國榮因一部電影結緣。

這一年，28歲的香港頭號男星成龍，雖說丟掉了年度冠軍，但是「片場失意，情場得意」，不光迎娶了寶島女神林鳳嬌，還喜當爹，生下了龍太子房祖名。

這一年，27歲的英俊小生周潤發，先後主演了兩部電影《獵頭》和《巡城馬》，雖然工作重心依然在電視劇，但是他已經有了將事業重心轉向電影的強烈意願。

這一年，19歲的李連杰還在體育大學工作。一部《少林寺》讓全港片商矚目，也讓他產生了成為功夫明星的願望。

這一年，21歲的劉德華，剛從無線第10屆藝員訓練班畢業並簽約TVB，就幸運地成為《獵鷹》男一號。劉德華身著警服的帥氣形象，成為無數女生的美好回憶，也拉開了他一紅就是40年的帷幕。

這一年，20歲的梁朝偉和周星馳，考進了TVB第11屆藝員訓練班，他們兩人一定不會想到，自己會在一群如此優秀的學員中脫穎而出。

到了1990年代，在陽盛陰衰的香港影壇，這幾位明星可以說是市場的主宰者。

這一年，28歲的林青霞應徐克之邀來到香港，主演了《蜀山》，也開啟了徐克與林青霞密切合作的10年，不斷創造輝煌。

這一年，18歲的張曼玉回香港度假被星探發現，開始接拍廣告。第二年，她參加香港小姐競選獲得亞軍，正式加盟TVB。

這一年，19歲的梅艷芳在歌壇站穩腳跟之後，積極嘗試向大銀幕發展。

這一年，22歲的「東方瑪麗蓮‧夢露」鐘楚紅已是片約不斷，主演了《難兄難弟》、《人嚇人》等電影，在陽盛陰衰的香港電影圈，找到了自己的位置。

幾年之後，香港影壇就有了「霞玉芳紅」四大一線女星的說法，林青霞毫無爭議地排在第一。

張國榮也足夠幸運，他和林青霞、張曼玉、梅艷芳和鐘楚紅在大銀幕上都搭檔過，而且都不止一部。

這一年，香港也有了自己的最高電影獎項。在本地信譽良好的《電影雙週刊》，於3月9日推出了香港電影金像獎，它比臺灣金馬獎整整晚了20年。

首屆金像獎還沒有提名機制，是由組委會自行評選的，也僅有5個獎項。此外還選出了十大華語片和十大外語片。

新浪潮導演方育平以《父子情》拿下最佳影片和最佳導演獎，而張堅庭以《胡越的故事》榮獲最佳編劇。但是媒體顯然更關注另外兩個獎項——影帝和影后。

即將進入不惑之年的「冷面笑匠」許冠傑，以《摩登保鏢》拿下最佳男主角獎。而比張國榮還小4歲的功夫女星惠英紅，則憑藉《長輩》成為第一個最佳女主角。這個結果，也充分證明了喜劇片和功夫片，是香港電影特別是主流商業電影最重要的類型。

熱鬧是他們的，我什麼也沒有？不！

恰恰從1982年開始，張國榮不再是香港電影的旁觀者和邊緣人，而是重要的參與者，甚至是這份榮光的直接締造者之一。

在這一年裡，之前從未擔任過男主角的他，一口氣主演了 3 部電影，全都是男一號，票房合計近 1,000 萬，可以說來了場小小爆發。

在這一年裡，他以自己的精采表現，首次贏得了金像獎影帝提名，成為獲得提名的第一個 1950 後出生的男星，比成龍、周潤發和梁家輝等人都要早。

在這一年裡，他的名字被越來越多的香港觀眾和電影出品人所熟知。原本將重心放在電視劇、只把拍片當副業的他，對電影的魅力有了新的認知。

在這一年裡，電影方面的突出表現，又為他贏得了更多的演出機會，也使得他能夠簽約華星，在歌唱事業開啟一片天。

巧合的是，張國榮電影事業的輝煌，與香港電影的黃金時代同步到來。

和周潤發、周星馳一樣，張國榮電影事業的輝煌，是由一部「大女主」作品開啟的。

四、《檸檬可樂》首當男一，展現不俗表演才華

努力不一定會成功，奮鬥不一定有結果，痴情不一定獲真愛。但是不管怎樣，運氣都是建立在全力打拚的基礎之上。

你躺平什麼都不做，餡餅不會自動砸到你臉上。

時間來到 1982 年。張國榮即將年滿 26 歲，寶麗多 3 年多沒有讓他發唱片，似乎已經宣判了他唱歌事業的死刑；他倒是演了不少電視劇，但是也沒有特別出彩的。至於電影方面，更是尷尬：只能在兩部青春片中演配

角，為男一號陳百強搭戲。

當時，正值校園青春片熱潮風靡香港，邵氏影業準備開拍《檸檬可樂》，聘請因《喝采》成名的蔡繼光執導，編劇是高志森。

機會總是垂青更有準備的人。張國榮在《喝采》中短暫亮相的出彩，使得蔡繼光堅定地認為，自己下部電影的男主角一定要找他。而高志森更是力薦張國榮。此後，他們更是開啟了長達16年的密切合作。

3月24日，張國榮生平首部出任男主角的院線電影，在復活節檔正式上映。比洪金寶的《提防小手》早了一週。

人生中的第一次，當然最值得紀念。《檸檬可樂》中張國榮首當男一號，他的戲份卻相當有限。電影用更多的篇幅，講述了4位花季女孩的學習和生活、成長、成熟，以及戀愛與傷痛。她們都只有十六七歲，情竇初開，對未來有著太多憧憬和夢想。

而張國榮在片中的角色，絕對不是可有可無的男花瓶。恰恰是他的戲份、他與女一號的戀情、他的前後反差，讓這部電影能夠不落俗套，營造出足夠的劇情張力，也將「青春無悔」的意義，解讀得直戳人心。

電影直到第17分鐘，男一號才隆重亮相。在一個陽光燦爛的日子，一群少女圍坐在草坪上。老師為大家介紹：「各位同學，這次我們演的是《羅密歐與茱麗葉》，這齣莎士比亞劇⋯⋯」

說了半天，終於到正題了：「現在，我要介紹一位朋友給大家認識。他就是傑森・陳同學，他是培理英文書院戲劇會會長，也是負責這部戲的導演。」

在一群女孩子的關注中，張國榮出現在鏡頭的正中間。一身白色衣褲，將他修長的身形映襯得分外帥氣；自信卻有點內斂的微笑，想不迷住小女生，也是萬萬不可能的。

「排演的程式就是今天選角色，然後對詞，接著再做一點體能訓練，然後是開會和出排，那麼到了復活節就會正式會演……」小帥哥年紀輕輕，卻非常有經驗，且自信，笑容更是陽光。女主角看他的眼神，已經有點不對勁了。

他們兩個第一次邂逅，就處理得相當詩意。

一場突如其來的大雨，逼得婷婷躲在了芭蕉樹下。萬萬沒想到，傑森·陳居然也精準地跑到樹下了。怎能不讓少女花心亂顫、臉頰緋紅？這算是心有靈犀嗎？不過，他沒有湊到跟前，而是禮貌地保持距離，並好心地提醒：「你的衣服溼了。」她不覺臉紅，本能地用書包擋在身前。

一輛計程車到來時，傑森·陳非常紳士地拉開車門讓婷婷坐好：「小心點，別著涼。」他寧可繼續淋雨，也沒有硬和她擠在一輛車裡。但是這謙謙君子的風度，卻深深印刻在了少女心裡。從此之後，別人再提起傑森·陳，她不由自主地就臉紅了。真愛，真的是藏不住的愛。

此時的張國榮，演技已經相當扎實，指導同學排練的一場戲，更是做到了神采飛揚，收放自如，依稀可見日後在紅館開萬人演唱會的霸氣：「現在要做的練習，將會幫助大家演好戲。」他揮動著手上的劇本：「你把自己當作是鏡子，記住，鏡的作用是把人的動作反映出來。開始……」

隨後，傑森·陳用手指指向自己的太陽穴，露出了一個帥氣的笑臉：「眼睛都看著對方的眼睛，感應對方的動作……」攤上這樣一個導演，女生們還不得拚命表現，吸引他關注自己。男生還不得拚命吃醋，期盼他早點消失啊。

但是他自己，卻悄悄走到婷婷跟前。

兩人一起去看電影，感動於別人的浪漫故事。

兩人一起討論劇本，暢談對愛情的理解和追求。他侃侃而談：

「男女的愛情有絕對自由，要離就離，要合就合，命運的因素，根本一點不重要……你有什麼意見？」

而對面的她，已經害羞得說不出話來，只能用崇拜的眼神看著他。

兩人一起玩頂乒乓球遊戲，那份特別的感覺，唯有他們自己才能明白。兩人一道暢遊澳門，在大三巴前面留下愛情的紀念。

張國榮演唱的主題曲〈凝望〉，唯美抒情，讓人百聽不厭，也像是這段真摯愛情的頌歌。

不過，就在大家都信以為真之時，劇情卻來了個大反轉。之前的依偎有多甜蜜，後面的分開就有多決絕。傑森‧陳之前表現得有多純情，觀眾就被欺騙得有多深重。

電影的表現手法比較含蓄，並沒有大尺度的鏡頭。但我們其實可以猜到，男女主角已經偷嘗禁果了。否則在分手時，怎麼男孩表現得雲淡風輕，女孩卻有撕心裂肺一般的痛苦。

當然，在今天的觀眾看來，愛一次就愛得死去活來，似乎並不明智。但對於40年前的愛情觀，我們應當保持足夠的敬意。更何況，對愛情的敬畏心與責任感，是什麼年代都不應該缺少的。

《羅密歐與茱麗葉》（*Romeo and Juliet*）的高潮戲，是女主角親吻男主角帶有毒藥的嘴唇，然後雙雙殉情。《檸檬可樂》的高潮戲份，同樣是這個戲中戲場景。

在導演的精心安排下，電影設定了3場吻戲，每一次的處理都相當巧妙，每一次都能彰顯特殊意味，並一步步烘托了主題。

第一次排練時，儘管她對他印象很好，卻還沒有愛上他，因此很自然地笑場了。

第二次排練時，她已經全身心毫無保留地愛上他，吻得也是全情投

入，將少女情懷展現得淋漓盡致，連旁觀的同學都被深深感動了。

第三次，她已經下定了斷的決心，依然難以割捨。「你知不知道，我已經死過一次了！」這是她內心的真實呼喚，融入了她的真情實感。這場景，看哭了臺下無數觀眾。就連有些渣的傑森・陳，也不得不為自己的行為感到羞愧。

「幕開，我們認識，幕落，我們分手。婷。」這個留言，證明了姑娘已從失戀的痛苦中走出，決定開始自己的新生活。

在最美好的時光，遇到讓自己心動的人，當然是人生一件幸事。但是，愛過就不應該說後悔，愛情本身是無辜的。愛對了是愛情，愛錯了是青春。

嚴格說來，張國榮在這部電影中的角色，與後來的《儂本多情》、《阿飛正傳》類似，算是一個青春版的渣男。那種「萬花叢中過，片葉不沾身」的瀟灑，被張國榮詮釋得恰到好處。

但是在現實生活中，榮少卻相當自律和嚴謹，渴望真愛，珍惜緣分。他，只在大銀幕和小螢幕上花心。

邵氏對《檸檬可樂》並不重視，沒有做特別的宣發。可就是這樣一部電影，在4月7日下映時，票房已超過了522萬，列年度第二十四，可以說成績斐然。

不過，邵氏在復活節黃金檔安排大導演張徹的《五遁忍術》，可謂是相當失算。這部群星雲集，還加入了東瀛元素的動作片，票房僅有163萬，列年度第七十五。事實上，進入1980年代以來，公司三大導演——李翰祥、張徹和楚原，已經明顯地走上了下坡路，似乎跟不上時代了。導致的結果是邵氏自身的業績迅速下滑。

但是年輕的張國榮，卻在不斷進步。

五、褪去青澀，《烈火青春》跟上香港電影新浪潮

在 1982 年裡，張國榮的片約不斷。9 月 30 日，他主演的另一部電影《衝激 21》上映。電影講述了一群喜歡飆車的問題少年，因誤殺一名外國人而四處潛逃的故事。全片劇情狗血、邏輯混亂、反轉牽強，僅上映一週就被迫下線，票房 190 萬。

與此同時，正是這個 9 月，張國榮拍完了對他有著特別意義的一部電影。

11 月 26 日，新浪潮電影的重要作品，也是譚家明導演的代表作，由世紀電影公司出品的《烈火青春》，開始在香港上映。

其實，這部電影是上年 9 月就開拍的。在以「七日鮮」（7 天就能拍完一部電影）為榮的香港，在電影工業最為繁榮的時期，這樣的拍片速度簡直就像犯罪。

過往兩年，譚家明先後執導了武俠片《名劍》和犯罪片《愛殺》，拍攝風格與敘事技巧日臻成熟。《烈火青春》原名《反鬥幫》，講述兩對香港青年男女的愛情遭遇，以及他們與日本黑社會分子的矛盾衝突。

這部電影集中了張國榮、湯鎮業、葉童和夏文汐四位實力明星。湯鎮業名氣最大，已在《天龍八部》中出演段譽。張國榮明明比他年長兩歲，扮相卻明顯年輕。

葉童和夏文汐在開拍時都剛滿 18 歲，之前沒有其他任何影視作品，是百分之百的素人。但是她們在片中展現出的靈氣與性感，卻讓所有觀眾印象深刻。譚家明勇於起用新人的氣魄令人欽佩，眼光之準也讓人折服。

《烈火青春》中的 Louis 就是個慫包。這也是張國榮擺脫「叛逆少年」套路，第一次詮釋近乎「窩囊廢」的角色，演技突破自我。能夠拿到金像

獎影帝提名，就是對這種努力的回饋。

Louis 是個富二代，理所當然地住著大房子，廁所比普通市民的公共住宅都大。他不上學（因為人懶）、不上班（因為怕累）、不上網（因為沒有），整天就知道窩在豪宅裡（因為有錢）。要麼戴著面具，偷看泳池邊的繼母和姑姑，要麼是一遍遍地聽母親生前留下的錄音帶，以及大衛・鮑伊（David Bowie）那些頹廢的搖滾樂，甚至還偷喝汽油找樂子。

在日本歌星的海報前，近在咫尺的 Louis 根本不敢有任何行動。張國榮把角色的軟弱怕事、唯唯諾諾刻劃得非常精準。不過，在一群少女的挑唆下，他終於罕見地血性了一回，跟泳池管理員 Pong（湯鎮業飾）撕打在一起。當然，也阻止不了這個小混混和表姐的火速戀情。

無所事事時，Louis 就去酒吧。他想打公共電話時，遇到了正值青春靚麗的 Tomato（葉童飾），為「一見傾心」、「依依不捨」、「不離不棄」等成語找到了活注腳。

看來，一人一部手機的時代，反而會錯過不少緣分。

這姑娘怎麼看都不是省油的燈，都不是 Louis 能制服的。她一人霸占了兩臺公用電話，打給與她藕斷絲連的兩個男生。她似乎也擁有截然不同的兩種人格：

一會兒格外囂張：「喂，你幹什麼，幹嘛還不收線？你管得了我去哪裡？」

轉瞬間又卑微得讓人同情：「我今晚可不可以去你那裡？（不行啊。）那我去哪裡呢，我沒有地方可去……」

有人說愛情是一場交易，誰動真心誰吃虧。

有人說愛情是一場冒險，希望越大失望就越大。

也有人說愛情是一場博弈，愛得越深就越被動。

很少有人不渴望愛情，但愛情的真諦是什麼，又沒有幾個人真正說得清。

「你可不可以替我付了酒錢啊？」遇到漂亮姑娘這樣的請求，幾個男人會拒絕？

她走了，他不由自主地跟了出來。之前的懶散頹廢不見了，整個人變得幹練自信。他很有風度地為她叫來了計程車，但是她卻不想走。

「夜深了，你不怕遇到壞人嗎？」滿眼的關切，隔著銀幕都能溢出來。這不就是愛情嗎？只是，你確信人家不是在玩仙人跳？

她笑了：「我想再也沒有人比我更壞了。」

話雖這麼說，當他轉身離開時，她還是相當失落，可是，劇情猛然間反轉。

一道明亮的燈光閃過，她轉身一看，果然是他真切的笑容：「喂，我送你回家吧。」

原來，很多事情真的一點也不複雜。

他們不但有了情侶關係，甚至從此還有了愛的結晶。不但在外邊偷嘗禁果，還光明正大地住進豪宅。

兩人的相識純屬偶然，但相戀卻是必然。在最有理由折騰、最有本錢放縱、最有機會試錯的年紀，想讓青春如烈火一般燃燒，讓生命如鮮花一樣綻放，最好的方式，不就是和心愛的人一起，盡情揮霍激情、肆意挑戰陳規陋俗嗎？

Louis 與 Tomato 第一天認識，就在公寓內「坦誠相見」。

Tomato 疑惑：「我們對社會沒什麼貢獻啊！」突然之間，Louis 則變成了哲學家：「什麼社會，我們就是社會！」對嘛，如果社會中人人都愛得這般熾熱，那人間豈不變成伊甸園了？

然而好景不長，Louis 的表姐 Kathy（夏文汐飾）的男友信介（翁世傑

飾）脫離了黑社會組織「赤軍」，一路逃到香港，逃進 Louis 家的豪宅，也把麻煩帶給了所有人。

為了大家的安全，也為了圓自己的一個夢，Louis 提議乘父親的「流浪者」帆船出海。但意想不到的局面，還是提前發生了。恐怕很少有人能夠想到，電影會以那樣的方式收場。而能夠活到最後的，才是真正的男女主角吧。

在 26 歲的年齡，依然有中學生一般的清澈面龐，經過 3 年的大銀幕歷練，張國榮的進步肉眼可見。在主演的第 3 部電影中，他終於能夠丟掉輕車熟路的「渾小子」標籤，將一個看似頹廢不羈，卻善良痴情，關鍵時刻也不失勇敢果斷的大男孩，塑造得血肉飽滿。他因《烈火青春》首次提名金像獎影帝，電影也因他的加盟有了永恆魅力。

張國榮演唱的主題曲〈流浪〉，也收錄在了專輯《風繼續吹》中。

在 1982 年，香港電影還未實現分級制度，讓無數宅男詬病或者說迷戀的三級片還未出現。由於遭到 18 個教育團體、26 位中學校長的聯名投訴，《烈火青春》在午夜場點映時就被警告，即便經過大幅修改，上映 7 天後還是被迫匆匆下線，只收穫了 231 萬，殊為可惜。相比之下，同樣題材敏感、尺度不小的《靚妹仔》，卻連映 21 天，以 1,033 萬高居年度第八。

但是到了 2005 年，在香港電影百年百部佳作中，《靚妹仔》無人提名，《烈火青春》卻光榮入選。而參演電影的四大主演，在影視圈都有了不錯的發展。

這樣一部電影，為張國榮的 1982 年畫上了一個比較圓滿的句號，也為他在影視行業的打拚，奠定了更堅實的基礎。

六、用心做《鼓手》，默默爭上游

轉眼，時間來到了 1983 年。過去的一年，張國榮的生活是相當充實的，日程是相當緊湊的，成就也是相當亮眼的。新的一年，他當然要再接再厲，爭取更大成就。

3 月 16 日，由誠意電影公司出品，張國榮、周秀蘭和鍾保羅等主演的青春音樂片《鼓手》，正式開始上映。對張國榮來說，這部電影有著特別的意義。

他在前一年有 3 部擔任男一號的電影上映，但 3 個角色全都是「非主流少年」，多少都有些性格問題。而《鼓手》中的陳子洋（Tommy），卻可以充當年輕人的典範。

也就是說，這是張國榮首次出演完全正面的主角。在同年 5 月發行的《風繼續吹》專輯中，華星收錄了電影主題曲〈默默向上游〉，及兩首插曲〈人生的鼓手〉和〈我要逆風去〉，足見對這部電影的特殊偏愛。

平心而論，《鼓手》與《喝采》還是有不少相似之處的。主角都是希望以音樂為職業的大男孩，都要迎接比賽的挑戰，都遇到了強大的對手，都有一個不怎麼支持自己的父親，以及一個叫 Paul 的背景板（都由鍾保羅扮演）。最後，都在無數人的掌聲中，男一號都成功展示了音樂才華，還收穫了點別的。

但是，Tommy 與 Ken 還是有很大區別的。Ken 低調內斂，喜怒不形於色；Tommy 性格急躁，動不動就發脾氣。

時年 26 歲的張國榮，重新穿起校服，扮演十七八歲的陳子洋，居然毫無違和感，實在讓人感慨，榮少駐顏有術。

每天一大早，他就起來打鼓，把全家人吵得不得安寧，搞得街坊鄰居

想揍他。

充當反面教材的，是那些追求完美的鼓手。

師傅把他帶到精神病院，看了3個為打鼓發瘋的人。然後問他還學不學。他毫不猶豫地說：「學！學不成，我就是第4個！」

充當人生導師的，是最疼愛他的爺爺。

爺爺講的故事，顯然是虛構的，但是異常扎心：

我年輕的時候，跟一個洋人學做汽水。不小心弄傷手就辭工不幹了。如果一直做下去，怎麼能輪到可口可樂公司神氣喲？後來我又學開公車，沒想到撞爛了車燈就不敢上班了，如果做到現在，兩家巴士公司董事長都是我啊。爺爺沒有恆心，所以倒楣了一輩子。

Tommy並沒有遇到令自己一見傾心的姑娘，身邊的假小子伊玲（周秀蘭飾），對他卻是情有獨鍾，兩人相處多了，他也慢慢地對她有了好感。

出於劇情設計的關係，周秀蘭的表現遠不如《檸檬可樂》出彩，雖說很清純也很懂事，但是缺少令人印象深刻的戲份，令我們有些遺憾。

影片的最後，陳子洋終於坐在了聚光燈下，坐在了爵士鼓前。臺下是數百雙熱情的眼睛，他的親人、友人和愛人，悉數到場。在熱烈濃重的氣氛中，他傾力擊鼓，放聲歡歌，唱出了〈人生的鼓手〉。鄭國江先生的填詞大氣深情，顧嘉輝的作曲鏗鏘有力，讓正值青春好年華的張國榮演唱出來，有著特別的青春風采。儘管他已經26歲，卻依然像十七八歲的大孩子一樣意氣風發，非常正向。

作為張國榮在1983年主演的首部電影，《鼓手》上映6天之後即告下檔。

121萬不僅創造了從影以來的新低，更是他主演的所有電影的最差紀錄。

公平地說，《鼓手》當然不是爛片，張國榮還為此付出了極大心血，這樣的投入與回報，實在有些令人寒心。不過，片中對《喝采》的致敬痕跡有些過頭。香港觀眾似乎更喜歡張國榮演叛逆小子和校園情聖，他猛然來個這麼大的轉變，大家還真沒有心理準備。

但是，與電影中的陳子洋一樣，張國榮從來不會被暫時的困難嚇倒。電影上映期間，在著名的邵氏清水灣片場，他全身心地投入到了一部新片的拍攝之中。

七、《楊過與小龍女》全情投入，遺憾之中有收穫

每一位女孩心中，都藏著一個亦舒。每一位男孩心裡，都住著一個金庸。

在華人世界中，金庸武俠劇無疑是最有影響力的大 IP。繼佳藝電視臺在 1970 年代開拍攝金庸劇的先河之後，1980 年代初，邵逸夫旗下的產業，又開啟了改編金庸小說的熱潮。觀眾最為熟悉的，當然非黃日華、翁美玲主演的 1983 年版《射鵰英雄傳》莫屬。而同年由劉德華、陳玉蓮主演的《神鵰俠侶》，同樣創造了極高收視率。

差不多與此同時，暴力美學大師張徹導演了《射鵰英雄傳》三部曲，其中郭靖由當紅功夫巨星傅聲出演。但電影版票房和口碑都相當一般，遠不如劇集的影響大。

1982 年，張徹再度執導《神鵰俠侶》，傅聲繼續演楊過。但有點搞笑的是，這部《神鵰俠侶》承接了《射鵰英雄傳》第三部的劇情，直到影片結束，小龍女都沒有機會出場亮相。影迷親切地調侃它為「射鵰英雄傳 4」。

不難看出，張徹肯定是想打造神鵰三部曲，但《神鵰俠侶》上映後口

碑平平，才收穫了163萬。即便傅聲後來不出事，續集也不太可能再拍了。否則，邵氏也不會啟動《楊過與小龍女》項目，以最大程度獲取這個IP的價值。

《楊過與小龍女》原定的導演是黃泰來，後來又換成了剛拍完汪禹版《鹿鼎記》的華山。經過試鏡，張國榮和翁靜晶成為男女主角。

值得一提的是，這是張國榮首次在大銀幕上主演古裝武俠片。

前一年11月，張、翁二人就在鳳鳴影業的《第一次》中成為銀幕情侶。

3月8日，《楊過與小龍女》正式開鏡。5月12日《第一次》上映後，用13天拿下380萬票房，可以說相當不錯。此時，張國榮在影壇已小有名氣，有媒體甚至稱他為香港的詹姆斯·迪恩（James Dean），自然讓華山導演更有信心。

因張國榮突發眼疾，拍攝工作暫停了一段時間。但是就在之後不久，悲劇就發生了。

7月7日凌晨，傅聲因車禍去世，年僅28歲。對1980年代以來一直不景氣的邵氏電影來說，打擊何其沉重。

1983年7月20日，第2屆香港金像獎在香港大專會堂舉行。

在此之前，評審會公布了提名名單，這在金像獎歷史上是第一次。《烈火青春》拿到了13個獎項中的9項提名，包括最佳電影、最佳導演和最佳男主角。

未滿27歲的張國榮，很榮幸地成為當屆最年輕的影帝候選人。與他競爭的都是影壇「老前輩」：麥嘉（39歲，《最佳拍檔》），洪金寶（34歲，《提防小手》），陳惠敏（39歲，《殺人愛情街》），林子祥（36歲，《投奔怒海》）。這屆金像獎開出了唯一一次「雙蛋黃」，麥嘉和洪金寶一起獲獎。但現場最大的贏家，毫無疑問屬於許鞍華執導的《投奔怒海》，一舉拿下了

5 個獎項，包括分量最重的最佳影片和最佳導演。

張國榮終生都沒有主演過許鞍華的電影，這令很多影迷相當遺憾。不過就在開拍《傾城之戀》之前，許鞍華原本打算執導《人間蒸發》，故事取材於其日裔母親的真實事蹟，並邀請張國榮擔任男一號。由於版權問題始終沒有解決，這部電影最終真的「人間蒸發」了。

當時，金像獎還沒有設立最佳男女配角獎，葉童和夏文汐都入圍了最佳新人獎，但是獎盃被《投奔怒海》的馬斯晨奪走。

整整一個月之後，就在同一個場地，張國榮在第 7 屆「金唱片」頒獎禮上，憑藉《風繼續吹》取得了人生第一次「金唱片」獎。

10 月 31 日，50 集大劇《神鵰俠侶》開播，由 1982 年版《天龍八部》的導演蕭笙執導，劉德華和陳玉蓮主演。事後看來，《神鵰俠侶》的熱播，肯定影響了《楊過與小龍女》的票房。

直到 12 月 2 日，《楊過與小龍女》才在邵氏旗下院線上映。相比 1990 年代各路導演對金庸作品的「魔改」，這部電影對原著的「忠實」似乎過了頭，以至於最後節奏失控，草草收場。

電影的開篇，是淪落為乞丐的楊過，與幾個同行爭搶食物。觀眾很難將這個滿臉汙垢的小叫化子，與日後的天王巨星連繫起來。不過短短幾個鏡頭，張國榮就將小楊過的聰明狡黠有力地展現出來了。

楊過與小龍女的相識、相知和相戀，當然是電影的重頭戲，可惜一個半鐘頭的電影中，小龍女半小時後才出場，因此整個過程難免顯得倉促。但張國榮與翁靜晶的表演，還是讓觀眾印象深刻。

張國榮將楊過的桀驁不馴與痴情專一詮釋得相當到位，即使在這樣一部制作相對粗糙的電影中，他的光芒也沒有被掩蓋。

當小龍女知道了尹志平欺負自己的事情後，自然是傷心欲絕。而大魔頭

李莫愁，忽然化身知心姐姐：「天下間很多男人是很傻的，楊過他又怎麼會知道呢？就算他知道你已經破了身，也不會嫌棄你的。他要是嫌棄，這個人就不值得你愛，又何必為了他，要死要活的呢？」一語驚醒夢中人。

1983年的電影，已經有了如此進步的觀念，確實值得肯定。

這是張國榮參與的唯一一部邵氏武俠片。在張徹「暴力美學」已大不如前、公司本身都面臨歇業的情況下，他有幸與一批1970年代邵氏鼎盛年代的明星合作，自然能學到不少東西。

電影中的幾場動作戲，都相當精采。

在英雄大會上，楊過單挑達爾巴，先是使棍，後是用刀，攻勢凌厲、虎虎生風，看著令人相當解氣。

得知父親的下場後，楊過向郭靖尋仇未果，絕望之下跌落山谷，卻意外與神鵰成為好朋友，相依為命，並無意間學會了獨孤求敗的上乘武功。

楊過最終與金輪法王的決戰，更是展現得驚心動魄。

楊過背著重劍與金輪法王戰在一起。只幾個回合，他就被打下懸崖，讓郭靖夫婦和小龍女心痛不已。

主角就這麼死了？不可能！

伴隨著激昂的配樂，一只大鳥騰空而起，是神鵰，它在飛，它真的在飛！不但及時拯救了男主角，還巧妙呼應了之前楊過讓神鵰學習飛行的橋段。

最激動人心的場面上演了。剛才還差點完蛋的楊過，從神鵰身上一躍而起，揮舞重劍，完成了對金輪法王的最後一擊。但是不能不說，這個收場方式有點草率，情緒鋪陳不夠，氣氛渲染不到位，留給觀眾的震撼與回味不持久。如果能多拍七、八分鐘，效果會好很多。

陳觀泰是張徹的得意門生，雖然沒有狄龍和姜大衛的絕世美顏，但是

有基礎扎實的好功夫。此次，他將郭靖的大俠風範和低智商，都呈現得非常精準。而比張國榮小 3 歲的劉雪華飾演黃蓉，演出了角色的聰慧機敏，更讓人感慨，黃蓉顏值不輸小龍女。

谷峰和羅烈這兩位邵氏武俠劇的黃金配角，此次都為張國榮配戲，一個演老叫花洪七，一個演老毒物歐陽鋒，各種搞怪耍寶也是不在話下。

當初，張徹的成名作《獨臂刀》，正是致敬了《神鵰俠侶》中楊過斷臂練成蓋世神功的戲碼。不過，身為張家班弟子的華山，似乎不願搶師父的風頭。片中雖有楊過跌至山洞、遇到神鵰、獲得玄鐵重劍的戲份，但是省略了楊過中情花毒、斷右臂的關鍵戲份，也就不可能拍出原著悲壯果決的氛圍。

雖說有遺憾，盤點起來，張國榮版《楊過與小龍女》居然還是最好的《神鵰俠侶》改編電影。

在拍攝動作戲時，張國榮和翁靜晶曾被武師欺負。後來，張國榮拜劉家良為乾爹，從此沒人敢小瞧他，但是別的麻煩又來了。

第二年，翁靜晶就結婚了，誰也沒想到的是，新郎是大家的老熟人。他正是劉家良，比翁小姐大整整 30 歲。

都說人窮志短。這話有些刻薄，但也不是一點道理都沒有。當時邵氏影城的安保措施不夠得力，拍攝《楊過與小龍女》期間，原本就收入不高的張國榮，又被偷了 800 港元，心情一直不是太好，也沒有請劇組人員吃過飯，這讓翁靜晶有些不滿。

時光荏苒，5 年後在澳門參演劉家良執導的《新最佳拍檔》時，張國榮已經是香港一線歌星，出手自然非常大方，讓已成為劉夫人的翁靜晶刮目相看，更為自己當年的行為感到慚愧。她在回憶錄中寫道：「一幕又一幕發生在過往的事，不斷重現。張國榮從苦難中熬出頭來，實在是不容易。

小人之心，君子之腹，張是君子，不容置疑。」

在大銀幕上，張國榮和翁靜晶確實默契感。但是在現實生活中，兩人卻從來沒傳過緋聞。一些不明底細的榮迷替他們可惜，其實絲毫沒有必要。

沒有緣分，再完美的人又與你何干？話說回來，誰跟我們的榮少更有緣分呢？

八、珍惜《緣分》，珍惜陪你到老的朋友

正在看這篇文字的你，相不相信緣分？

到底是有了緣分才能相愛，還是在一起了就有緣分？

緣分本為佛家術語，現在卻是談情說愛中的常見詞彙。年輕的時候，我們往往欣賞「精誠所至，金石為開」的執著，相信只要自己不斷付出真心與犧牲，對方終究會被感動的。但是隨著年齡增長，太多數人終於認清了一個無情的事實：人家對你沒感覺時，你自以為是的追求、一廂情願的努力、不計回報的付出，在對方眼裡和騷擾差不了太多。

愛情，一定是要講緣分的。遇到了對的人，一切都是那樣自然妥貼、默契合拍；遇到了對的人，很快就可以敞開心扉、無所顧忌；遇到了對的人，一牽手就是一輩子，在一起就能守一生。

話說回來，再好的緣分，也要好好珍惜、用心經營。不然，再多的緣分也不能天長地久。

1983 年情人節檔，由張堅廷執導，葉童、鍾鎮濤主演的愛情輕喜劇《表錯七日情》大出風頭，並以 1,502 萬票房列年度第五。在此之前，邵氏

居然沒有一部電影破千萬。葉童還在次年憑該片拿下了金像獎影后。

嘗到甜頭的邵氏一方面籌備續集，另一方面也推出了多部都市愛情喜劇。

《緣分》於 1984 年 1 月開拍。這既是張國榮「邵氏三部曲」的最後一部，也是他與張曼玉、梅豔芳的唯一一次三人同框，對他來說當然有著特別重要的意義。張曼玉飾演的女一號之所以叫 Monica，正是源於張國榮的那首歌。

電影剛開拍時，張國榮還沒有拿到〈Monica〉的版權。但是到了當年夏天，全香港的迪斯可都在放這首舞曲，火爆程度令人無法想像。電影主創順應民意，將女主角改名叫 Monica。

張國榮之所以能主演這部電影，是副導演陳嘉上、編劇阮繼志及餘耀良等人的力挺，才讓方逸華拿定了主意。

這一次，張國榮一改過去幾部電影中的放浪不羈人設，難得認真了起來，還戴上了眼鏡。他飾演的是稚氣未脫、情竇初開的大男孩 Paul。

電影開場，Paul 一手夾著公文包，另一手抓著塊麵包，急匆匆地趕去上班。他的西裝是灰色的，褲子卻是青色。更特別的是，他腳上還蹬了雙球鞋。

這種混搭，沒有超高顏值，豈能隨便嘗試？

Paul 身手敏捷地跳過護欄，卻害得面前的腳踏車被小車追撞，搞得現場一片狼藉。

在地鐵站著急趕路時，Paul 不小心與一位青春氣息逼人的長髮少女相撞，兩人的零錢掉了一地。在低頭去撿時，他不免多看了幾眼。此後的幾次不期而遇，更讓他相信，這個少女就是上天派發給自己的老婆，從此開始了羞羞答答的追求。

這姑娘正是 Monica（張曼玉飾）。雖說忘記一個人可能得用一輩子，但愛上她只需要一秒鐘。

《緣分》中的 Paul 相當專一。自始至終，他愛的都是 Monica，心裡根本裝不下別人。因此，對於短髮姑娘 Anita（梅艷芳飾）幾次主動示好，非但不心存感激，反而相當不滿：你這是阻撓我獲得幸福啊。

所以說，緣分這東西，必須得雙方認可才行。Anita 以為自己多次和 Paul 巧遇就是緣分，可人家根本不理會你。Paul 覺得自己天天尾隨 Monica 也叫緣分，其實根本就是他故意的。換個脾氣暴躁的女生，猜想早就一巴掌抽上去了。

說來說去，愛情必須彼此產生心動的感覺，否則一切都是白搭。

Monica 雖說逐漸接納了 Paul，對舊情人 Ben（湯鎮宗飾）卻始終難以釋懷。

但最後，Monica 還是勇敢做出了二選一。男人要找自己愛的人，女人要找愛自己的人。這似乎是電影傳遞出的立場。到底對還是不對呢？只能是見仁見智了。

與《青蛙王子》這樣沒羞沒臊的爆笑喜劇相比，《緣分》的氣質更接近《表錯七日情》，畫面唯美清新，劇情張弛有度，臺詞耐人尋味，笑點適可而止。當然，比比皆是的劇情硬傷與邏輯問題，也令它離優秀電影還差著很大距離，但是三大主演的巔峰顏值與賣力表演，也在一定程度上掩蓋了這些不足。

拍攝《緣分》時，張曼玉和梅艷芳在電影圈還都是新秀，而憑藉此片，張曼玉提名第 4 屆香港金像獎最佳新人，梅艷芳直接拿到了最佳女配角。從此，兩人也是片約不斷。幾年之後，媒體就有了「霞玉芳紅」的提法，直接將她們兩個與林青霞、鐘楚紅兩位前輩相提並論了。

和許多香港知名影星一樣,張曼玉也是由著名商業片導演王晶帶入影壇的。在當年 4 月上映的《青蛙王子》中,她獻出了大銀幕處女作。

此時的張曼玉,演技尚屬青澀,但她演出了青春少女的靈動可愛、可鹽可甜,以及在兩個男人之間的各種糾結。《緣分》也見證了她與張國榮的緣分。

在電影中,Paul 對 Monica 一見鍾情,愛得神魂顛倒,追得苦不堪言。但在現實生活中,卻是另外一回事。

2003 年,即將退出影壇的張曼玉,在法國雜誌《電影筆記》(*Cahiers du Cinéma*) 中寫道:「記得當我第一次見到他(張國榮)時,我告訴自己,這是我有生以來見過的最漂亮的一張面孔……雖然我們合作無間,卻從不是很親密的朋友,因為我們的性格和世界觀很不同,但這無妨我欣賞他的美貌,以及他在電影中散發的敏感和作為一個歌手的才華。」

在《緣分》裡,梅艷芳的表演顯得駕輕就熟,開篇時捉弄 Paul 的鬼馬,要 Paul 陪她過生日的霸氣,向 Paul 父母示好的心機,都被她表現得恰到好處。然而落花有意,流水無情。

最讓人唏噓的,是 Anita 最後成全這對小情人的大度。最可貴的愛,不是硬把對方拉到自己懷裡,而是幫助對方達成心願,哪怕自己做出犧牲。

張國榮與梅艷芳合唱的主題曲〈緣分〉,曲調深情舒緩,歌詞朗朗上口,既有效烘托了劇情,更成為兩人 20 年友誼的最好見證。只要同臺演出,他們經常要合唱這首歌。

1984 年 10 月 3 日,《緣分》開始在邵氏旗下影院上映,16 天贏得 876 萬,最終名列年度第二十一,在當時,也創造了張國榮從影以來的最佳票房。

10 月 8 日,就在《緣分》熱映時,TVB 趁熱打鐵,開拍了張國榮和張

曼玉主演的 20 集武俠劇《武林世家》。謝賢、楊澤霖和劉江等戲骨，都在劇中充當綠葉。劉青雲、關禮傑和歐陽震華等新生代也參演了。張國榮還演唱了主題曲〈浮生若夢〉。

在拍攝期間，張國榮同時還接拍了一部喜劇電影，不得不兩頭跑，相當辛苦。但是他取得的成績、贏得的尊重，足以彌補工作上的一切勞累。

正是《緣分》，讓更多人看到了張國榮身上的喜劇細胞，讓他與一批頂尖電影人建立起了長期友誼，也為他之後 10 年的輝煌，奠定了堅實基礎。

九、《聖誕快樂》票房大爆，客串出場成就名場面

1984 年的香港影壇，見證了新藝城最為高光的表現。春節檔由徐克執導的《最佳拍檔之女皇密令》，再度改寫香港影史紀錄，2,929 萬的成績已經觸控到了 3,000 萬的邊緣。成龍《速食車》改在暑期檔上映，仍被許冠傑《全家福》擊敗。此後，《聖誕快樂》又徹底啟用了聖誕檔，讓香港市民從節前樂到了節尾。香港電影最重要的三大檔期，新藝城都取得了壓倒性的勝利。

1984 年的張國榮，同樣也是順風順水。歌曲〈Monica〉火爆香港，小成本電影《緣分》也進帳超過 800 萬，令他成為炙手可熱的偶像。片約最多時，一週內有 7 家電影公司約他拍片。

一向喜歡找當紅歌星拍電影的新藝城，豈能放棄與張國榮合作的機會。他們籌備的新片《聖誕快樂》，邀請張國榮擔任「特別情商客串」。

對於這樣的邀約，張國榮完全可以推掉。更何況，一些媒體又可以趁機鼓吹他為陳百強演配角的「不幸」。但張國榮顯然明白，這是電影大廠

新藝城第一次找他合作，不能爭一時之短長，而要為自己贏得更大的上升通道。

嘉禾已經有了成龍和洪金寶，張國榮沒有真功夫，肯定無法成為「一哥」。邵氏已經收縮電影業務了。未來最理想的合作對象，當然就是新藝城。

而且，新藝城是全香港最會把歌星捧成影星的電影公司，之前已經有了許冠傑、林子祥和譚詠麟的成功先例。張國榮豈會不動心？

由高志森執導的《聖誕快樂》，在香港影史上占據了非常重要的地位，直接影響了之後的《八喜臨門》、《八星報喜》和《家有囍事》等經典賀歲片。導演高志森當時年僅26歲，真的驗證了「成名要趁早」這句話。在90分鐘時間裡，作品能同時穿插3對男女的戀愛故事，並且笑點不斷、事故連連，確實需要導演展現出極強的排程功力，更需要演員丟掉偶像包袱，賣力地投入表演。

影片的男一號，是年近50歲的報館採訪主任麥尚（麥嘉飾），女一號則是他的鄰居，女歌手小鳳姐（徐小鳳飾）。

老麥有兩子一女，看似生活幸福，家裡卻差個女主人。小兒子小光頭（王嘉明飾）才兩歲，由於工作繁忙，老麥就將他託付給小鳳姐照顧。一來二去，兩人也就產生了好感。

老麥的大兒子Danny（陳百強飾）和女兒阿珍（李麗珍飾）都是20歲出頭，正值滿世界撲騰、交異性朋友的年齡。Danny正是陳百強的英文名，他在片中的角色，還是衣冠楚楚、深情款款、才華滿滿，讓女同學鋼牙妹（梁韻蕊飾）垂涎三尺，恨不能分分鐘將他推倒。

在短暫的出場時間裡，張國榮飾演汽車公司的送貨員阿John，其戲份不多，卻相當出彩。而作為男二號的陳百強，即使演喜劇，翩翩帥哥的風

度還是一如既往，與鋼牙妹梁韻蕊之間的般配感，也是蠻強的。要知道梁韻蕊可是 1982 年的香港小姐，這麼賣力扮醜值得點讚，之後她換上晚禮服，當然也是美得不可方物，營造出了一種反差萌。

兩對小年輕很快好上了，而老麥和小鳳姐之間，卻插進來了美國表哥（袁和平飾）。老麥為了在小鳳姐面前搞臭表哥，就帶他逛公園拍照。老麥在前面拍，早就埋伏好的阿 John 在後面拍，報社的同事們當群眾演員，愣是剪輯合成了不少表哥「不幹人事」的可怕場景，供老麥拿來栽贓。

當然，既然是闔家歡電影，也就別管真不真實。老麥和小鳳姐怎麼看都不搭，最終還是在一起了，所有人也高高興興地拍大合照。

當時，陳百強和張國榮被傳不和。高志森不愧點子多，他安排陳百強演唱電影主題曲〈等〉，梁韻蕊含情脈脈地裝作彈琴，其實就是在調情。阿 John 和阿珍甜蜜共舞，眼看跳著跳著又親在一起了，情不自禁嘛。阿珍想去照看老爸，就批准阿 John 多喝點。他當然要聽話，就抱著酒瓶喝上了，然後醉得不省人事，沒法參加合影了，劇情自然能說得通了，兩大巨星當然也沒意見了。高，實在是高！

如果說《緣分》只是《表錯七日情》式的愛情輕喜劇，《聖誕快樂》就是標準的無底線搞怪喜劇了。在這部電影中，也唯有張國榮能跟得上麥嘉不按套路出招的步伐，展現出對重口味喜劇的良好適應能力。

因此，在電影大獲成功之後，新藝城與張國榮簽了長約，也才有了之後《英雄本色》、《倩女幽魂》的大獲成功。特別是擔任本片監製的三老闆黃百鳴，更是開啟了與張國榮 14 年的合作之路。顯然，如果沒有客串這部電影，張國榮的電影生涯將會是另一番景象。

12 月 12 日，《聖誕快樂》在院線強勢開映，4 周後以 2,578 萬收官，超過了李連杰的《少林小子》成為年度亞軍。誠然，《聖誕快樂》根本不能算「張國榮電影」。但是，誰在意呢？如今在網路平台收看這部電影的觀

眾，大部分是衝誰來的，其實已不是問題。

12月14日，這一年忙得腳不沾地的張國榮，終於得空進入了《龍鳳智多星》劇組。這部由永佳投資的電影，導演是黎應就，編劇大有來頭，他就是日後與張國榮緣分頗多的王家衛。

兩年前還在《鼓手》片場裝嫩演中學生的張國榮，此次終於演起了警察，展現出了勃勃英氣，算是為一年多以後那部里程碑之作熱身。

1985年6月6日，這部電影在香港上映之後，兩週就拿到了686萬，也讓新藝城對張國榮主演的「年度力作」更加期待。

十、《為你鍾情》牽手李麗珍，花心浪子也迷人

1985年，張國榮即將進入而立之年。

這一年，他發行的唯一一張專輯，叫《為你鍾情》。唱片中最受關注的一首歌，當然就是〈為你鍾情〉。

這一年，他生平第一次在紅館開了演唱會，開場曲還是〈為你鍾情〉。

當然，院線電影帶來的影響力與話題度，絕對不亞於演唱會。張國榮明白，跟他簽約的新藝城更明白。因此，這一年，張國榮最重要的電影作品，只能還是《為你鍾情》。

其實，這部電影原名《求愛敢死隊》。但是就在這年7月，張國榮《為你鍾情》專輯釋出後大受歡迎，新藝城當機立斷，打算電影同樣用這個名字。但是當時片名已經被別的公司註冊，不得已，新片上映時取名為《張國榮為你鍾情》。

可以看出，這部電影是一部百分之百的粉絲電影，消費的就是張國

榮的人氣。但是反過來說，他同樣可以藉助電影，為自己的歌曲做宣傳推廣。

但是，既然《為你鍾情》對張國榮如此重要，影片如果拍得太爛，恐怕自己都不好意思。

畢竟，張國榮是個做什麼事都特別認真的處女座。

為了配合同名專輯發行和蹭演唱會的熱度，電影最終錯過了暑期檔，9月7日才開始上映。

在此之前，由梁湯美執導，陳百祥、張艾嘉主演，張國榮友情客串的《求愛反鬥星》於8月1日上線，上映一週後就匆匆下檔，票房374萬。

這部情節混亂、價值觀更混亂的搞笑喜劇，居然是張國榮與張艾嘉唯一一次大銀幕上的合作。不過，張國榮演唱的插曲〈少女心事〉和〈雨中的浪漫〉倒是很值得一聽。這兩首歌都收錄在了《為你鍾情》專輯之中。

《求愛反鬥星》片方在做宣傳發行時，愣是將張國榮的名字放在海報中最顯眼的位置，讓粉絲以為他才是男一號。對於這種做法，張國榮也只能無可奈何。

《為你鍾情》是張國榮在新藝城主演的首部院線電影，公司高層都非常重視，三大廠中，麥嘉和石天擔任出品人，黃百鳴為監製，導演是高志森的好搭檔馮世雄。女主角則是在《聖誕快樂》中與張國榮搭戲且效果不錯的李麗珍。

伴隨著動感十足的〈不羈的風〉，電影的片頭做得十分炫酷，背景是車流湧動的大都市，主要演員的名字，陸續出現在霓虹廣告、紅綠燈和指示牌上，顯得非常時尚。

張國榮扮演的是帥氣DJ陳福水，別看名字有些土氣，人卻帥得不行，被所有雄性動物列為一級公害，被無數漂亮女生視為夢中情人。〈不

羈的風〉，正是他的真實寫照。

阿水有兩個死黨：好友沙皮（孟海飾）和表弟海膽（王書麒飾）。三兄弟組團把妹的套路，在 1980 年代的港片中屢見不鮮，但是沒有哪個情聖，能像阿水這樣帥出天際。

一次，兄弟三人陪兩個女孩擠計程車，肯定得有一個人下來。爭執不下時，《為你鍾情》的音樂驟然響起，一位身著白色長裙、身形苗條可愛的女孩，出現在阿水眼前！他立即尾隨姑娘，上了自己平時根本不坐的公車。真是想什麼有什麼，不大會兒的功夫，他居然坐在了她身邊，居然聽到了她說「快吻我啦！」然後，他居然就真的把嘴伸了過去……

真的是色膽包天，不服不行啊。

不過在張國榮的表演下，我們根本感覺不到一點猥瑣，反而覺得非常浪漫。原來，長得帥真的可以為所欲為。原來，女孩只是在跟著隨身聽學普通話。

原來，這個姑娘名叫餘麗珍（李麗珍飾），是一位護士。不久，她搬到了同事兼閨蜜阿珠（羅明珠飾）處，正好跟海膽家是鄰居。導演可真會找地方。這一下，小姑娘還能過上安生日子嗎？

一個週末，阿珍獨自在家時，居然把自己鎖在外面。更可怕的是，她的裙子也被門夾破了，走投無路之時，只好去求阿水。很快，阿珍上班的地點就被套出來了；很快，阿水就冒充探病的，找到了上班的阿珍；很快，他還得到了出來約會的承諾。

在噴泉邊，阿水比劃起了「如來神掌」，阿珍回了個「萬佛朝宗」，結果出事了，男孩居然一頭栽了下去。女孩叫了半天居然沒動靜。

正當阿珍緊張得芳心狂跳時，壞小子很得意地露出頭來，還鼓勵對方跳下來玩。

「青春有限啊，現在不玩幾時玩，下來啊！」

相比 8 年後《白髮魔女傳》中男女主角的水潭纏綿，《為你鍾情》中的池中熱吻肯定不算多麼震撼，畢竟兩位主角的表演功力還欠火候。但這份撲面而來的青春感，卻是前者無法比擬的。

兩人一起回到阿水家。當阿珍急著要回去和母親一起過生日時，阿水突然捂著肚子裝作急症發作，這種痛苦表情相當逼真，把姑娘看得十分焦急，於是又扶他進去。「快幫我擦藥膏……」她心急火燎地滿世界亂翻時，他卻捂著嘴偷笑……

張國榮在這段劇情的發揮，無疑可以給今天的小鮮肉們上堂表演課。李麗珍貴為後來的金馬獎影后，自然也能跟得上節奏。

激情退卻的那一刻，雙方的得失心就發生了根本變化。阿珍離開時的失落表情當然令觀眾揪心，難免會指責阿水不夠體貼，但還有令她更難堪的。她去迪斯可廳玩，看到阿水和幾個女孩親熱得不行，似乎根本不當自己是正牌女友。憤憤不平之餘，兩人不歡而散。

還沒玩夠的他，真的能收心嗎？

已經傷透心的她，真的能原諒他嗎？

高志森 6 年後執導的《家有囍事》中，老二常歡同樣是個 DJ，同樣喜歡四處留情，也同樣結識了一個痴情女孩，同樣搞得自己相當被動。但相比《家有囍事》結構的嚴謹，反轉的有力，《為你鍾情》就顯得相當草率和隨性了。

而且，把這麼重要的片名，套上這麼一個故事，到底應不應該、合不合理、明不明智？

《為你鍾情》上映 13 天票房 788 萬，列年度第二十二，還不及上一年的《緣分》。可以說，張國榮的新藝城處女作並不成功，但是他個人的表

演，對於喜劇場景的把握，以及與李麗珍的默契，相比《聖誕快樂》時都有所進步。話說回來，這部電影真應該放在暑期檔，這才是吸引大中學生進場的黃金時期。

1996 年，張國榮在香港開了一家咖啡館，取名「為你鍾情」。

2010 年，一部由黎明投資，郭子健執導，李治廷、文詠珊等主演的愛情奇幻片，致敬了這個片名，更彰顯了張國榮在香港年輕人中的巨大影響力。

而「為你鍾情」，也成為萬千榮迷最想對天堂裡的偶像送出的祝福。

《為你鍾情》下檔不久，張國榮就接受了一位著名導演的邀請，在即將進入而立之年時，拍出了一部讓自己演技得到昇華的電影。

從 1986 年開始，他終於丟下了偶像標籤，向著實力戲骨的方向大步前進。

第三章　銀幕生輝

第四章
演技突破

一、相信《偶然》，才會擁有必然

2024 年，巴黎舉辦第 33 屆夏季奧運會，可我想去巴黎的理由，卻是張國榮。

張國榮少年時期曾留學英國，時間不短。他的多部電影作品，似乎都對巴黎情有獨鍾。而他最早在巴黎拍攝的電影，是一部不太出名的《偶然》。

《偶然》由歷高影業出品，大導演楚原執導。張國榮出演當紅歌星 Louie，與他搭戲的是梅豔芳、葉童和王祖賢三大女星。鍾楚紅友情客串，朱江則飾演 Louie 的父親。

楚原的名字，肯定曾令張國榮如雷貫耳。能與這位大導演合作，肯定會讓他開心不已。

1970 年代中後期，楚原在邵氏拍攝了多部武俠片，其中很多由古龍小說改編。他一改張徹電影的簡單粗暴，注入了更多懸疑元素與兒女情愁，因而得到了更多中產階層觀眾的青睞，更被尊稱為千萬大導演（臺灣市場屢破千萬）。

但楚原成名之前，拍攝的多為文藝愛情片。1964 年的《大丈夫日記》就相當有名。24 年之後，徐克還邀請他翻拍了這部經典。

「世界上除了買東西一定要付錢之外，很多事的發生都是偶然。」這是片中不止一次出現的臺詞。

每個人的一生，都會有太多偶然。別的不說，能成功地降臨世間，就純粹是個偶然。

我們成長的每一步，成熟的每一天，成功的每一件事，遇到的每一件事。

張國榮自己身上，何嘗不是充滿了偶然。

他能夠進入演藝圈，而不是子承父業做服裝設計師，完全就是偶然。

他原本無意參加麗的電視臺的業餘歌手大賽，是朋友偶然之下拉上他的；他能加盟華星唱片，是《鼓手》導演偶然之下將他推薦給陳淑芬的；改變他一生命運的舞曲〈Monica〉，也是自己去日本時偶然發現的。

生命中充滿了偶然，但是，偶然之中也有必然，能把偶然變成必然，人生就有了意義。

在《偶然》前半段，張國榮基本上是本色演出；之後劇情卻急轉直下，甚至相當悲情。

電影由一場紅館演唱會開始。伴隨著〈第一次〉的音樂，男一號 Louie 高舉右臂，以經典的張式姿勢閃亮登場，全場歡聲雷動。顯然，楚原這是將「1985 張國榮夏日百爵演唱會」的錄影給剪了進來。

當時，張國榮從小舞臺出場時的背景音樂，其實是〈為你鍾情〉。隨後他演唱的第一首歌，確實是〈第一次〉，確實還有一群頭戴草帽的女孩伴舞。

眼亮的網友，肯定能從伴舞女郎中認出一個人來。1986 年的香港觀眾，當然就更興奮了：梅豔芳。當然，1985 年張國榮開演唱會時，不可能讓梅豔芳伴舞。這是後來的拍攝與當時的錄影混剪而成的，張國榮的聲音也換成了唱片版。

梅豔芳的角色叫 Anita，一個來港發展的歌手。《偶然》會集了三大天后級女星，但梅豔芳才是事實上的女一號，這也是她和張國榮自《緣分》之後再續前緣。

在次日的演唱會上，於上萬人期待的目光之中，Louie 演唱了活力四射的〈Monica〉，深情款款的〈風繼續吹〉，以及少兒不宜的〈H2O〉，引得現場陣陣尖叫，不知道有沒有歌迷當場昏過去。不過就在這時，突然，畫

风一转，他开始讲故事了，然后以此为契机请出了一位嘉宾。

Louie 邀请 Anita 上臺，這姑娘開始還緊張羞澀，但是隨著音樂響起，她也就完全放開了，一曲〈冰山大火〉，令現場上萬觀眾收起了質疑，送上了掌聲，從此也把她送上了功成名就的快車道。報紙頭版、電臺採訪、粉絲追逐……香港，就是這樣一個充滿了機遇的神奇地方。

Anita 確實具備了成為明星的條件，但是很顯然，如果沒有 Louie 的「神助攻」，她不知道還得耽擱多長時間。那麼，全香港的女歌手那麼多，Louie 為什麼偏偏對她青睞有加呢？這純屬偶然。

頭一天晚上，一幫人在夜店放鬆時，為了搪塞一直糾纏自己的富家女（鍾楚紅飾），Louie 機智地拉過身邊的 Anita 當擋箭牌，說是自己的未婚妻。後來兩人都喝大了，一早醒來，發覺彼此已經「坦誠相見」。

按說這事過去就算完了，可是 Louie 總覺得有所虧欠，才有了上述的華麗一幕上演。但是 Louie 並不清楚，Anita 事實上早就愛上了自己。當伴舞女郎時，她當然不敢示愛；當上紅歌星後，她發現人家的眼中，依然沒有自己。

很多人總喜歡說，張國榮演電影經常是本色出演，惹得榮迷時不時要站出來維護偶像。但是《偶然》中的 Louie，還真與張國榮有很多相似之處，他們不光職業相同，在物欲橫流的社會中，都依然保持著不合時宜的善良與天真。這樣的本色難道不是好事嗎？

Louie 完全可以同富家女逢場作戲，但是不喜歡就不去招惹（跟旭仔截然不同）；他完全可以不幫 Anita，但是總覺得內心有所虧欠，因此全力以赴；Anita 走紅之後，他完全可以要些好處，卻無意為之。

在《緣分》中，梅豔芳就扮演了一個喜歡張國榮，卻與他沒有緣分的角色。這一次，張國榮愛的依然不是她。他的世界，已完全被另一個姑娘填滿。

在去機場接父親的路上，Louie 邂逅了一白衣少女。她淡定地捋了捋秀髮，把準備打架的 Louie 直接看傻了，眼光也不由自主地變得溫柔起來。

　　還真應了一句老話：碰上女神是偶然，愛上她就是必然了。隨後，兩人在機場又見了面，可惜一不小心，Louie 把人家的裙子給撕破了。

　　這位名叫 Julia（王祖賢飾）的少女，身形俏麗，五官精緻，舉止優雅，衣品考究，顯然符合大多數男人的審美觀，Louie 也不例外。

　　輕風拂過草地，他們攜手共舞；海水輕拍沙灘，他們並肩躺在一起，沙面上畫著巨大的「LOVE」；燭火搖曳之中，他們一同品著咖啡；情不自禁之下，他深情款款地吻住了她……

　　然而，再見時，Julia 卻朝他心口輕輕捅了一刀。她，居然是他父親的女友。自己愛得無可救藥、無法自拔的女生，居然要當自己的後母！愛得越深，傷害就越大。

　　遇到 Julia 是偶然，愛上她、為她所傷，卻成為必然，誰讓你是這樣的男人呢？

　　Louie 並不想向父親挑明，他已經看出來了，人家愛的並不是他。在他看來，唯有遠走高飛，才是對父親的最大打擊，才是保住尊嚴的最好做法。

　　之前一直風度翩翩、溫文爾雅的 Louie，卻在醉酒後大鬧唱片公司。展現出來的情緒爆發力，讓我們看到了張國榮作為優秀演員的基本功。隨後，Louie 就離開了香港。

　　遊蕩在巴黎的 Louie，很快花光了所有積蓄。他既不想向父親求助，又不能在當地開演唱會，好好的一個當紅歌星，居然被逼得走投無路。就在他病倒街頭，眼看就要英年早逝之時，導演及時安排第 3 個女人出場了。

偶然路過的越南女孩阮玉詩（葉童飾）為了救他，居然把這個陌生男人帶到自己的住處。

Louie 遇到玉詩純屬偶然，他愛上玉詩，當然不乏感恩的成分，但是真正令他「淪陷」的，還是玉詩作為女人的吸引力。她固然算不上漂亮，但能做到足夠可愛，足夠性感，足夠有女人味。

和玉詩在一起，Louie 沒有理由，也沒有時間再苦惱，再為得不到 Julia 而憤憤不平，他已經快樂得不得了了，不會感到任何委屈。

至於 Anita，Louie 從來就沒有喜歡過她。就算她再紅，又能怎麼樣呢，跟自己有什麼關係呢？

拍片時的葉童其實只有 23 歲，卻已是金像獎影后了。和 30 歲的張國榮演起情侶，各種細節令人感動，也讓觀眾忽略了劇情的邏輯問題。

當然，影片肯定不能這麼結束，不能讓這對情侶過得太舒服。很快，玉詩懷孕了，五年前逃難時留在身體裡的子彈，卻開始威脅她和孩子的生命。要說這設計是夠奇葩的，拍了那麼多古龍電影的楚原，就不能設計個更合理的橋段嗎？

玉詩病在家中，Louie 也丟了工作，不得已靠撿來的破吉他賣唱。可就在街頭演唱〈風繼續吹〉時，一個故人卻被歌聲吸引，認出了他。

Anita 走遍全歐洲，終於在巴黎找到了落魄的 Louie，並自願承擔起了照顧玉詩的職責，陪她走過了最後的艱難歲月。兩個「情敵」之間，沒有任何宮鬥劇的浮誇戲碼，卻能產生真誠的友誼，實在讓人感動，更令人五味雜陳。玉詩看到了 Anita 對 Louie 的真心，Anita 也明白了玉詩和 Louie 之間的真情。作為女人，她們都明白、都理解、尊重這份感情。

到了生命的終點，玉詩「自作主張」將 Louie 託付給了 Anita：「你們中國有一句好古老的話，叫不如歸去。」

夾在兩個女人之間的 Louie，自始至終也沒有變心。心裡，永遠只裝著自己的妻子。

回到香港的 Anita，終於在紅館舉辦了屬於自己的演唱會，在現場氣氛達到高潮時，她演唱了 Louie 為玉詩創作的〈紫色的愛〉：

是誰在我彩虹之中　擷取了我最愛的色彩

是誰在這人海中　奪走了我的愛

狂哭都變做歌　願命運難為我改

我要我要繼續　愛我要我要約誓永不改

唱著唱著，Anita 就「入戲太深」，淚流滿面。她為玉詩的悲慘命運而哭，為 Louie 的「執迷不悟」而哭，更是為自己的一片真心沒有回報而哭。最終，本應神采飛揚的她，卻泣不成聲以至哽咽，完全唱不下去了。

怎麼收場？

就在此時，觀眾席中突然傳來了充滿磁性的歌聲，Louie 終於回來了，還出現在她的演唱會。這是偶然嗎？當然不是。

「你跟我講過，唱歌同做人一樣。人不可以做一半，歌一定要唱完，來，我會等你的。」這樣的安排，顯然相當溫馨。

電影畫風一轉，在他們無比歡快的〈再共舞〉中結束，也給了我們更多遐想和思考的空間。這兩人最後到底能不能在一起、應不應該在一起，每個觀眾可以做出自己的判斷。無論怎麼選，都不會有對錯之分。這種開放式結局，其實還是蠻好的。

1986 年 4 月 10 日，春暖花開之時，《偶然》開始在香港公映，此時，復活節已經過去 10 天了。但是電影只上映了 8 天，票房 451 萬。

大導演楚原、當紅偶像張國榮，三大女神梅豔芳、葉童和王祖賢主演，這樣的票房，似乎對不起大家的付出。上一年陣容偏弱的《為你鍾

情》，還賣了 788 萬。但是張國榮沒有必要太失落，很快，他就迎來了自己更重要的代表作。

二、《英雄本色》締造經典，請叫他演員張國榮

如果挑選過去百年的優秀港片，無論以什麼樣的標準，無論由什麼機構發起，有一部作品，絕對是繞不過的，甚至是大多數榜單的第一。

對香港影業來說，這部電影的出現，代表著一個新時代的開始。對導演來說，這部電影的成功，代表著他正式躋身華語電影一線導演，甚至為進軍好萊塢鋪平了道路。

當時，張國榮已經在歌壇站穩了腳跟，成為全港一人之下，數人之上的超級明星。可在影壇成績就差點意思。即將進入而立之年的他，真的希望能再有一部《烈火青春》式的現象級電影，來實現形象與演技的突破。

張國榮能夠主演這部電影，代表著自己成為一名真正的演員，且以此身分家喻戶曉。

從此，請叫我演員張國榮。

這部電影，當然就是《英雄本色》。它翻拍自 1967 年謝賢、石堅主演的同名黑白電影。原本是圍繞一對親兄弟的情誼與責任展開，狄龍和張國榮是男主角。

吳宇森和徐克這對好兄弟，都特別熱衷翻拍 1950、1960 年代的經典港片，然後又毫不客氣地夾帶「私貨」。在今天看來，這對香港電影顯然是一樁好事。

周潤發和《聖誕快樂》中的張國榮一樣，原本只是客串一下小馬哥。

但香港電影的拍攝是非常靈活的，隨著吳宇森給周潤發的戲份越加越多，又加上剪輯處理，小馬哥雖然不是男一號，但他的戲份卻是最抓人的，最後拿下金像獎影帝，也是順應民意。

但是如果沒有這樣的大幅改動，很可能就沒有《英雄本色》的成功。

這種「客串成影帝」的事情，張國榮自己後來也遇到過。到底是印證了香港電影工業的不成熟、不嚴謹，還是說明了香港電影人的不拘俗套、隨機應變呢，見仁見智吧。

在當時，吳宇森是不得志的喜劇片導演，狄龍是過氣的武俠片巨星，周潤發是拍一部砸一部的「票房毒藥」。唯一有大量粉絲的張國榮，在歌壇是沒有爭議的一線，在影壇卻沒有什麼代表作，而立之年了，還在演青春片。

這麼一群失意的人搗鼓出的電影，似乎根本不具備逆襲的條件。

在當時，邵氏風格的古裝功夫片已徹底沒落，邵氏自己都不拍電影了，全香港都在忙著拍喜劇：許冠文式的底層人物逆襲坑富豪喜劇、成龍式的功夫雜耍喜劇、洪金寶式的窮鬼打架把妹喜劇、黃百鳴式的人鬼交朋友喜劇……而新藝城的大製作警匪喜劇，真不是隨便能學來的，那燒的都是錢啊。

至於說黑幫警匪題材，如果不做成喜劇，真的會有人看嗎？

所有人都不相信，其實吳宇森自己也沒底。但是在人生最困頓的時候，在幾度想要放棄的時候，徐克卻頂住了新藝城高層的重重壓力，給了好友足夠的信任與支持。毫不誇張地說，沒有徐克，這部電影根本就拍不出來，香港電影史也將會是另一模樣。

人生得一貴人，足矣！

2005 年，在香港影評人協會組織的華語電影百年優秀影片評選中，

《英雄本色》排在《小城之春》之後，列第二。長期以來，它一直被視為最佳港片。在《回顧香港電影三十年》中，吳宇森的恩師張徹動情地寫道：

這部電影，拍出了吳宇森溫文爾雅外表之下那種壯烈的浪漫情懷；拍出了朋友之義、手足之情，用流俗的話說，可謂劇力萬鈞。三位主要人物的性格躍然銀幕……張國榮雖然已是極紅的男歌星，但是也因為此片在銀幕上大紅。

但是張徹似乎記錯了。張國榮拍完這部電影後，收穫的吐槽遠多於讚美。

在片中，宋子豪（狄龍飾）和宋子傑（張國榮飾）兄弟情深，但是當哥的是國際偽鈔集團「骨幹」，弟弟卻考上了警校，一心想維護社會正義。

宋子豪去臺灣交易時被出賣並入獄。小馬哥（周潤發飾）是與子豪有過命交情的朋友，為替朋友報仇瘸了腿。而譚成（李子雄飾）卻藉機上位，取代了子豪。

子豪出獄後回到香港，試圖重新做人。但是外有譚成的干涉，內有親弟弟的誤解，讓他有走投無路之感，小馬哥也處境淒涼。為了擺脫困境，也為了保護急切立功的弟弟，子豪和小馬哥聯手向譚成發難，得到消息之後的阿傑也加入進來。在血與火的較量中，在生與死的考驗下，在好友的屍體旁，親兄弟終於實現了和解，擁有了默契，更彰顯了什麼才是「英雄本色」。

《英雄本色》改刀劍拳腳為當代槍戰，在子彈橫飛中詮釋男兒的血性與堅韌、義氣與豪情。它之所以能引發如此強勁的震撼，在於無意中暗合了1980年代經濟起飛、道德下滑之下，千千萬萬香港人的心結。

《英雄本色》顛覆了正與邪、善與惡、黑與白的界限，無情揭露了人性之惡，嘲弄道貌岸然的偽君子，又極力謳歌了人性之光，將男人之間的友情刻劃得比愛情還動人心魄。吳宇森更在其中，融入了自己對人生、機

遇與宿命的特殊解讀，這也將它與普通的動作片區分開來，散發出永久的人性之光。

這位大導演如是說：「我根本不當這是黑幫電影，只是把這麼多年來，朋友的支持、永不放棄的信念，都帶到電影中，化成對白，化悲憤為力量。」

1986 年是國際和平年，長期在臺灣生活的吳宇森，巧妙地將羅大佑創作的〈明天會更好〉植入電影中，並將英文片名定為《A Better Tomorrow》，但是電影主題曲，則是張國榮演唱的〈當年情〉。在影片的尾聲，小馬哥正是伴隨著這首歌的變奏曲掉轉船頭，上演了全片最為熱血的一幕。

子豪兄弟是幸運的，他們認識了小馬哥。吳宇森也是幸運的，不光有徐克這樣一位貴人和伯樂，還有狄龍、周潤發、張國榮、李子雄和朱寶意等華語電影最為出色的明星演員傾力支持。

為了節約開支，監製徐克和導演吳宇森都親自參演。徐克客串了一個音樂教授。他本身有著不俗演技，在譚家明執導的《最後勝利》中，他出演的黑老大被很多影迷反覆提起，還獲得第 7 屆金像獎最佳男配角提名。

吳宇森就差點意思。他飾演的是一路跟蹤宋子豪到香港的臺灣警官，這也是致敬龍剛當年演過的角色。但是實拍時，吳導總是被要求重拍，還得張國榮指點他唸對白和演戲的技巧。因此，吳宇森本人出演的戲份，就交給了「傑仔」執導。

全香港混娛樂圈的，都叫張國榮「榮少」，只有吳宇森不按路子出牌，他就是要叫人家傑仔，一叫就是一輩子 —— 宋子傑的傑，你能拿吳導怎麼樣？

作為 1970 年代邵氏片場的天王巨星，狄龍的演技不用過多強調。他飾演的宋子豪，當然有自身的真實對映：「我不做大哥好久了。」更有對角

色的精準領悟與解讀。所以，我們才能看到一位背負著重新做人的十字架的中年人，平日忍辱負重，甚至唯唯諾諾，大是大非面前卻極其堅強和睿智。無論弟弟怎樣誤解、非難和羞辱他，他始終把子傑看得比自己更重要。

而子豪與小馬哥的生死之交，更讓觀眾看得熱血沸騰。

周潤發飾演的小馬哥，更為電影貢獻了太多名場面。風衣墨鏡、手持雙槍的風采，不知讓多少男生崇拜、多少女生迷戀。用美元假鈔點菸、在花盆裡藏槍、向傷腿上倒酒、槍林彈雨中旁若無人地咬牙籤，都成為華語影史上的經典鏡頭。

「我倒楣了3年，就是要等一個機會。我要爭一口氣，不是要證明我比別人威風，只是想告訴人家，我不見了的東西，自己一定要拿回來。」這段臺詞更是到了人人會背的地步，流行程度堪比「曾經有一段真摯的愛情擺在我面前……」這一席話，何嘗不是替導演發聲呢？

高潮戲份中，正在數落宋子傑的小馬哥突然中槍，滿臉是血地倒下的鏡頭，將電影的悲壯氣氛烘托到極致。我們很難想像除了周潤發，還有誰能演出這樣的宿命感與震撼力。

相比宋子豪歷經磨難之後的從容淡定，一直生活在父兄關懷下的宋子傑，諸事太順，因此難免過於自負和偏激。

曾幾何時，他們兄弟倆也是親密無間、無話不談，雖說聚少離多，可是每一次的相遇，子傑都開心得像個孩子，那份發自內心的喜悅，足以感染每一個重視親情的觀眾。

可是父親因仇家的追殺意外亡故，將一切都改變了。子豪在臺灣入獄，子傑終於發現了他的真面目。此後，一段交叉剪輯運用得非常巧妙，一邊是大哥在監牢內勞動改造，眼望長天，一邊是弟弟在警隊刻苦訓練，

彈無虛發。

　　1986 年初電影拍攝時，銀幕上的張國榮，滿是陽剛之氣，像個標準的直男，不會哄女友開心。幸好 Jackie（朱寶意飾）對他一直鼓勵、包容，甚至遷就。

　　傾盆大雨中，回到香港的子豪，見到了一直想念的弟弟。他以為會來個緊緊的擁抱，結果子傑衝上前去，不由分說就是一頓猛打。還惡狠狠地說道：「不要讓我再見到你！」

　　在酒吧，他又見到了子豪，就把他叫出來，就像審訊罪犯一樣連連質問。當哥的哭笑不得，想好好勸勸他：「阿傑……」誰知子傑毫不客氣地打斷：「別叫我阿傑，叫阿 sir！（警察）」

　　這也成了子傑為電影貢獻的最知名金句。當然，小馬哥的金句是讓人膜拜的，子傑的金句是供人調笑的。可惜當年沒有像今天如此發達的自媒體，不然好事者肯定要做成表情包。

　　餘怒未消的子傑回到家中，居然一拳砸在鏡子上發洩，換來的當然是滿手的鮮血，這下真成了「熱血青年」。

　　因為輕易得到的情報，他很快鑽進了別人設下的圈套，被送進醫院急救。

　　即便到了最後，他也因為自己的魯莽，被譚成的手下擒獲，讓大哥和小馬哥的全部努力差點付之東流。

　　小馬哥毅然掉轉船頭加入戰鬥的鏡頭，將影片氣氛推向高潮。他的驟然中彈，更是讓無數觀眾流下了眼淚。但是經過這場火爆衝突，子豪和子傑已經和解了，不然，當弟弟的也不會遞槍給大哥，完成全片最讓人痛快的一幕。

　　香港觀眾推崇小馬哥，敬佩子豪，當然很好理解：他們是真正的英雄。觀眾痛恨譚成也順理成章：他將忘恩負義、恩將仇報和小人得志詮釋

得太真實了，人人得而誅之。但是大家討厭宋子傑，並非反對他按規章辦事、愛憎分明，而是詬病他頭腦簡單，太自以為是，根本不會換位思考，不懂得珍惜和包容。當然他的衝動和誤判是劇情需要，而且在結尾時，子傑已經改了不少，但是似乎還不夠。

但是，觀眾對宋子傑越不待見，越證明了張國榮表演的成功。如果不是他對角色的氣質拿捏到位、性格詮釋精準，也不會讓觀眾留下如此深刻的印象。《英雄本色》的各種榮耀，他的貢獻不容低估。

換個人，能處理好宋子傑的各種情緒波動和神經質嗎？換個人，能把《當年情》演繹得如此深情嗎？

換個人，能和女主角這麼有默契嗎？

很多時候，我們判斷一個角色的重要性，是看導演有沒有為其安排情感戲。張國榮 24 年的銀幕生涯中，合作過很多女星。論顏值，朱寶意不輸任何人；論演技，她也不比誰差太多。她在大銀幕前呈現的那份清新脫俗、優雅恬靜，為每一部作品都平添了太多魅力。

1986 年，無疑是朱寶意的巔峰之年。她先是合作周潤發，在奇幻片《奇緣》中出任女一號，隨後，又成為《英雄本色》中戲份最多的女性角色，與正值顏值巔峰的張國榮出演一對恩愛情侶，羨煞旁人。

1986 年的暑期檔，一路領跑的是嘉禾與新藝城「雙線聯映」的《最佳福星》，2,311 萬的票房並不算特別成功。之後，進入檔期的僅有張艾嘉《最愛》、惠英紅《扭計雜牌軍》等小片，沒有多少市場競爭力。8 月 2 日，《英雄本色》看準時機，在院線開始上映。

之前，很少有人看好這部電影。但是它一上映，就受到了全港觀眾的持續熱捧。電影連映 61 天，先是超過了《最佳拍檔之女皇密令》，成為新藝城最高票房電影，繼而又躋身 3,000 萬俱樂部，隨後又讓前一年冠軍，嘉禾《福星高照》3,075 萬的香港票房紀錄作古。

最終，《英雄本色》以 3,465 萬的驚人成績，成為 1980 年代首個在暑期檔拿下年度冠軍的電影。這也是張國榮拿到的第一個年度冠軍。

11 月 30 日，在第 23 屆金馬獎頒獎禮中，《英雄本色》一舉榮獲最佳導演（吳宇森）、最佳男主角（狄龍），最佳攝影（黃永恆）和最佳錄音（新藝城）4 項大獎，成為最大贏家。

當晚給吳宇森頒獎的，是歌后徐小鳳和電影工作室老闆徐克。

在角逐最佳劇情片時，《英雄本色》輸給了楊德昌執導的《恐怖分子》。

沒有任何提名的張國榮，也隨劇組飛到臺北，並和蔡琴一起頒發最佳電影歌曲獎項。

1987 年 4 月 24 日晚，第 6 屆金像獎頒獎禮上，最佳男主角當然是備受關注的獎項，狄龍與周潤發同時入圍。當鄧碧雲喊出「周潤發」的名字時，全場一片譁然。原來，這位新晉影帝，居然穿著淺黃色夾克和舊牛仔褲登臺，哪裡像個明星，更像個碼頭工人。不過，發哥並非有意向評審示威，他是從《江湖龍虎鬥》片場趕過來的，走得急沒來得及換裝。

在最佳導演競爭中，吳宇森輸給了執導《美國心》的方育平。但是分量最重的最佳電影，還是歸屬了《英雄本色》。

這也是自金像獎誕生以來，第一次出現最佳電影授予上年度票房冠軍的情況。直到 15 年後，《少林足球》才複製了這個榮光。張國榮沒有獲得任何個人獎項，卻為團隊取得的成就開心不已。

早在《英雄本色》火爆之時，電影工作室的新專案，就已經開始啟動了。這又是一部改寫華語電影史的經典。

相比《英雄本色》，它更應該算作張國榮的代表作。

三、《倩女幽魂》感動天地，人鬼戀成就愛情經典

提起《聊齋志異》，沒有不知道的華人。但是在這部短篇小說集的上百個故事中，說起知名度最大的，不會有多少爭議。

這就是《聶小倩》，講述的是女鬼聶小倩與書生寧采臣之間的愛情故事。

但是，這則故事之所以能夠家喻戶曉，相當程度上並非原著的功勞，而是來自一部電影的推動。

這部電影的男女主角，正是張國榮與王祖賢。

1960 年，知名導演李翰祥將聶小倩的故事搬上了大銀幕，由樂蒂、趙雷主演，定名為《倩女幽魂》。徐克非常喜歡這部電影，但還是想自己重拍一部──簡直是跟經典硬碰硬。

1986 年 10 月 10 日，就在《英雄本色》下映後不久，電影工作室宣布開拍《倩女幽魂》，徐克親任監製，導演定為其得力助手程小東。事實上，徐克才是電影整體風格的把控者，程小東相當於執行導演及武術指導。

正確的選角，無疑是成功的關鍵。張國榮是徐克心目中寧采臣的不二之選。徐克和吳宇森一樣，為張國榮因《英雄本色》受到的奚落而不甘，一心想要為他拍攝一部「正名之作」。

不過，聽說是個古裝鬼片，要穿奇奇怪怪的衣服，張國榮一度並不願意參演。徐克告訴他，雖說片中人物穿古裝，但電影核心卻是現代的，他不需要有任何顧慮。

女主角王祖賢年僅 20 歲，但早就不是新人了。1985 年暑期檔，徐克執導、許冠傑主演的《打工皇帝》中，她就是女一號。

經典一定會穿越時空，綻放出無比璀璨的光芒。

事實上，徐克就像講述當代男女青年的愛情故事一樣，拍出了這部瑰

麗奇幻的《倩女幽魂》。

片中提到的蘭若寺、郭北縣，其實都是李翰祥的發明創造，徐克只是繼承。《聊齋志異・聶小倩》中寫道：

寧采臣，浙人，性慷爽，廉隅自重。每對人言：「生平無二色。」適赴金華，至北郭，解裝蘭若。

蒲松齡老先生的北郭，愣被李大導演附會成「郭北縣」。而「蘭若」是梵語音譯詞「阿蘭若」的簡稱，指遠離村落、安靜而適合修行之場所。通常來講，有官賜匾額的修行處稱寺，私造的就稱蘭若，這兩個詞本不應該連用。

但是誰在意呢？如今我們提起蘭若寺，感覺和蘭桂坊也差不多，首先映入腦海的，恐怕就是一對對痴男怨女。

與李翰祥老版不同的是，1987年版《倩女幽魂》融愛情、喜劇、功夫與奇幻為一爐，少了些朦朧的意境和留白的回味，更加「簡單粗暴」，更能吸引快節奏下的都市年輕人。但是毫無疑問，愛情是其中最重要的元素。

人生路美夢似路長

路裡風霜　風霜撲面乾

紅塵裡美夢有幾多方向

找癡痴夢幻中心愛　路隨人茫茫

伴隨著《倩女幽魂》同名主題曲，史上最經典的寧采臣亮相了。很多人一定很是詫異，外表過於精緻，似乎還有點奶油的張國榮，何以能將這首歌演繹得如此中氣十足、渾厚蒼勁？

然而，讓我們更加詫異的是，已在香港娛樂圈貴為頂流，以講求生活品味聞名的張國榮，詮釋一個初出茅廬、質樸憨厚的少兒郎，居然如此輕車熟路、舉重若輕，看不出有任何「用力過猛」的苗頭，更不會有裝傻充

第四章 演技突破

愣的違和。

這是個看似全無心機，卻自帶梗圖的呆萌少年，一個揹簍就是他安身立命的所有家當，一點愛心就是他行走江湖討生活的全部法寶。走餓了坐下來啃饅頭，差點崩掉大牙；憤而用石頭砸饅頭，崩裂的是石頭；絕望之下踢饅頭，鞋能踢破個大洞；在清風冷雨中無助地撐開傘，傘上卻全是破洞，任由雨水拚命流下。徐克設計的精巧橋段，與張國榮不著痕跡的表演水乳交融，共同為電影增加了太多喜劇色彩。

寧采臣其實並非趕考的書生，而是收帳的──就憑一張小白臉？太天真。他一路收到郭北縣，連根毛都沒收到，卻在街市上看到一幅〈美人洗頭圖〉。寧采臣瞬間被畫中的美人深深吸引。可惜他囊中羞澀，只能悻悻作罷，還被店家奚落為「品味高，身分低」。

而這幅貫穿全片的美人圖，自然也成為推進劇情發展的關鍵道具，並增加了影片的神祕與淒美氣質。

為了攢錢買畫，寧采臣堅決不住客棧，偏偏跑到傳聞鬧鬼的蘭若寺。

灼灼的月光之下，一道綿長的棧橋出現在觀眾眼前。棧橋後面，是一座輕紗飄浮的「水中居」。昏暗的燈光之下，一位身形婀娜的白衣少女神態自若地撫著琴。她，當然就是電影的女主角聶小倩（王祖賢飾）了。

寧采臣走到近處，終於看清楚了。眼前的女子，真可謂「雲髻峨峨，修眉聯娟。丹唇外朗，皓齒內鮮」。美得不可方物，眼神中卻帶有幾分幽怨，似有重重心事。

姑娘看到寧采臣手中的刀子，不由得花容失色。他急忙解釋：「我無惡意的，我是碰巧經過這裡。」接著趕緊扔了刀，卻一下紮在柱子上，太尷尬了。

刀身不見了，他轉身四下尋找，姑娘卻嚇得直摀臉──背後的符咒

發揮作用了，但他豈能明白，她又怎敢解釋？

一片白紗被風吹走，寧采臣毫不猶豫地大獻殷勤：「我替你撿回來！」對嘛，該出手時就出手。結果把妹未遂，整個人都泡在水裡了。

姑娘將寧采臣撈了上來，試圖和他親近。他卻躲躲閃閃。一張嘴，更是那樣不解風情：

「小姐，你臉色這麼蒼白，一定是病了，最好是找個大夫看看吧。」

天曉得，來到這裡的男人，不管之前情場經驗何等豐富，基本上都把持不住自己，也基本上都保不住自己的小命。而這個鋼鐵直男，反而因「不解風情」而逃過一劫。當然，不這麼演，以後的劇情就推進不下去了。

愛的本源是吸引，愛的真諦，卻是尊重。

寧采臣抱著姑娘的琴來到了樹林，卻不承想和小倩來了個零距離接觸，覺得非常不好意思。但是看到毒蛇，他陡然來了勇氣，將姑娘擋在身後，不要命似的去踩那條蛇，甚至還要幫她引開燕赤霞。片刻之後他又跑了回來，慫了？不，他只是為了交還姑娘的琴。如此心地純良、設身處地為她著想，讓姑娘非常感動。

帳本泡溼了。寧采臣回到蘭若寺院做假帳。一不小心，硯臺卻掉樓底下了。他只好搭梯子下樓去找。眼前是一片黑，背後是一群想吃他的陰溼鬼，可他總是能準確地踏對步點，讓自己平安，令對方吃苦，更令觀眾忍俊不禁，最後更是稀裡糊塗地開啟窗戶，讓一屋厲鬼全部「見光死」。

這主角光環之強大，真讓人羨慕，這節奏控制之緊湊、喜劇效果之明顯，更讓我們捧腹。我們佩服徐克和程小東的腦洞之大，驚嘆於用道具做出的小鬼動作之逼真，更折服於張國榮恰到好處的表演，無須逗你，但你就是想笑。

晚上，水中居外巨蛇翻騰，寧采臣卻牢記之前的約定，不知死活地闖

第四章 演技突破

了進去,順著琴聲找到了小倩。他不得不藏身於水缸之中,只為躲開姥姥的毒手。但事情顯然沒這麼簡單。

這段戲份中,王祖賢的表現成就影史經典一幕,徐克也給了她充分展現個人魅力的空間。前有換上大紅婚袍時的恬靜優雅,後有吻向水下的機智聰慧,更有與男一號同泡一缸的大膽果決。只有為了自己心愛的人,一個姑娘家才願意做這麼大的犧牲吧。

而張國榮在拍攝時,在水缸裡連泡了3天,可謂吃盡了苦頭。甚至留下了「拍戲的時候在水缸,不拍戲的時候在病床」的傳奇故事。為了讓寧采臣死心,小倩以畫相贈,甚至出言譏諷,希望他不要再來。而憨直的寧采臣居然信以為真。

不過,當寧采臣將燕赤霞誤認為是大盜,並認為小倩的處境危險後,還是不顧個人安危地前去告知。不知他單薄的身軀裡,何以蘊藏這般的能量。而淪為背景板的燕赤霞,則一邊舞劍,一邊狂歌。唱的就是著名的〈道道道〉。

這一次,姑娘的芳心終於徹底被融化。外面的風雨再大,也澆不滅彼此心中的熱情。他們再也不必隱藏真實的衝動,再也不想辜負上天的安排,再也不願浪費如此寶貴的共處。伴隨著葉倩文浪漫淒美的〈黎明不要來〉,他們緊緊相擁,深情熱吻,極盡歡愉……只期待黎明不要來,纏綿不要停,美夢不要醒。片中也用交叉剪輯,將這邊的耳鬢廝磨,與昔日的一幕幕甜蜜瞬間反覆切換,見證了這段真情的來之不易,這份真愛的刻骨銘心。

最終,寧采臣明白了小倩的真實身分,也徹底得罪了樹妖姥姥,他隨時可能斃命在那隻巨舌之下。燕赤霞拚盡全力相助,二人終於艱難地擊敗了姥姥,並找到了小倩的骨灰罈。

「十里平湖霜滿天,寸寸青絲愁華年。對月形單望相護,只羨鴛鴦不

羨仙。」在〈美人洗頭圖〉上，這對戀人一人題寫一句，留下了最浪漫的愛情見證。未料到徐克對真愛居然有如此深入骨髓的解讀。

而多虧了張國榮與王祖賢，才能將他的理念用唯美的鏡頭呈現出來，讓我們倍感溫暖，又分外遺憾：她不投胎，就永遠是孤魂野鬼；她要投胎，就再不能與他相愛。人世間最大的悲劇，莫過於此。

與樹妖姥姥的大戰，讓人覺得就是電影高潮了。萬萬沒想到，徐克和程小東卻設計了一個直搗枉死城大戰黑山老妖、拯救小倩的大戲。在1987年的粗糙特效加持下，電影卻將驚險詭異的氛圍營造得特別震撼。

文弱書生寧采臣，居然可以馭劍飛行，砍斷鎖鏈，救出心上人，而小倩為了保全寧采臣（當然也有燕大俠），甘願毀掉自己的骨灰罈，永世不得超生，更有持劍奮勇刺向老妖的場面。愛情的終極使命，在這裡展現得分外淒美。

而最讓影迷過癮的是，影片真正讓寧采臣起到了男一號「解決問題」的作用，讓他最後克服重重困難，不可思議地「一劍定乾坤」，用自己的玩命，拯救了自己的愛人。

不過，片中最煽情的部分，居然還沒到來。他們三人從枉死城返回時，時近天亮，一群厲鬼拚命拉扯小倩。燕赤霞被迫推開窗戶，小倩只能四處蜷縮躲避光線，而寧采臣只能拚盡全力擋住門窗的光線，那份焦慮，那種關切，那般柔情，隔著銀幕就滿滿地溢了出來。他不能轉身，不敢回頭，不曾最後再看小倩一眼。是不是太殘忍了？可是，看一眼又能如何？

「小倩，你要好好做人，我會永遠記得你的。」

「想不到臨分手，也見不到最後一面。你要保重啊！」

這是她最後的留言。寧采臣在燕赤霞的保護下回到青華縣，遵照之前對小倩的承諾，將她的骨灰罈重新安葬好。兩人策馬向前，看似奔向新生

活,但心中的失落與惆悵,又有誰會明白?

一切歷史都是當代史。每個年代的電影,都會打上時代烙印。李翰祥版《倩女幽魂》算得上古裝文藝片,愛情戲份並不太多,而且「發乎情止乎禮」,也幾乎沒有恐怖場面,小朋友可以放心看。但是徐克版尺度明顯要大得多,卻並不讓我們感覺情色,只會沉醉其中,為男女主角的彼此傾心與相互成全所感動。至於動作場面和特效鏡頭,更是徐克和程小東的專長,放到30多年後也不過時。

一部佳作的發表,確實需要導演、製作和表演班底的珠聯璧合,需要天時、地利、人和,絕對是可遇而不可求的事情。

王祖賢之後,再無聶小倩。張國榮之後,再無寧采臣。在《偶然》中就有過對手戲的他們,這一次的合作更加自然順暢。作為大哥哥,張國榮自然對這位妹妹照顧有加。在片中,王祖賢叫他采臣,但是在片場,卻叫他「哥哥」。

張國榮在家是老十,也沒有當哥哥的經驗,卻被這小妹妹如此欣賞,自然也相當開心。更讓他想不到的是,整個香港娛樂圈,居然積極響應王祖賢,都開始叫張國榮「哥哥」了。

從此,這個稱謂伴隨了他的一生。

7月18日,《倩女幽魂》在院線正式上映。這也是即將迎來31歲生日的張國榮,首次以男一號的身分參與暑期檔大戰。就在兩天前,德寶上映了周潤發、鍾楚紅和陳百強主演的《秋天的童話》,張國榮和周潤發這對好朋友,也不得不面對面地對抗了。

起初,《倩女幽魂》票房並不理想,香港觀眾對這種古裝奇幻並不感冒。無論是發行還是製作方,都為電影口碑行銷做了大量工作。很多影評人也自發站出來力挺。最終8月12日下線時,電影票房1,883萬,《秋天的童話》則以2,555萬收官。

1987年內，32部粵語片突破1,000萬，《倩女幽魂》只能排在第十五，但是它在華語影史中的地位，對之後30年古裝奇幻片的影響，顯然根本不是票房成績所能衡量的。此後不久，多家電影公司都把古裝鬼片納入到了自己的拍攝計劃之中，並陸續推出了《金燕子》、《畫中仙》等作品。

　　在當年的第24屆金馬獎初選中，《倩女幽魂》贏得了8項提名，但是並不包括男女主角，這實在讓人既意外又遺憾。在10月29日的頒獎禮上，《倩女幽魂》獲得最佳改編劇本（阮繼志）、最佳剪輯（新藝城剪輯組）、最佳服裝設計（陳顧方）和最佳男配角（午馬）4個獎項，成為獲獎最多的電影，但分量最重的最佳劇情片、最佳導演和最佳男女主角，卻是一無所獲。

　　也就是說，張國榮、王祖賢、徐克和程小東，這4個為《倩女幽魂》付出最多的電影人，通通被金馬獎否定了。不過，35年以來，《倩女幽魂》作為古裝奇幻片的經典之作，一再被模仿、被致敬、被傳頌，而那一年的最佳影片《稻草人》，顯然沒有多少人記得了。

　　張國榮主演的另一部電影《胭脂扣》有6項提名，拿下了最佳女主角、最佳攝影和最佳美術設計3個獎項。

　　轉過年，1988年4月10日的第7屆香港電影金像獎頒獎禮上，之前獲得11項提名的《倩女幽魂》，最終只拿下了最佳美術指導（奚仲文）、最佳音樂（戴樂民、黃霑）和最佳電影歌曲3個技術獎項。不過，令劇組相當開心的是，3首歌同時入圍了最佳電影歌曲，創造了金像獎紀錄。

　　可惜，令榮迷特別遺憾的是，最終得獎的居然不是張國榮演唱的同名主題曲，而是葉倩文演唱的〈黎明不要來〉。出力頗多、犧牲頗大的張國榮，又是什麼獎項都沒有得到。

　　但是忙得連軸轉的張國榮，顯然不會為這樣的事情煩心。他還有新專輯要發、新演唱會要開、新電影要拍。

四、《英雄本色Ⅱ》水準欠佳，張國榮成亮點

《英雄本色》實現了票房和口碑的雙贏，跟風的黑幫槍戰題材數不勝數。按香港電影圈的慣例，不拍續集不是愚蠢，而是犯罪。徐克力主運作續集，吳宇森卻並不熱衷。

對徐克來講，《英雄本色》讓他得到了更大的話語權。以前，他還要依附新藝城，聽3個老闆指示；從1987年開始，電影工作室直接向金公主彙報，事實上和新藝城平起平坐了。公司需要擴大規模，而開拍熱門電影續集，無疑是最穩妥的辦法。

1987年7月，《英雄本色》續集正式開拍。為了幫助在新藝城鬱鬱不得志的老朋友石天，徐克將他拉了進來，出演重要角色「龍四」。為遷就他，不少劇情顯得喧賓奪主，也影響了電影的品質。

而吳宇森之所以願意執導《英雄本色》續集，一個很重要的原因，就是希望彌補對一位演員的虧欠。

如果沒有張國榮的加盟，《英雄本色》一是很難拍出來，二是拍出來了也很難上映，三是上映了也很難大爆。畢竟當時在三大主演中，只有他自帶流量。

但是出於劇情的需要，吳宇森將子傑的形象，刻劃成偏執、弱智、不知深淺、不懂感恩、不夠成熟的莽撞少年，與小馬哥和子豪形成了鮮明反差。甚至有了這樣的說法：觀眾有多喜歡小馬哥，就有多討厭宋子傑。

《英雄本色》不僅讓周潤發「三番逆襲」，此後四年更是三奪香港年度票房冠軍，三獲金像獎影帝，也讓狄龍榮獲金馬影帝，事業迎來第二個高潮。唯獨張國榮，非但沒有得到任何獎項，還落了個被滿世界吐槽的待遇，這讓吳宇森感到非常過意不去。當然平心而論，宋子傑這麼招人恨，

反而恰恰說明了張國榮對角色塑造的成功。

因此在《英雄本色II》中，吳宇森把最震撼人心的鏡頭，最催人淚下的戲份，都留給了張國榮。

影片承接前作。為了調查退隱江湖的前黑社會老大龍四（石天飾），宋子傑不惜假裝追求其女兒Peggy（簡慧真飾），宋子豪獲假釋之後，為保護弟弟也進入了龍四的船廠。

龍四被手下高英培（關山飾）陷害，被迫逃往紐約。在遭遇連環追殺和迫害之後一度精神失常。在小馬哥的孿生弟弟阿健（周潤發飾）的幫助下，龍四回到香港，與宋氏兄弟一道對付高英培。在子傑不幸遇難之後，三人踏著他的血跡，走上了復仇之路。

因為小馬哥太受歡迎，電影主創團隊就設計了一個新角——他的雙胞胎弟弟阿健。此人在紐約開中餐廳，卻有著和哥哥同樣出色的神奇槍法，更有著同樣感人的傲骨豪情。但是相比前作，周潤發和狄龍的戲份顯然都有所減少。

這部電影集中了四大明星，雖說給龍四設計了很多劇情，但是張國榮才更像男一號。電影以子傑接近龍四開始，以眾人為他報仇結束。雖沒有參與最後的大決戰，但是他用自己的生命，詮釋了有別於小馬哥的、英雄的另一重含義。

子傑被黑幫懷疑，被騙到了交易現場。高英培先是讓殺手小莊痛扁他，隨後更讓子豪幹掉他。哥哥親手槍殺弟弟，無疑是電影的一場重頭戲，也是對演員演技的極大考驗。

當一槍難以使子傑斃命時，為了不讓高英培再起疑心，子傑用眼神提醒大哥：「多開一槍，要不然他不會相信的。大哥，我們兩兄弟，他相信一個就夠了。」

第四章 演技突破

槍聲響起，子傑驟然倒地，升格鏡頭將這一過程展現得特別悲愴。為將犯罪分子一網打盡，寧可犧牲自己，也不暴露哥哥。那種堅毅中有些許膽怯、平靜中略顯害怕的眼神，給觀眾以強烈的代入感，讓很多人不由得眼眶溼潤。

但是，最催淚的戲份還沒有到來。《英雄本色》中，張國榮與周潤發沒有多少對手戲，續集中，他們的合作多了起來，但是剪輯中被剪掉不少，相當遺憾。不過這次合作，也為3年後另一部電影的成功，奠定了良好的基礎。

兩人一起在高英培別墅外隱藏。突然，一顆流星劃過夜空。子傑猛然有了不祥之感：「當警察的人，看到流星是不吉利的。」那份擔憂讓人痛心。此時，妻子已經懷孕了。顯然，他不想自己有事，不想愛人變成寡婦，不想孩子一生下來就沒有父親。

英雄，不能只是天不怕、地不怕，而更應該明進退，知深淺，有一些顧慮，這樣才更接地氣。

子傑吐槽道：「第一次看到你在墳場，第二次和你在一起又看到流星，那麼不吉利。」

而放浪不羈的阿健卻回答道：「做人要瀟灑一點，輕輕的我走了，正如我輕輕的來……」徐志摩的詩從他嘴裡念出，讓這部從頭到尾都有流血殺戮的悲情片，多了一抹喜劇色彩。

妻子即將生產，子豪勸子傑不要參與行動，但他還是堅持去了高宅。子傑的辛苦沒有白費，他終於找到了偽鈔生產地點。可惜，小莊從身後截住了他，一場決戰不可避免。

這場殊死較量與妻子的分娩鏡頭，用平行剪輯呈現出來，來回切換，越發顯得慘烈悲壯。

兩人的槍同時響了，敵人在暗處，他受了致命傷。幸好被阿健救下。車行到半路，他猛然要求停車，和妻子通話。

　　身上的血在不停地流，死神在一分一秒地靠近，可是聽到了妻子的聲音，他卻徹底放鬆了。當知道母子平安時，他比什麼都開心。他有太多的話想說，但是上天不會給他機會了。每說一句，他的痛苦就增加一分，讓觀眾的心情糾結一重。但他的心卻是甜蜜的，甚至還不停向身邊的阿健炫耀。直到為女兒起好了名字「宋浩然」，他終於垂下了頭，在阿健懷裡停止了呼吸。而那邊，渾然不覺這場變故的妻子，還滿臉幸福地等他回來。

　　這名字並不適合女孩，可能是導演為了表達「浩然正氣」吧。

　　主題曲〈奔向未來的日子〉也適時響起，更烘托了這種悲壯氣氛。

無謂問我今天的事
無謂去知不要問意義
有意義無意義怎麼定判不想不記不知
無謂問我一生的事　誰願意講失落往事　有情無情不要問我
不理會不追悔不解釋意思
無淚無語心中鮮血傾出不願你知　一心一意奔向那未來日子

　　在韓國國民大劇《請回答1988》第一集開始時，正是伴隨著這首歌，劇集的幾位主角圍坐在電視機前，觀看《英雄本色Ⅱ》中阿傑臨終前與妻子對話的戲份。這也清楚地證明了：當年，張國榮在韓國真不是一般紅。如今，韓國觀眾對他的懷念從未減弱。

　　兩部《英雄本色》相比，第一部在敘事節奏、場面控制、思想深度等方面，通通完爆第二部。但是在當年（其實現在也一樣），太多的韓國年輕人，無論男女，都更喜歡第二部。到底是為什麼？

　　除了張國榮，好像實在想不出別的理由了。如果說《英雄本色》第一

部貼上了小馬哥的鮮明標籤，第二部肯定是打上了宋子傑的深刻烙印。

在1988年的第7屆金像獎評選中，正是憑藉《英雄本色Ⅱ》的精采發揮，張國榮得到了生平第二次影帝提名。這也是四大主角得到的唯一一個提名。不過，當時周潤發確實風頭無兩。他以《龍虎風雲》、《監獄風雲》和《秋天的童話》3部電影獲得提名，並以《龍虎風雲》榮獲獎項。

為了趕聖誕檔期，《英雄本色Ⅱ》的製作顯然比較倉促，甚至劇本都存在不少問題。比如非讓已結婚的子傑和龍四的女兒Peggy談戀愛，還讓子傑將其領回家，與懷孕的妻子對峙，這個三角戀也對推進劇情沒有多大幫助，龍四也並未因此與子傑交惡。

子豪槍殺子傑的戲份足夠悲壯，但是隨後子豪居然在黑老大眼皮底下，開車回去救下弟弟，並親自送到醫院，顯得有些太兒戲了，也讓之前的表演有前功盡棄之感。

最後的大決戰，三人翻過沾著子傑鮮血的牆頭，對高英培一夥大開殺戒。對方人數至少是他們的100倍，可是這3個歐吉桑，卻愣是在如此密集的火力下，一直殺個不停，還堅持活到了最後，擺出了誇張的姿勢。

為了保證拍攝進度，吳宇森帶著周潤發、石天一組人去美國拍攝，徐克則帶著張國榮、狄龍等在香港拍攝，大結局則是雙方會集香港後完成。這麼一來，就無法保證運鏡風格的統一。但不管怎麼說，這部電影絕對不是爛片，而是無數榮迷相當偏愛的。

《英雄本色》在1986年的暑期檔刷新各種紀錄，作為續集，《英雄本色Ⅱ》放在1988年暑期檔更加合適，但是公司高層卻等不及了。

12月17日，《英雄本色Ⅱ》現身聖誕檔。雖說次年1月7日即宣告下檔，只上映了22天，但是依然以2,273萬拿下檔期冠軍，並名列年度第六，算是相當不錯的成績了。而在下檔當天，張國榮主演的又一部經典電影，開始開映了。

五、《胭脂扣》甘當綠葉，詮釋風華絕代十二少

在 1980 年代中後期，新藝城與嘉禾是香港電影的兩大大廠。成龍是嘉禾的頭牌，當然不能拍新藝城的電影；而與新藝城有長約的張國榮，卻有幸參與了嘉禾一部重量級作品。

1987 年 3 月 3 日，嘉禾子公司威禾投資的文藝片《胭脂扣》正式開鏡。這是一部當時香港影壇難得的「大女主」電影，女一號如花是 1930 年代的紅牌妓女，由梅豔芳出演。張國榮飾演的是富家公子，人稱「十二少」的陳振邦。導演是關錦鵬。

繼《緣分》、《偶然》之後，張國榮與梅豔芳實現了第 3 次合作。威禾在鄭少秋辭演十二少之後，曾希望劉松仁出演。顯然，他們選擇的都是人到中年的成熟明星。但是梅豔芳堅持要求由張國榮出演。這樣的兩人，似乎更有情侶的默契感。

當時，張國榮已經是新藝城的合約演員，這家公司是嘉禾的「死敵」，怎麼可能放他參演？不得已，張國榮將參演此片作為與新藝城續約的唯一條件，令後者不得不破例放行。後來，梅豔芳又主演了新藝城的《開心勿語》和《英雄本色Ⅲ：夕陽之歌》，被張國榮笑稱為「交換人質」。

原本十二少的戲份很少，後來，李碧華修改劇本，替張國榮大量加戲，他的拍攝期也由原定的 10 天增加到 20 天，真正起到了一個「男一號」的作用，也讓電影平添了更多魅力。

在拍攝過程中，關錦鵬表現出了扎實的題材駕馭功力，他精心設計的敘事方式，令 1980 年代與 1930 年代在鏡頭下來回切換，今日的孤寂與昔日的纏綿對比鮮明，如花的痴情女形象，與十二少的負心漢人設，自然也被詮釋得入木三分。

生活在 1930 年代舊香港的如花,是石塘咀的紅牌妓女。她雖說沒有傾國傾城的容貌,卻有著脫俗的氣質和特殊的才藝,令很多堂客迷戀。有一天,她女扮男裝,演唱了一曲南音〈客途秋恨〉,一身男裝將身形襯托得颯爽英氣,幽怨婉轉的曲調沁人心脾,令碰巧路過的富二代陳振邦眼前一亮,從此開始了對她的猛烈追求。

這難道真是巧合,還是有意設計?也許世間所有的邂逅,都是有備而來。

1987 年正值梅豔芳的本命年,當年 24 歲的她,早就是香港歌壇的「大姐大」。經過幾年大銀幕歷練,梅豔芳的演技也愈發純熟。她將一個墮落青樓卻依然相信愛情的堅強女性,詮釋得血肉飽滿,令人信服。那段著男裝唱歌的戲,似乎也是為之後的劇情埋下了伏筆。

拍戲時的張國榮還不滿 31 歲,正是顏值巔峰期。鏡頭下的他眉目俊朗,衣著考究,帶著渾然天成的貴族氣質。電影特意安排了一個十二少上樓時,樓下兩個姑娘向他拋媚眼的場景。男主角優雅轉頭微微一笑,真稱得上「回眸一笑百媚生」,這份氣度,令在場的所有異性黯然失色。

在進行了一系列撩妹行為後,當我們逐漸有了代入感,鏡頭一轉,直接是高樓林立,汽車川流。這是穿越了嗎?

如花來到報館,找到編輯袁永定(萬梓良飾),希望登一個尋人啟事:

十二少,三八一一,老地方等你。

如花

如花的行動詭異,讓袁永定相當吃驚。

袁永定走到哪,如花都能準確地跟到哪,讓他怎能不害怕。終於,她說出了實情:「我和十二少吞鴉片殉情自殺,約好了手拖手走過黃泉,永不分開,豈料我先到,找也找不到他,等又等不到,我忍不住,所以上來

找他。」

　　原來，如花並未穿越到了當代，而是早就成了鬼，又返回人間了。梅豔芳之所以憑此片一舉成名，正是她將做人的清新高貴，與做鬼的執著倔強，都表現得非常到位。片中並沒有令人毛骨悚然的恐怖場面，更不會有鮮血淋漓的復仇鏡頭，一切都在不疾不徐的節奏下推進。

　　儘管非常害怕，袁定方還是收留了如花。他心軟，十二少一樣心軟。但是，原本相愛的兩個人，為什麼非要殉情，塵世不值得留戀嗎？為什麼死後又無法相見？

　　鏡頭再次切回了1930年代。如花知道自己的身分，哪怕做小也樂意。可就算是這樣，十二少的母親也不答應。

　　早於《霸王別姬》5年，張國榮就穿上了戲服，臉上畫上了油彩，出現在舞臺上。看來，為了能夠自食其力養活如花，十二少是豁出去了。但很顯然，他並沒有成為名角的潛力，甚至連養家餬口都做不到。離了父母，他還真不是無所不能。

　　3月8日，11點，他們一起吞鴉片自殺。這才是「三八一一」的真正含義。

　　自始至終，都是如花在主動。作為男人，十二少學戲不成，只能以抽大煙來排遣鬱悶。即使這樣，如花也沒嫌棄他，沒有拋棄他。

　　但是，他們真的有必要走上絕路嗎？兩位優秀的演員，將吞鴉片毒發之後的痛苦表情，將面對命運壓迫的萬般無奈，詮釋得相當傳神，讓我們看後五味雜陳，不知道說什麼好。

　　袁永定為如花登出了尋人啟事，卻沒有等到人。但他無意中得到的一張舊報紙，卻坐實了十二少的動向，令如花無比傷心。他偷生，他丟下我一個！

當然，也解釋了她等了53年，也沒有等到他的原因。

十二少並沒有死，奇蹟般被救活了。電影把懸念維持到了最後一刻，讓年近80歲的十二少最後出場。

導演也足夠殘忍，給他安排了一個「咖哩啡」[07]的身分。這麼老的龍套，求生欲還這麼強，對比兩人的殉情自殺，實在是天大的諷刺。這是張國榮唯一一次扮演老頭，活在一個不屬於他的年齡。

卑微、懦弱、怕死……所有人性的弱點，恐怕都被這老頭集於一身了。這樣的一個人，居然還能「心安理得」地苟活。

的灰老師認為，如花在酒裡放安眠藥屬於謀殺，她失去十二少根本就是咎由自取。對此，筆者不能苟同。既然承諾一起赴死，如花怕他吞鴉片不死，多加一道保證，也算不上「謀殺」：畢竟殉情是他同意的，甚至是自願的。

在如花死後，十二少被搶救過來時，作為一個男人，他應該信守承諾。而且，如此淒涼落魄、苟延殘喘的53年，真還不如死了痛快。

「你睇斜陽照住個對雙飛燕。」聽到這段南音，十二少猛然清醒，顫顫巍巍地站起，哆囉哆嗦地走到如花面前。可迎接他的是什麼呢？

「十二少，多謝你還記得我，這隻胭脂扣，我掛了53年，現在還給你，我不再等了。」

如花決絕地轉身，梅豔芳演唱的同名主題曲驟然響起：

誓言幻作煙雲字　費盡千般心思

情像火灼般熱　怎燒一生一世

延續不容易

「如花，原諒我……」這是他發自內心的聲音。可憐之人必有可恨之處。

---

[07] 意指臨時演員，是香港影壇通行已久的特有代名詞。

「又留下我，讓我受罪……」這句話淹沒在了歌聲中，聽起來更令人感傷。十二少其實並非不願陪她殉情，只是造化弄人，他偏偏被救活了，活受了53年罪。當時的特效化裝水平有限，張國榮不得不戴上石膏臉模，將一個落魄老人的懺悔與失落，呈現在了觀眾面前。

相比《倩女幽魂》中男女主角以生命相托，留給觀眾太多感動與美好回味，同為「人鬼情」的《胭脂扣》，卻讓我們特別糾結。如花肯定有不妥之處，但十二少的抉擇，確實也無法讓人叫好。

電影上映時的1988年，香港社會受傳統文化的影響還比較深，女權思想遠不如今天大行其道，但即使這樣，人們也普遍同情如花、質疑十二少。到如今，他恐怕只能和許仙一樣，成為負心人的典型了。但是張國榮詮釋的這個儒雅精緻卻又相當懦弱被動的十二少形象，也足以令無數女孩同情心氾濫。

如果把《緣分》、《偶然》、《胭脂扣》歸成「張梅緣分三部曲」，發現3部電影最大的共同點，就是兩人都沒有能在一起，注定沒有緣分。

在前兩部電影中，男主角都只把Anita當兄弟，從來沒動過別的心思。《胭脂扣》中，兩人終於戀愛了，真不容易，可惜戀情不為世俗所容，相約自殺都沒有成功。

唯有在非院線的《煙飛煙滅》中，兩人才成了夫妻。

現實生活中，他們雖是特別要好的朋友，但是始終沒有機會擦出愛的火花。2003年，兩位巨星相繼告別人世，令人唏噓不已。

張國榮的很多電影，都被人說成是本色演出，如《霸王別姬》、《金枝玉葉》、《春光乍洩》等。但其中角色的性格氣質，難道和生活中的張國榮高度一致？其實差得很遠。至於《倩女幽魂》中的呆萌書生寧采臣、《錦繡前程》的底層混混林超榮、《鎗王》中的變態殺手Rick，和張國榮本尊的差

別,更是天上地上。

相對而言,《胭脂扣》中的十二少,與張國榮的性格氣質倒是有很大的相似之處。他雖不是霍啟剛、何超瓊那樣的頂級富二代,也是貴公子出身,是在保母、傭人的伺候下長大的,加上自己從小重視衣品與保養,舉手投足自然就有隱藏不住的貴氣。但是這並不能說明,十二少的角色好演。光那個吞鴉片戲份,就夠考驗人的了。毫無疑問,張國榮的表演相當成功,卻又沒有搶奪梅艷芳的風頭,稱得上是最佳對手戲演員。

《胭脂扣》和《倩女幽魂》一同參加了第24屆金馬獎評選,卻晚一年參選金像獎。

這是為什麼呢?

它是1988年1月7日才在香港上映的。經過41天,最終票房達到1,748萬,列年度第十三。對一部文藝片來說,成績非常理想了。

1989年4月9日,第8屆金像獎頒獎禮在香港文化中心舉辦。在14個獎項之中擁有9項提名的《胭脂扣》,最終獲得包括最佳電影、最佳導演和最佳女主角等在內的6項大獎。

這部電影,讓梅艷芳拿下了金馬、金像和亞太影展的影后,實現了大滿貫,成就了她在影壇最大的輝煌。

這部電影,見證了張國榮為幫襯好友梅艷芳所做的努力與犧牲,見證了他們在銀幕上的高度默契和現實中的可貴友情,見證了張國榮第3次拿到金像獎影帝提名。

《胭脂扣》下檔不久,張國榮在新藝城的一部新片又開始拍攝了。這一次與他搭檔的,是無數香港宅男的「夢中女神」。

六、《殺之戀》牽手鍾楚紅，票房慘淡卻讓人懷念

《胭脂扣》大獲成功，張國榮的身價也隨之大漲，片約不斷。但是在1988年，他的主要精力仍在歌壇，只參演了兩部電影。一部是新藝城的賀歲大片《新最佳拍檔》，另一部就是與鍾楚紅合作的《殺之戀》。

再發，發不過周潤發；再紅，紅不過鍾楚紅。這位女星被譽為「香港的瑪麗蓮·夢露」，有著與生俱來的精緻與渾然天成的性感。更難得的是，她的戲路廣泛，能夠詮釋各類角色，而絕非只能做花瓶。鍾楚紅與周潤發的合作特別有默契，被媒體譽為最佳銀幕情侶。1987年由德寶出品的《秋天的童話》，更是以2,555萬刷新了文藝片的香港票房紀錄。

3月5日，《殺之戀》正式開拍。導演梁普智此前執導的《等待黎明》，一舉將「票房毒藥」周潤發送上金馬獎影帝的寶座。在《英倫琵琶》中，他又讓鍾楚紅演盲女，很好地磨練了她的演技。

之前在《偶然》中，鍾楚紅只是偶然客串了一下。這一次，張國榮和紅姑終於可以演情侶了，這無疑是很多粉絲翹首盼望的事情。即便這部電影水準不高，很多人還是願意一看再看。擔任電影執行導演的，是2020年去世的著名電影人陳木勝。

繼4年前的《緣分》之後，張國榮又戴上了金邊眼鏡，演起了上班族戚近榮。不過，他已經是個高級白領，有房有車，還不至於到火車站去扛麻袋。

一天夜裡，戚近榮獨自悠然自得地開車在郊外轉悠，沒想到出大事了。伴隨著詭異的背景音樂，他差點一下子開到坡底下去。

驚魂未定的戚近榮坐回車上，卻從後視鏡上看到了一個人影，令他又驚喜又驚嚇：白衣美女一枚。但是這美女來得也太蹊蹺了。

第四章 演技突破

美女在後座各種搖首弄姿，阿榮在前面各種心猿意馬，當然要走神，當然要差點與人相撞。

他停車觀望時，卻發現美女不見了，而她的紗巾搭在車門上，上面還印著她的芳名 Cecilia。一陣風吹來，將紗巾吹上了天，他趕緊拚命追趕，打算像寧采臣一樣討好美女。哪裡想到，一不小心就和人家撞了個滿懷。

那還客氣什麼？兩個人不由自主地吻在一起。正甜蜜間，卻被警察無情打斷。戚近榮這才明白過來，原來一切都是幻覺。正失望間，他在河邊又見到了姑娘，他們一起去了夜店，不過人又神奇地不見了。

從此，阿榮就對她深深迷戀。他身邊有一個愛慕者 Ann（柏安妮飾），對他的好感從不掩飾，可他從來沒有興趣。

梁普智畢竟是知名導演，影片的拍攝剪輯都相當考究，轉場畫面也頗見功力。但是隨著劇情的推進，真相總算浮出水面了。先前的詭異場面都是人為操作，或者說是故弄玄虛。

阿榮好不容易找到了 Cecilia（鐘楚紅飾），就敢拿一朵玫瑰搭在人家香肩上，還大刺刺地和她坐在一起。換個顏值不過關的來演，肯定猥瑣得不得了，可是張國榮就能展現得相當浪漫。只是後來發生的事情不太和諧。Cecilia 的同居男友曹立三（黃錦燊飾）看到之後，立即讓手下阿豹（郭振鋒飾）一頓招呼，阿榮隨後就躺到醫院去了，這真是愛的代價。

當然，阿榮不會就此放棄的。曹立三的渣男做派，也讓 Cecilia 越來越討厭。

阿榮提醒她：「你跟著那個壞蛋，不是更失敗？」顯然戳中了她的痛處，卻讓她更捨不得這個真誠的大男孩。

第二天一早，兩人又一起搭公車離開，去鄉下看望她的爺爺。

原來，這樣一個渾身洋溢著時尚感覺的女孩子，居然是在鄉下長大，

並且有著不幸的童年。這種人設與鐘楚紅本人的經歷，多少有一些相似。據說她在 19 歲參加港姐競選之前，都沒有穿過高跟鞋。

　　Cecilia 讓阿榮冒充她的未婚夫，耄耋之年的爺爺非常開心。與爺爺相處的時光，迅速拉近了兩個人的距離，Cecilia 對阿榮的禮貌謙恭相當滿意，後者也發現了她善良懂事的一面。

　　似乎是天公不作美，他們滯留在海邊，一同來到 Cecilia 小時候生活過的木屋裡，實際上是老天成全。在熊熊燃燒的篝火邊，淋過雨、換過衣的姑娘，顯然更能讓男人衝動，而願意這樣對他的女孩，顯然也願意交出一切。

　　「你不可以比我早死，不然誰來照顧我？」她用餐刀抵住阿榮的脖子，聲音卻是盡顯溫柔。他衝動地將她攬入懷中，忘情地親吻起來，不求天荒地老，只願今夜纏綿。而她的回應也非常熾熱，讓他更加瘋狂。主題曲〈濃情〉及時響起，甜蜜抒情：

濃而暖的情

蓋在柔弱的生命　一剎的安詳

是我在聆聽著你輕震的心境　緣盡似飄雲

那樣無助地相認　可變的將來

可會仍是我因你變得更起勁

　　這段戲份，兩位明星將氛圍表現得非常浪漫，並不遜色於《倩女幽魂》和《白髮魔女傳》。他們兩個真應該多合作拍攝幾部電影，鐘楚紅也真應該多活躍幾年。

　　就在回城的路上，Cecilia 講述了他委身曹立三和扮女鬼的緣由，讓他對這份愛更有了信心。

　　雖說不是標準的喜劇片，但是片中的搞笑橋段也不少。

第四章 演技突破

在夜店的包廂門口，阿榮神氣活現地等 Cecilia 出來，想給她一個最酷的造型，甚至準備當場親上去。結果門一開，是一個特別醜的中年女性，惹得觀眾大笑不止。

在曹立三家樓下，因為叫不動 Cecilia，阿榮居然放聲高歌：「哦哦哦，無心睡眠；哦哦哦，腦交戰。」然後撒嬌似的躺在車頭上，自己致敬自己。

在被曹立三手下打住院後，Cecilia 去看他，望著女神的背影，他狂叫：「我一定再去找你。」然後端起粥要喝，結果一勺子粥全飛到眼鏡上。

完成這樣的戲份，對張國榮來說已經是輕車熟路了，甚至看不出刻意表演的痕跡。

兩人私訂終身，曹立三豈能答應？最後的結局，還是有些令人傷感。Cecilia 與阿榮相約逃跑，但還是被曹立三捉住。

也許是覺得「有情人終成眷屬」的戲碼太俗套了，就來了個催淚版的。不過對這樣一部搞笑的影片來講，確實沒有必要。

8 月 11 日，《殺之戀》接棒周潤發、王祖賢主演的《大丈夫日記》，作為新藝城的種子選手殺進暑期檔，對戰嘉禾 7 月 30 日上映，周潤發、梅豔芳主演的《公子多情》。《英雄本色》大火之後的這幾年，無疑是周潤發的巔峰時代，張國榮不是與他合作，就是同他競爭，顯然也是地位與能力的體現。

《公子多情》連映 34 天，票房 2,357 萬，列年度第八；《大丈夫日記》以 1,942 萬位居第十一。而《殺之戀》僅僅上映 9 天，就被新藝城以林嶺東《學校風雲》替換，最終票房僅 560 萬，排名第六十六。這成績甚至還不如 1985 年的《為你鍾情》。

沒有對比就沒有傷害。相比之前的《英雄本色》、《倩女幽魂》和《胭脂扣》三大經典，在影壇順風順水的張國榮，拍出《殺之戀》這樣相對平

庸的愛情片，似乎有點不應該。但這鍋也不能由他一個人背。此時的新藝城，確實已經逐步走上了下坡路，無法像1980年代初那樣推陳出新、大殺四方了。

雖說票房失利，新藝城並未對男一號失去信心。恰恰相反，隨著許冠傑的逐漸老去，他們更離不開張國榮。眼看春節檔就要到來，雖說黃百鳴靠《八星報喜》為新藝城贏得了年度冠軍，但是麥嘉和石天並不希望他接著做續集，有錢大家一起賺嘛！

他們的決策，直接影響了新藝城的命運，甚至影響了香港電影之後多年的走向。當然，也深刻影響了張國榮的演藝道路。

第四章　演技突破

第五章
賀歲大戰

一、《新拍檔》聯手偶像，見證超級 IP 的衰落

2021 年，春節檔票房破 70 億元，成為歷史第一（2022 年春節檔破 60 億元，2023 年春節檔破 67 億元）。春節檔的火熱，令全球片商無比眼紅。

很多觀眾大概並不清楚，春節檔，正是由 2013 年周星馳的《西遊‧降魔篇》開啟，並由 2016 年《美人魚》、《西遊記之三打白骨精》和《澳門風雲》3 部大片徹底帶火的。

回溯 1990 年代，張國榮、成龍和周星馳這三位華語影壇的代表人物，曾展開了將近 10 年的「賀歲大戰」，為香港電影在世紀末徹底衰落之前，寫下了非常精采的一頁。當然，也可以說是最後的輝煌篇章。

香港春節檔的繁榮，「始作俑者」不是成龍，不是麥嘉，當然更不是張國榮。而是一位我們意想不到的知名導演。

1976 年 1 月 30 日，正值除夕，嘉禾院線推出了吳宇森執導的粵劇片《帝女花》，結果大受歡迎，21 天票房 345 萬，列年度第四，開了春節上映大片的先河。這部電影翻拍於 1959 年的同名經典，原先是個男女主角雙雙殉情的悲劇，為了適應喜慶氣氛，吳宇森就機智地設計成他們倆在天堂雙宿雙飛、逍遙快活。

此後，越來越多的重量級影片試水春節。

1980 年 2 月 9 日，距猴年春節還有一週。成龍主演的《師弟出馬》在嘉禾院線隆重開映，並以 1,103 萬打破香港影史紀錄。這是港片首次突破千萬大關，25 歲的神奇小子成龍，從此坐穩了一線寶座，一紅就是 40 年。

次年 1 月 30 日，還是嘉禾操盤，許冠文、許冠傑兄弟主演的《摩登保鏢》，又以 1,777 萬改寫紀錄。

1982 年，更是上演了四大公司鏖戰春節檔的佳話。

一、《新拍檔》聯手偶像，見證超級 IP 的衰落

這一年春節是 1 月 25 日。為了搶占先機，《最佳拍檔》果斷地定在 1 月 16 日開映，從此就一路領先，一騎絕塵。將香港影史各種紀錄收在囊中。最終成績是不可思議的 2,604 萬。

5 天之後，成龍執導並主演的《龍少爺》、劉家良執導的《十八般武藝》和李連杰主演的《少林寺》同天上映，4 部強片鏖戰春節檔，在華語影史上寫下了輝煌一頁。

《最佳拍檔》的大獲成功，是新藝城群策群力的成果。它模仿借鑑《007》、《星際大戰》等好萊塢大片，結合本土經驗，巧妙地融喜劇、動作、科幻、冒險等熱門元素於一體，是香港電影人無窮創意與無限活力的充分體現，更是香港電影黃金年代的一座豐碑。

此後兩年，這個系列的第二、三集繼續統治春節檔。1984 年由徐克執導的《最佳拍檔之女皇密令》，科幻元素更多，笑點也更加密集，創造了 2,929 萬的新紀錄，助力新藝城全面壓制老牌大廠邵氏和嘉禾。在電影大獲成功之後，徐克與施南生迅速成立了電影工作室，從此逐漸擺脫了三位老闆的控制。

到了 1985 年春節，新藝城似乎有點「忘乎所以」，居然用譚詠麟、石天的小成本喜劇《恭喜發財》，迎戰嘉禾的全明星賀歲大片《福星高照》，結果輸得很慘。《恭喜發財》以 1,842 萬僅列年度第七，《福星高照》則以 3,075 萬取得年度冠軍並改寫影史紀錄，將港片帶入了 3,000 萬時代。譚詠麟和新藝城的緣分，從此也就結束了。張國榮則開啟了與這家公司的長期合作。

新藝城亡羊補牢，1986 年推出《最佳拍檔 4：千里救差婆》，起用新銳導演林嶺東執導，並讓許冠傑和歌后葉倩文談戀愛，以吸引年輕人進場。這次 2,701 萬的成績也還算不錯，但是仍以微弱差距輸給了嘉禾群星雲集的《富貴列車》。

第五章 賀歲大戰

隨後，香港影史上荒唐的一幕上演了。已經跳槽到嘉禾的曾志偉，把麥嘉和張艾嘉遊說過來，拍出了一部頗有「蜘蛛人大戰超人」風範的《最佳福星》，讓兩大頭部公司的頭號 IP 合體。但是很多時候，1 加 1 未必大於 2。該片暑期檔上映後，票房和口碑都相當一般，更是直接傷害了《最佳拍檔》的金字招牌。幸虧吳宇森的《英雄本色》爭氣，為新藝城搶回了一個年度冠軍。

1987 年春節，新藝城推出許冠傑、王祖賢主演的科幻片《衛斯理傳奇》，迎戰成龍、譚詠麟的《龍兄虎弟》。事實證明，離開了「最佳拍檔」這個頂級 IP，許冠傑根本不是成龍的對手。《龍兄虎弟》拿下 3,547 萬，再次突破香港影史紀錄。《衛斯理傳奇》僅收 1,871 萬，列年度第十六，不及張國榮的《倩女幽魂》。

到了 1988 年，黃百鳴操盤《八星報喜》，請回老搭檔高志森執導，並集結了周潤發、張學友、鄭裕玲、馮寶寶等八大明星，組團秀恩愛撒狗糧。《八星報喜》其實只是仿照《聖誕快樂》和德寶兩年前的《八喜臨門》，但演員陣營更豪華，特別是有發哥傾力出演，喜劇橋段設定也更合理，行銷力度更強勁，市場反應也就更好。

這一次，《八星報喜》以 3,709 萬創造香港新紀錄，也打敗了成龍同檔期的《飛龍猛將》。

黃百鳴當然是揚眉吐氣，但是公司高層非但沒給他發大紅包，反而要他用盈利充抵《城市特警》的損失。黃百鳴想趁熱打鐵拍續集，也沒有得到批準。

最終，新藝城決定在 1989 年春節重啟擱置兩年的《最佳拍檔》，希望為 1980 年代畫上一個圓滿句號，為即將到來的 1990 年代奠定良好的基礎。公司讓張國榮參演這個頂級 IP，顯然有培養他代替許冠傑之意。

9 月 26 日，第五部《最佳拍檔》正式開拍。林嶺東不再繼續執導，著

名武術指導劉家良接棒。

說起來，劉家良和《最佳拍檔》系列也很有緣分。最早兩部的導演曾志偉，曾經是劉家班的替身演員。他力主由昔日恩師出任動作指導，兩人的合作也相當成功。

到了第三部《女皇密令》，導演換成了徐克，武術指導也改成了元奎。第四部《千里救差婆》由林嶺東執導，劉家良也沒有參與。

這一次，劉家良拿起了導演筒，劉家班的武師們自然全面負責動作場面，特效繼續由柯受良團隊負責。

在影片中，利智與張國榮飾演一對姐弟，他們自稱新最佳拍檔，冒充真的最佳拍檔金剛（許冠傑飾）與光頭佬（麥嘉飾），從犯罪組織白手套處搶走了秦王劍。警方派出武術高強的藍波（李元霸飾），到香港捉拿金剛與光頭佬。經過幾番較量，新舊最佳拍檔與警方聯合起來，與盜竊兵馬俑的匪徒展開了最終對決。

新藝城想借兵馬俑來製造噱頭，可惜時機不對。

1984年4月29日，在《最佳拍檔3》中被惡搞的美國總統隆納‧雷根（Ronald Reagan），從北京飛到西安，下到兵馬俑坑參觀，為「世界第八大奇蹟」做了一次免費廣告。但到了1989年，兵馬俑的熱潮早已褪去，劇組也並沒有到西安實拍。

1989年的春節是2月6日。1月28日，在萬眾期待之中，《新最佳拍檔》強勢開映。嘉禾則在同天上映胡慧中主演的「大女主」動作片《神勇飛虎霸王花》，並沒有安排成龍出場，顯然是未戰先怯。不過，後來發生的事情證明，新藝城高層高興得實在太早了。

開篇盜取兵馬俑和秦王劍的過程，還是比較抓人眼球的。在貨櫃碼頭，白手套匪徒製造車禍，搶走了裝有兵馬俑的車輛。阿姐和阿弟則化裝

搶走了秦王劍。在水泥管中穿梭、搏鬥和用大砲飛人跑路，還是體現了一定的想像力。駕駛摩托車的鏡頭，張國榮負責在鏡頭前擺姿勢，小黑負責開著車玩命，盡顯劉家班和柯受良特技隊的水準不俗。可惜的是，劉家良放棄了《最佳拍檔》一直堅持的西方科幻風，嚴重弱化了這個系列招牌式的追車、極限運動和槍戰場面，加入了過多的傳統功夫片套路，這可以說是最大敗筆。搞笑部分則表演生硬，有強行給觀眾撓癢癢之感。

相比麥嘉、許冠傑的老態盡顯，張國榮的加盟，顯然為這個系列帶來了新鮮感。他的帥氣與活力，正是春節檔電影特別需要的。相比人到中年的麥、許二人，張國榮的顏值太突出了，一舉一動都成為焦點。但是有他們在，張國榮的戲份不可能太多，也沒有為他安排女朋友，發揮演技的空間也相當有限。

利智比張國榮小 6 歲，卻要演他的姐姐而不是情侶。利智雖然是亞洲小姐冠軍，很多香港觀眾卻不待見她。利智曾對張國榮說：「我很怕觀眾噓我。」而張國榮的回答，讓她覺得分外暖心。

張國榮說：「別怕，人們噓到嘴巴累了，便不會再噓。」寶麗多時代的張國榮，正是一路在噓聲中愈挫愈奮的，他也樂於分享經驗，給有類似心境的人。

最後的大決戰，居然放棄了現代兵器，用傳統刀劍打了十幾分鐘，簡直是在 1980 年代末拍 1970 年代的邵氏功夫片。唯一讓人記得住的，恐怕只剩下偽裝成兵馬俑賣萌的匪徒了。這樣的影片不受年輕觀眾歡迎，也在情理之中。

即使導演換成杜琪峰或林嶺東，只要不換劇本，也無法讓它起死回生。

但是，《新最佳拍檔》對張國榮來說，有著非常特殊的意義。這是他從影 10 年來，首次亮相最重要的春節檔，並為 1990 年代的「三國殺」，做了一次不成功的熱身。

雖說《殺之戀》票房慘敗，新藝城高層對他還是抱很大希望的。張國榮也得以同自己的偶像許冠傑同臺，零距離感受這位歌神的魅力。兩人還合作了電影主題曲〈我未驚過〉。與劉家良、柯受良的合作，也豐富了張國榮拍攝動作片的經驗。

《神勇飛虎霸王花》只拿下1,815萬。《新最佳拍檔》是不是躺著都能贏？

不是這樣的。這部群星雲集的大片票房也僅2,003萬，創造了系列片的最差成績，最終排名年度第六。考慮到通貨膨脹的因素，更讓新藝城高層上火，甚至觸發了兩年之後的公司歇業。

而許冠文主演的《合家歡》，在1月21日上映後，居然玩出了「DS[08]逆襲」，以3,125萬拿下春節檔冠軍，最終列年度第三。

更讓麥嘉和石天尷尬的，《合家歡》的編劇和男二號，居然是他們的老熟人：新藝城三老闆黃百鳴。導演則是上一年剛執導了《八星報喜》的高志森。

不過，想想麥嘉跑到嘉禾去拍《最佳福星》的往事，真應了那句「你做初一，別怪我做十五」。可這麼一來，新藝城的人心，還能不散嗎？

張國榮退出歌壇，與新藝城及關聯公司新藝寶的歇業，似乎也有著相當微妙的連繫。

在這一年裡，因為忙於告別演唱會的各種事情，張國榮僅僅參演了一部《倩女幽魂Ⅱ：人間道》（下稱《人間道》），而且再沒有其他新片上映。

在1980年代的最後一年裡，有116部港片上映，創造了自1969年以來的新高。總票房卻僅有8.79億，相比上一年出現了不小的下滑。

就在這一年裡，王晶執導，周潤發、劉德華主演的《賭神》選擇聖誕檔上映，以3,630萬為永盛贏得了首個年度冠軍。這也是周潤發四年裡第

---

[08] 法國汽車工業頂級設計豪華品牌，進入中國后，該品牌常年虧損。

三次折桂。至少在香港本土，他已經牢牢壓制了成龍。

許冠傑、譚詠麟和鍾鎮濤這些唱而優則演的明星，因為年齡關係，不可避免地要淡出影壇。梁家輝、梁朝偉和任達華等新一代明星，票房號召力還相當有限。市場需要巨星，也有能力推出巨星。周星馳在1990年的「橫空出世」，看似極度不可思議，卻又十分合理。

已經退出歌壇的張國榮，難道還要退出影壇，開啟全面的退休生活？

二、《縱橫四海》票房口碑雙贏，書寫浪漫黑幫片

1990年代的第一個春節檔，成龍和許冠傑都沒有新片推出，坊間以為周潤發會輕鬆勝出，結果還真冒出了黑馬。《三人新世界》以2,328萬笑傲檔期，《吉星拱照》僅有2,029萬，嘉禾院線上映的《富貴兵團》拿下1,753萬。3部影片的市場表現，讓人有倒退回1982年的感覺。

不過，到了復活節檔，一部基本上由中國演員出演的古裝奇幻片，卻取得了2,099萬佳績。它的導演，正是執導了兩部《倩女幽魂》的程小東。影片的女一號鞏俐，男一號張藝謀。這部影片，也為張程二人之後合作的3部武俠巨作奠定了基礎，這3部電影都帶有濃郁的港片風格。

張國榮和陳凱歌有不少合作。都說一筆寫不出兩個張字，他卻從未出演過張藝謀的電影，和鞏俐倒是有不少緣分。

這一年，在結束了告別演唱會之後，張國榮大部分時間住在溫哥華，但是香港媒體卻依然不缺對他的報導。

暑期檔的《人間道》，展現了張國榮不俗的票房號召力；聖誕檔的《阿飛正傳》，則彰顯了他愈發純熟的演技。這樣的一位實力明星，如果徹底

歸隱，無疑是香港電影的重大損失。

這一年，原本名不見經傳的周星馳，憑《賭聖》、《賭俠》拿下了年度冠、亞軍，將香港電影帶入了 4,000 萬時代。不過，《賭俠》名義上的男一號，還是永盛「一哥」劉德華。與此同時，成龍沒有新片上映，周潤發只有一部票房不佳的《吉星拱照》。

兩位 1960 後出生的明星周星馳和劉德華，在當時，都已有超過 10 部影片上映，展現了極為強烈的上升勢頭。新的 10 年，會成為成、周、劉三人的天下嗎？次年的春節檔，果然看出了一些苗頭。

話說回來。自從參演了《英雄本色》，張國榮就將吳宇森視為最崇拜的導演，對他如同大哥一般尊重。而吳宇森更是對張國榮另眼相看。自《倩女幽魂》之後，整個香港娛樂圈都叫這位巨星「哥哥」，吳宇森偏要堅持叫他「傑仔」，這不是任性，而是情誼。

閒暇時間，張國榮與吳宇森吃飯聊天，這位大導演認為，傑仔很有做導演的天分，希望未來能一起執導。聽到這番話，張國榮怎能不高興。1989 年 3 月，張國榮拍攝了自己的第二部音樂電影《日落巴黎》。作為事實上的導演，張國榮為了拍好作品，邀請吳宇森特別出演，並擔任導演顧問。

而在籌拍《縱橫四海》時，吳宇森第一時間就想到了周潤發和張國榮。這是他們三人，自《英雄本色Ⅱ》上映近 3 年後的再度攜手。

1990 年暑期檔，吳宇森的心血力作《喋血街頭》撞上了周星馳的《賭聖》，被壓制得不成樣子。票房慘敗之後，在好朋友張家振和谷薇麗的支持下，這位名導又成立了新里程影業。

吳宇森特別喜歡法國新浪潮愛情片《夏日之戀》（*Jules et Jim*）。它講述的是兩男一女跨越時間的愛情傳奇。吳宇森期望改編成一個中國故事，

加入動作槍戰元素。

但是公司高層基於《喋血街頭》的票房慘敗，堅決反對再拍攝悲情題材，建議拍成喜劇片，在 1991 年春節檔上映。於是，吳宇森邀請張國榮的老熟人高志森共同創作劇本。

1990 年 10 月，在完成了《阿飛正傳》的戲份後，張國榮飛往巴黎與劇組會合，一個月後又返回香港繼續拍攝。因為要在次年 2 月初上映，時間相當緊張，不過整個劇組的氛圍非常融洽。

此時，張國榮的父親張活海，以及陪伴自己 30 餘年的六姐都相繼去世。張國榮心情非常難過，但是他從來不把情緒帶到工作之中。鐘楚紅在拍完這部電影後正式息影，吳宇森和周潤發打算進軍好萊塢，張國榮則打消了徹底退休的念頭，並把工作重心放在香港。

1991 年 1 月，張國榮飛回溫哥華，直到 5 月，張國榮又飛回香港，連第 10 屆金像獎頒獎禮都沒有出席，也就錯過了唯一一次捧走小金人的機會。《縱橫四海》上映之後的火爆程度，他當然也無法領略。

1991 年的春節來得特別晚，居然是情人節之後的 2 月 15 日。2 月 2 日，《縱橫四海》在金公主院線各大影院正式上映。同一天，由王晶執導，周星馳、劉德華和關之琳主演的《整蠱專家》接棒《賭俠》，在新寶院線開映。

5 天之後，成龍主演的《飛鷹計劃》，在嘉禾旗下影院上映，加入戰場。

這麼一來，全香港甚至是整個華語世界身價最高、粉絲最多的五大電影巨星，在羊年春節檔集體亮相，並奉獻出了 3 部水準不俗的佳片。衝著這一點，1991 年就應該在香港和華語電影史上，占據一個重要位置。

而張國榮的角色，在他全部的電影中，也是一個相當特殊的存在。

過往幾年，張國榮的大銀幕形象，往往是「桃花過處，寸草不生」的情

場浪子，憑著帥出太陽系的顏值與花樣繁多的撩妹手段，把一個個女孩迷得昏天暗地，哭著鬧著要陪他一起吃苦，為他做賢內助，把一個個備胎氣得呼天搶地。而《縱橫四海》中的阿占，嚴格來說也是一枚「備胎」，但人家就是能上位，而且上得正大光明，讓人挑不出毛病。

阿祖（周潤發飾）、阿占（張國榮飾）和紅豆（鐘楚紅飾）三人組成了高顏值的「最佳拍檔」，專門盜取價值連城的藝術品。他們之所以不擔心買家，在於有一個手眼通天的好老爹老周（曾江飾）。

開篇的盜畫戲份，雖是「正餐前的甜點」，場面卻不亞於 10 年後新鮮出爐的《玩命關頭》，更將三人的性格氣質，詮釋得活靈活現。

阿祖潛入貨櫃車，按紅豆做的記號偷出畫，交給鑽到了車下的阿占，讓他騎摩托車先走，自己則用降落傘逃生。三人配合得珠聯璧合、天衣無縫。贓物則由老爹負責賣出。完美！

阿祖與紅豆是一對情侶，與阿占又是好兄弟。

紅豆渴望婚姻，希望過上安定的生活，但是阿祖整天一副吊兒郎當的樣子，套用張國榮的一句歌詞，那叫「如不羈的風不愛生根，我說我最害怕誓盟」。明知道紅豆喜歡浪漫，他卻從來不認真配合，喜歡有事沒事捉弄佳人。

阿占也愛著紅豆。不過，那是自己好兄弟的女友，怎麼敢越雷池半步？

紅豆一心想讓他們（主要是阿祖）收手，省得自己總是提心吊膽。但是所謂「上賊船容易，下賊船難」，當一筆 200 萬美元的買賣擺在眼前時，兩人又怎麼能不動心？

不過這一次，搶先行動的是阿占。

阿占獨自殺入尼斯古堡，準備盜取〈赫林之女僕〉，明知凶多吉少，他還是義無反顧。在漆黑的夜裡，他憂鬱地抽著煙，與其說是思考行動方

案,不如說是思念紅豆,擔心自己永遠再也見不到她。

　　阿祖豈能讓兄弟一人冒險。他正準備出發,紅豆卻悄悄走了過來:「不要去,他沒事的。」看到這裡,我們會不會覺得她冷血呢?但是筆者認為,這番話更像是在試探阿祖的決心。否則,她早就和無數女人一樣,當場翻臉,大哭大鬧了。而絕不會溫柔地說:「你們倆都要平安回來。」

　　紅豆不能把愛情分給阿占,那是世間唯一不可分割的珍貴禮物;她卻和阿祖一樣,把阿占當成了自己的親人。

　　古堡行動,堪稱片中最精采的連環大戲。它以輕鬆寫意開始,以慘烈收場,並決定了故事後半程的走向。當然,電影中存在很多問題,但是鑒於精妙的創意、流暢的劇情及兩大巨星的精采表演,觀眾也就不計較了。

　　阿占身輕如燕,用繩鉤攀上城堡,閃轉騰挪盡顯帥氣。身形壯碩的阿祖居然出現在他身邊,天曉得他是怎麼上來的,一切全憑腦補。

　　盜寶之途豈止險象環生,隨時能讓人送命,各種機關防不勝防,集中兩人的智慧與經驗,當然比一個人管用得多。

　　他們幸運地開啟大門,透過吊燈驚險地摘得名畫。阿占的靈動與阿祖的笨拙,似乎形成了鮮明反差,但是一出城堡,先中槍的卻是阿占。

　　即便在替阿占取子彈時,兩人依舊抬槓。阿占一本正經指責阿祖對紅豆不好:「你把她當木偶似的扯來扯去,忽冷忽熱,這也叫好?」而阿祖依然沒有正形,發表了一番經典敘述:「其實愛一個人,並不是要她一輩子跟著你。我喜歡花,難道非要摘下來?我喜歡風,難道非要讓風停下來,讓我聞聞?我喜歡雲,難道非要叫雲飄下來抱著我?我喜歡海,難道讓我去跳海?」

　　阿祖接著說,他追求的是剎那的光輝,阿占毫不客氣地回過去:「你知不知道,剎那的光輝不代表永恆。」

兩人爭執之時，形勢驟然緊張，子彈橫飛，煙火瀰漫。隨後，槍戰與飛車又巧妙地整合在一起，營造的氛圍堪稱險象環生。阿祖開著轎車，霸氣地撞翻了對方幾輛車。而阿占騎著摩托帶著畫，一路奔向碼頭，擋不住一艘遊艇上的密集火力，只能駕車逃生，畫就這麼丟了。

　　即便隨時有喪命之憂，阿占依然冷靜地擊毀了幾輛車子，還忙裡偷閒，救下了一個小男孩。這場景展現了吳宇森的俠義情懷。

　　眼看阿占支持不住，阿祖駕車直奔向遊艇，沖天大火之下，絕望的阿占只能趕往機場去接紅豆。

　　在極其哀傷的氣氛中，阿占努力安慰悲痛不已的紅豆。〈風繼續吹〉慢慢響起：

　　我看見傷心的你　你說我怎捨得去

　　哭態也絕美

　　如何止哭　只得輕吻你髮邊讓風繼續吹

　　不忍遠離

　　心裡極渴望　希望留下伴著你

　　伴隨著張國榮低沉渾厚的歌聲，曾經的一幕幕快速閃過，他們三人留下了太多快樂的瞬間，也製造了太多完美的竊案，阿占也一直對紅豆無比迷戀。阿祖已死，認清現實的她，終於和阿占好上了。備胎終於成功上位了，她親他終於沒有負罪感了。只是恍惚之間，她的眼前，還會出現阿祖的影子。

　　心思細密的阿占，怎麼可能看不到這一點？終於在超市中，阿占居然發現了阿祖的身影，他沒有死，卻雙腿殘疾，坐上了輪椅。阿祖是怎麼死裡逃生的，影片並沒有交代。他之前已找過老周，希望對方能收留，結果慘被推下了臺階。而阿占見到阿祖後，也並沒有馬上告訴紅豆。

第五章 賀歲大戰

那麼問題來了。阿占到底是害怕紅豆重回老情人懷抱，還是不忍她看到生性好動的阿祖坐上輪椅？這是個見仁見智的問題。而對紅豆來說，此時她選擇誰，都是自己的自由，別人都沒有資格評頭論足。但是紅豆之後的做法，顯然體現了吳宇森導演的愛情觀。

老周搶到了〈赫林之女僕〉並交給拍賣行。他居然要阿占再偷出來，好讓畫再升值幾倍。阿占當然知道風險有多大，但是他沒有推辭。而身為人妻的紅豆，居然「好意思」去勸阿祖幫助阿占。

和上次一樣的是，阿占不想麻煩阿祖。和上次不一樣的是，阿祖並不知道這回事。

至於紅豆，完全無意於回到阿祖身邊，難道是因為他失去了雙腿？當然不是。我們可以看出，這時的她已經真正愛上了阿占，從此就只會把阿祖當朋友。就算這個人什麼都沒少，她也不會放棄阿占的。當好強的老公不想拖累老友時，她還要主動請阿祖幫忙。這行為算不算自私，也是見仁見智。

盜取拍賣行保險庫鑰匙的過程，居然是透過一場舞會搞定的。

紅豆摸到鑰匙後，又很快與阿占跳在一起，在眾人的羨慕目光之中，贓物已經傳遞，而阿占印下鑰匙模後又火速塞還給胡所長，整個過程乾脆俐落又讓人忍俊不禁。

月黑風高之夜，鎗火肆虐之下，生死瞬間之時，兩人還有閒情抬槓，並用眼花撩亂的暗語手勢，營造出了強勁的喜劇效果。

終於到了最終清算的時刻。老周提著錢箱來換畫，卻要對阿祖痛下殺手，朝他連開數槍。隨後，老周又將槍對準了阿占。

此時，全片最令人亢奮的鏡頭上演了。剛才還在輪椅上奄奄一息的阿祖，居然騰空飛起，做出了古裝武俠裡才能出現的高難度動作，一腳把老

周踹到了牆根底下。原來,他的殘疾是裝出來的,他的身上是有防彈衣的,他的苦肉計騙了所有人。

嚴格說來,這段劇情也是硬傷滿滿,但是沒有人會在意,反而覺得痛快淋漓。兩年前,《英雄本色Ⅱ》的大決戰,張國榮並沒有參與,這一次,他終於可以和周潤發一起,瀟灑幹一回了。

別看對方人多勢眾,兄弟倆並不慌亂。先有阿占用微波爐烤籃球製造爆炸現場,後有阿祖臥在滑板上連續射擊。阿占可以鷂子翻身竄上房頂瀟灑點殺,阿祖也能把衝鋒槍玩得比古代兵器還花哨。

編劇高志森依然發揚了他喜歡出鏡的好習慣,扮演一個笨殺手。伴隨著〈鬥牛士進行曲〉,他被阿祖用長桿耍得腦袋如陀螺一般旋轉,人家都停了他還不停。當然給人印象更深的,無疑是把撲克牌當成飛鏢玩的白人帥哥,以及「這麼多A,你得愛滋啊?」的經典臺詞。

用撲克當武器,顯然也是吳導向古裝武俠致敬的經典戲碼。筆者記得很清楚,當年看過這部影片後,學校商店的撲克都缺貨了。很多男生都拎著新牌苦練,就是為了在女生面前露一手,順道嚇唬一下男同胞。兩年後的《城市獵人》中,黎明飾演的高達也致敬了這一角色。

作為一部賀歲喜劇,結局注定是美好的。老周受到了應有的懲罰,三人金盆洗手,過上了平靜安穩的生活。阿祖也成為3個孩子的乾爹和男保母。最後的那個扔孩子的鏡頭,實在是過於誇張,友情提示,千萬可別模仿。

3月6日,《縱橫四海》連映33天後下檔,票房3,340萬,《飛鷹計劃》則以3,905萬改寫了《八星報喜》的檔期紀錄,《整蠱專家》也有3,314萬進帳。3部大片差距不大,可以說沒有輸家,而三大大廠之間的競爭,勢必愈演愈烈。

而從這一年開始，周潤發將進軍好萊塢當成了最重要的目標，對抗嘉禾與永盛，挑戰成龍與周星馳的重任，更多要落在張國榮的肩上。但是在連續8年的賀歲大戰中，張國榮6次與成、周二人展開正面較量，基本上不落下風；一次和周星馳聯手。能做到這一點的，全香港以至整個華語影壇，確實也找不出第二人了。

相比之下，在整個1990年代，梁朝偉和李連杰只有一次亮相春節檔，劉德華有過兩次。相當程度上，這就是他們影壇地位的真實體現。

張國榮是「歌王」加「戲王」，周星馳是「喜劇之王」，雖說王不見王是傳統，但如果雙王聯合起來，會產生什麼樣的特殊火花呢？

放眼香港電影圈，誰又有這個本事，能把雙王拉到一起？

三、《家有囍事》雙王霸榜，締造闔家歡喜劇

1992年，是傳統的猴年。36歲的張國榮，即將迎來人生中第3個本命年。

12年前，憑藉《歲月山河之我家的女人》中的精采表現，他贏得了第16屆芝加哥國際電影金獎和第1屆英國電影電視銀獎。並透過《喝采》中的出色發揮，為自己爭取到了多部電影合約。

過往的12年，他不停努力，默默爭上游，褪去青澀，拋棄浮華，擺脫偶像包袱，並將自己對人物性格和命運的理解，注入每一個角色中，賦予他們鮮活的生命。

過往的12年，全香港、全亞洲甚至是全世界，見證了張國榮從青澀偶像和失意歌手，向天王巨星和資深戲骨的華麗蛻變。

過往的 12 年，香港電影實現了空前繁榮和超常規發展，港片市場規模由 1979 年的 1.33 億，擴張到 1991 年的 10.38 億。

但是唯有 1992 年，才是香港電影產業的最高峰。

這一年，香港電影票房達到 15.73 億，其中華語片份額為 12.4 億，占比接近八成。相比之下，擁有 10 億多人的中國大陸，2002 年全年票房也僅有 9.2 億。

這是個空前絕後的紀錄，同時，自 1982 年以後，港產片再度包攬了前十。

從 1993 年起，由於臺灣片商聯手放開了西片限制，開始大力引進好萊塢電影，港產片開始了不太明顯的下滑。而隨著 1997 年亞洲金融危機的衝擊和大量電影人才的外流，「東方好萊塢」的輝煌，伴隨著 20 世紀的離開，一起消失在歷史長河中了。

因此，對於無比輝煌的 1992 年，我們當然無比懷念。

在周星馳粉絲眼中，這一年是「周星馳年」。他有 7 部電影上映，2 次改寫香港影史紀錄，包攬了年度前五，以及 12 部「3,000 萬俱樂部」成員中的 6 部。

在成龍粉絲眼中，這一年依然是「成龍年」。《雙龍會》和《警察故事III：超級警察》屈居香港票房榜前十中的最後兩位，但是論及全球收入，這兩部卻比周星馳那 7 部之和還高。

在林青霞粉絲眼中，這一年是「林青霞年」。她主演了《新龍門客棧》、《笑傲江湖II：東方不敗》、《鹿鼎記II：神龍教》、《絕代雙嬌》4 部票房口碑俱佳的武俠片，在全亞洲掀起了東方不敗旋風，還主演了被文藝青年封神的《暗戀桃花源》。

在資深影迷眼中，這一年是「程小東年」。香港票房榜前五名中，有 4

部是古裝片,其中《審死官》、《鹿鼎記》、《鹿鼎記Ⅱ:神龍教》,都由程小東出任武術指導。他還是兩部《鹿鼎記》的第二組導演。此外,程小東還擔任了杜琪峰《踢到寶》和李惠民《新龍門客棧》的動作導演。但是他這一年的代表作,仍非親自執導的《笑傲江湖Ⅱ:東方不敗》莫屬。

在電腦特技還未普及的 1992 年,程小東在徐克的幫助下,將浪漫唯美的詩意美學與石破天驚的震撼場面完美融合,令觀眾全程緊張又大呼過癮,讓無數同行深感慚愧和絕望。

當然也有人認為,這一年更應該是「徐克年」。程小東再厲害,也不過只是電影工作室的高級上班族,徐克不光是他的老闆,更是他的「導師」。《新龍門客棧》和《笑傲江湖Ⅱ:東方不敗》導演並不是徐克,事實上卻和《倩女幽魂》三部曲一樣,完全可以稱為「徐克作品」,是他從頭到尾親自把控的。兩位導演事實上只是「執行導演」。

此外,徐克還聯手李連杰,親自執導了黃飛鴻六部曲中最好的一部《男兒當自強》,又與林嶺東共同執導了成龍主演的《雙龍會》。

但是在筆者看來,這一年更是香港電影年。光榮屬於每一位從業者,屬於臺前星光熠熠的演員、指揮排程的導演,屬於導演的得力夥伴——攝影和剪輯、美術指導和動作導演,也屬於幕後默默付出的燈光師、音效師、服裝設計師等等。

這一年的輝煌,當然也是香港市民用一張張電影票買出來的。沒有他們的熱情支持,東方好萊塢的神話就不能書寫,最熱烈的掌聲,應該送給他們。

這一年的張國榮呢?

表面上看,他只有《家有囍事》和《藍江傳》兩部電影上映,成績單似乎遠不如上述那幾位漂亮。但別忘了,《霸王別姬》是次年元旦就在香

港上映的，也就是說，這部最佳華語電影，正是張國榮在 1992 年拍攝完成的。

此外，他還參與了《東邪西毒》、《東成西就》的拍攝，年底又加入了《花田囍事》劇組。這一年的日程，排得也是滿滿的。

正是從這一年起，張國榮結束了加拿大半退休式的生活，開始在影壇全力衝刺，這才有了 1993 年到 1996 年，4 年奉獻 15 部佳作的出色業績。

而他的下一個本命年，所有的影迷、歌迷都無法等到了。

1992 年的春節是 2 月 4 日，與立春同天。1 月 25 日，《雙龍會》在嘉禾旗下院線隆重上映。該片雖由成龍領銜主演，但是並非嘉禾出品，而是由香港導演會牽頭，思遠、寰亞出資，全港電影工作者集體參與的賀歲喜劇。

在影片中，成龍一人分飾一對雙胞胎兄弟，他演出了兩個角色性格、氣質的差別，並營造出了不少喜感。可惜在春節檔中，這部電影居然只能以 3,323 萬排在第四。只能說，它的對手實在太強大了。

就在同一天，在新成立的永高院線，高志森執導的《家有囍事》也同步開映。許冠文和黎明主演的《神算》，則提前一天，於 24 日在新寶院線上映。由金公主投資，周潤發、鄭裕玲主演的鄉村喜劇《我愛扭紋柴》，明智地推遲到了 2 月 1 日開映，避開這幾部大片的鋒芒。

作為一家剛成立的電影公司，永高勇於跟成龍對著幹，顯然不是黃百鳴頭腦發熱的自殺性衝動，他有自己的殺手鐧。

1991 年 11 月，在新藝城歇業之後，黃百鳴與澳門商人羅傑承合組永高，並從邵氏處接手了租約到期的德寶院線旗下戲院，改組為「永高院線」。

如此一來，香港電影市場就成了嘉禾、新寶、金公主和永高四大院線

三、《家有囍事》雙王霸榜，締造闔家歡喜劇

並立。永高的開業之作，就是大手筆。

1991 年五六月間，中國爆發了嚴重水災。香港演藝界開展了多起募捐籌款活動。在影視圈有著超強人脈的黃百鳴，很快組織了 200 多位影視演員，僅用 10 天時間，就拍攝完成了一部《豪門夜宴》。

一向關心公益的張國榮，也特意從溫哥華飛到香港參加拍攝。這位帥哥一進片場就嚷嚷：「沒我怎麼成事呢？」

他的戲份實在少得可憐，但支援公益的心和大家是一樣的。

11 月 30 日，《豪門夜宴》在永高院線開映，連映 32 天之後進帳 2,192 萬，列年度第 14，可以說取得了漂亮的好采頭，也讓黃百鳴有了信心。

1988 年春節檔的《八星報喜》曾取得了巨大成功。在簽下張國榮作為「第一基本演員」之後，黃百鳴與老朋友高志森謀劃，準備拍攝一部類似情節的三兄弟追愛闔家歡喜劇。當時，周潤發已經沒有了檔期，永高打算邀請林子祥和鄭裕玲演大哥大嫂，黃百鳴親自出演老二，吳君如演表姑媽。

按黃百鳴和高志森最初的設想，可以把老二設成女裡女氣的娘娘腔，表姑媽設計成《最佳拍檔》中張艾嘉那樣的男人婆，透過兩人的身分錯位來營造喜感。至於張國榮，他最經典的角色是花心大蘿蔔旭仔，可以演一個 1990 年代的新潮情聖，負責推倒各路美少女，並與老搭檔張曼玉繼續合作。

可以看出，這是將《八星報喜》中方劍郎的人設（花心娘娘腔）一分為二，由老二老三分別繼承。而作為男一號，張國榮肯定要扛起最重的戲份。

但是計劃趕不上變化，林子祥在加州的私宅突然失火，他因此也無心參演，鄭裕玲也因事告假。

黃百鳴見過的大風大浪太多了，這點困難根本難不倒他。他很快就與一位超級明星取得了聯繫。

過去兩年，香港電影市場的吸金之王，是因主演《賭聖》、《逃學威龍》蟬聯年度冠軍的周星馳。幸運的是，這一年永盛沒有安排他的賀歲片。

當時，張國榮和永高的合約，不過是 300 萬一部。周潤發在金公主的片酬，據說也只有 500 萬。而周星馳的要價，「居然」達到了 800 萬，相當於這兩位大佬的總和。但根據過去兩年周星馳的市場號召力，以及賀歲檔期的緊迫性，黃百鳴認為自己可以接受。

論「天價」，黃百鳴經驗豐富，這種事又不是頭一回了。10 年前，他就用一部 200 萬的天價，簽下許冠傑主演《最佳拍檔》系列，助力新藝城打敗了嘉禾與邵氏。10 年後，他當然還想複製當年的奇蹟，讓永高打敗嘉禾和永盛。

1991 年 11 月 10 日，張國榮由溫哥華飛到香港，與黃百鳴、高志森商量拍攝細節。周星馳年齡比黃百鳴和張國榮都小得多，肯定只能演老三。這樣一來，黃老闆又和四年前一樣演老大，倒也算輕車熟路。他和吳君如演一對夫妻。

他們之間是如何商量的，我們不得而知。能看到的結果，是周星馳最後演了情聖，但是在演員表上，張國榮排在了第一位，也就是「一番」。

不能不說，這是個雙方都有臺階可下的理想結局。如今張國榮已經不在了，我們能看到的說法，大都是說他主動選擇了「娘娘腔」，但事實可能並非如此。影片的成功，是所有參與者的成功。

這部在華語影史上占據特殊地位的影片，居然只拍攝了 13 天，今天聽起來似乎難以置信，但是在那個「七日鮮」的香港電影全盛時期，還真的不算特別倉促。劇本有創意，導演有水平，八大明星更是全情投入、全

力以赴，不擺架子，不甘人後。

《家有囍事》圍繞著一家三兄弟各自的感情問題展開。老大常滿（黃百鳴飾）是企業高管，嫌棄老婆程大嫂（吳君如飾）沒有生活情調，自然要找小三。老二常舒（張國榮飾）什麼都好，卻是個娘娘腔，還跟「男人婆」表姑媽梁無雙（毛舜筠飾）八字不合，兩人都經歷情感挫折後，彼此的感覺卻發生了微妙變化。老三常歡（周星馳飾）是知名DJ，也是陳福水一樣的少女殺手。但自從碰到何里玉（張曼玉飾）之後，他的生活卻也有了很大不同。就算摔壞了腦子，居然還有人願意守護他。

程大嫂離家之後自食其力，反而讓常滿想到了她的好；小三變正房後，把好好的家搞得亂七八糟。痛定思痛的老大，在一家人的白眼下，終於有了良心發現的舉措。而老二與老三，也都收穫了自己的愛情。

而三兄弟的父母，則由老戲骨關海山和李香琴出演。

在張國榮1983年拍攝的〈戀愛交叉〉MV中，華星安排一個「小粉絲」與張國榮演情侶。這位幸運的姑娘正是吳君如，她比張國榮小9歲。

在《家有囍事》中，吳君如要和大自己19歲的黃百鳴演夫妻，還要演張國榮和周星馳的大嫂。

張國榮出場的第一個鏡頭，就是跑進廚房，悄悄地蒙上大嫂的眼睛，讓她猜猜是誰。大嫂一驚：「啊，老公你回來了？」資訊量好大，既說明她想念丈夫，又說明兩人缺乏感情，否則連這點默契都沒有。常舒失望地說：「我的手跟大哥的手，你都分不清嗎？再摸摸看。」隨後傲嬌地一抬手說：「又白又嫩。」輕描淡寫之間，一個娘娘腔的人設就鮮明地立起來了。

梁無雙明明也不算醜，卻留著短髮，穿著皮夾克、牛仔褲，渾身上下沒一點女人味。常舒很不喜歡她：「專挑人吃飯的時候來。」

編劇谷德昭讓「男人婆」與「娘娘腔」組搭檔的設想，營造的反差萌還

是非常有創意的，當然更關鍵的，是兩位演員放得開、演得好。

　　兩人都在成人教育中心任職，標準的同行是冤家。一同乘坐電梯時，都要相互整蠱。常舒來自己的插花班一看，學生都讓梁無雙撬走了。遂過去找茬，配樂居然是張國榮的〈倩女幽魂〉。

　　結果，他被梁無雙當場綁了起來，不過可不是按摩，直接棒球棒掄上去了，被修理得慘無人道，只能悲憤地哭喊：

　　「十三點[09]，一棒子打不死，你再來一棒子啊。」

　　梁無雙修理校長，搞得學生全退學。她騎著哈雷摩托去找常舒算帳。這一段，毛舜筠演得特別囂張，張國榮演得極其脆弱，當然又讓人笑個不停。結果，兩個人分別收到各自所愛——婉君和家明的來信，他們又都期盼美好的愛情能夠到來。而婉君和家明這倆名字也設計用心，代表著淑女與才子。

　　大嫂離家出走，小三上位變成嫂子。而常歡也因腳踩兩隻船翻船，摔成腦震盪，何里玉名義上是上門照顧他，實際上是想收拾他。只有常舒沒有感情困擾，一門心思等婉君。

　　由於小三的一頓操作猛如虎，家裡終於停電了。常舒去修個電，姿勢都性感得有點誇張，卻被路過的梁無雙取笑。常舒對她不客氣：「你有你的家明，我有我的婉君，我們兩個不會通電的。」

　　「跟你？」正在撥弄電錶的梁無雙突然一拉他，兩人真的被電在了一起。從此，他們的關係似乎有了微妙的變化。

　　轉眼是二老的六十大壽，高朋滿座是必然的。常舒和梁無雙兩人分別穿上最喜歡的衣服，興沖沖地盼來了家明和婉君，以為可以好事將近。結果，好事確實是近了，正是人家二位的好事。你就說氣人不氣人吧。

---

[09]　吳語、江淮官話詞彙，意為傻得可愛，用以形象那些輕浮或言行不合理的人。

第五章 賀歲大戰

送走了客人，趕走了大哥的小三，常舒躲在房裡哭成了淚人，卻碰到了梁無雙。兩個一直看不慣的人，此時卻同病相憐。他們又回憶起上次電擊的事，於是取下了燈泡……

從此之後，兩人似乎就像互換了身分，常舒變得很有陽剛之氣，而梁無雙也越發溫柔嫵媚了，更要命的是，兩人還總是膩在一起捨不得分開，完全不考慮單身狗的感受。

盤點下來，《家有囍事》是張國榮和周星馳唯一一部真正合作的電影（《豪門夜宴》和《97家有囍事》不能算），他們也留下了很多經典的同框鏡頭。

對於到底誰是影片男一號，兩大巨星的粉絲肯定要辯論一番。但我們現在能看到的第二個版本，明顯增加了張國榮的戲份。

兩部《英雄本色》與《倩女幽魂》，令張國榮在韓國成了最受歡迎的華語明星。因此在《家有囍事》還未拍攝完成時，韓國片商就積極聯繫永高購買版權，但是要求必須有張國榮的槍戰戲，這就尷尬了，氣場完全對不上啊。

不過，高志森好歹也是跟吳宇森混過的人，他找來功夫巨星梁小龍……的弟弟梁小熊擔任動作設計，愣是搞出了一場槍戰大戲。

於是我們就看見，一齣大戲在上演。

程大嫂從夜總會下班時，因為攔不到車，還想秀一把性感，結果被卻3個匪徒盯上了。他們綁了程大嫂，準備向常家要一大筆贖金過年。驅車回家的三兄弟，正好也看到了這一幕。不知道為了什麼，他們兄弟三人居然把連褲襪套在頭上，一路驅車追到樹林，跟綁匪們展開了激烈的槍戰。

當老大和老三被團團包圍、生命垂危之時，一個人影舉著衝鋒槍、蕩著繩索從天而降，劃出漂亮的弧線，槍聲響起，眾匪徒紛紛倒地。真是不夠收拾的。

隨後，此人脫去頭上的連褲襪，露出一張帥呆了的俏臉，自然是張國榮了。有了這段戲份，高志森也就不害怕韓國朋友不買帳了。這個韓國特供版中，張國榮更像是男一號，所有榮迷真的不應該錯過，就別管劇情合不合邏輯了。

作為一部新闔家歡電影，《家有囍事》的大結局，當然只能是皆大歡喜，4對「新人」身著結婚禮服齊賀歲的場面，確實非常溫馨的，也很讓香港觀眾相當受用。

讓人唏噓的是，周星馳30年後依舊孑然一身，張國榮卻離開了我們20年。在三位年輕女性中，毛舜筠年齡最大（當時32歲），卻是少女感最強、穿上婚紗最美的一個。如果當年她答應了張國榮，不知道又將是什麼樣的情景？

但是不管怎樣，電影帶給我們的歡樂和感動、思考與震撼、溫情及浪漫，可以一直持續下去。

1992年1月9日凌晨12點多，發生了震驚香港娛樂圈的「搶菲林事件」。數名持槍歹徒闖入了新加坡的東方沖印公司，搶走了3盒《家有囍事》膠片。但幸運的是，他們搶走的只是重拍前的鏡頭和韓國版槍戰戲份。

這麼大的陣仗，應該不可能是永高的行銷手段。但是「搶菲林事件」，確實為公司爭得了很多同情分，影片上映之後也備受關注。這也許是黃百鳴自入行以來，贏成龍贏得最輕鬆的一次。

《家有囍事》自1月25日上映以來，一直輕鬆領跑，先是超過《飛鷹計劃》，比成龍更早突破了4,000萬大關；接著超過了4,383萬的《逃學威龍》，刷新了香港影史單片紀錄；到3月6日下線時，票房4,899萬，幾乎已經觸到了5,000萬的天花板。

三、《家有囍事》雙王霸榜，締造闔家歡喜劇

這是繼《英雄本色》之後，張國榮時隔 6 年再破香港影史紀錄，也是周星馳自《賭聖》以來的第三次創新高。

一個春節檔，居然同時出現了四部 3,000 萬以上影片。《我愛扭紋柴》票房 3,647 萬，僅次於《八星報喜》。《神算》票房 3,640 萬，超過了《闔家歡》，發哥和文叔都創造了生涯新高。成龍《雙龍會》排在第四，也有 3,322 萬。

很多人猜想，《家有囍事》鎖定年度冠軍的機率非常大。它也確實領跑了大半年。7 月 2 日，大都會[10] 推出了周星馳主演的首部古裝片《審死官》，女主角是張國榮好友梅艷芳。它用 39 天時間拿到了 4,988 萬，再破紀錄，《家有囍事》只能屈居第二，張國榮也遺憾地錯失了《英雄本色》之後的另一個年度冠軍。

在完成了《家有囍事》的拍攝之後，張國榮應永盛老闆向華強的盛情邀請，在《藍江傳之反飛組風雲》中飾演阿飛仔白榮飛，向華強則飾演男一號藍江，導演為上年執導了兩部《五億探長雷洛傳》的劉國昌。周慧敏出演女一號梁小敏，這也是她在大銀幕上與張國榮唯一一次合作，也是張國榮首度出演永盛電影。

電影在 5 月 14 日上映之後，用兩週時間拿下 1,286 萬，靠的主要就是張國榮的人氣和《雷洛傳》、《跛豪》建立起的題材熱度。向華強還憑這個角色，光榮獲得了次年的金像獎影帝提名。

1992 年，張國榮只有兩部電影上映，還都不是絕對的一番。但是他的工作日程，事實上是排得很滿的。次年，他就一口氣上映了 4 部作品，有 3 部還是在當年前兩個月開映的。相比《霸王別姬》和《射鵰英雄傳之東成西就》（下稱《東成西就》），筆者還是更青睞另外一部。

---

[10]　邵逸夫旗下電影公司。邵氏影業在 1985 年已歇業。

四、《花田囍事》以古諷今，古裝喜劇玩出新高度

《家有囍事》取得了巨大成功，卻讓一對合夥人各奔東西，誰啊？

嘉禾的鄒文懷與何冠昌？想多了，人家好著呢。我說的是一起創辦永高院線的羅傑承和黃百鳴。由於理念差距太大，黃百鳴5月宣布辭職，8月退股。隨後，他僅用一週時間，就光速圈下20多家影院，成立了香港第五條院線——東方。

黃百鳴給人的印象總是溫文爾雅，辦起事來真是快準狠。香港電影大廠向氏兄弟，都沒有自己的院線，只能到處租別人的，這不得看別人眼色嗎？

由於張國榮是東方「一哥」，黃百鳴還順利拿下了一部重磅電影的發行權。

1993年的第一天，這部影片在東方院線獨家上映，19天進帳915萬。不怎麼樣？但這是一部文藝片。片名說出來，沒有不知道的——《霸王別姬》。

新的一年是農曆雞年，這一次春節來得特別早，1月23日就是大年初一。14日，周星馳、梅豔芳主演的《逃學威龍3之龍過雞年》（下稱《龍過雞年》）率先在新寶院線開映，片名起得十分應景。

兩天之後，由嘉禾出品，成龍、王祖賢主演的《城市獵人》隆重上映。兩部電影的導演，都是快槍手王晶。

就在同一天，梁朝偉與楊紫瓊主演的《新流星蝴蝶劍》在永高院線開映。這是梁朝偉1990年代唯一一次現身春節檔。也可以看出，這位「影帝中的影帝」，當時還算不上一線明星。

1月20日，東方影業的《花田囍事》才姍姍來遲。沒辦法，得照顧《霸

王別姬》嘛。次日,金聲院線(前身是金公主)開始上映林青霞、王祖賢的《東方不敗之風雲再起》。

雖說五大院線各有套路,但是《新流星蝴蝶劍》和《東方不敗之風雲再起》從一開始就是陪跑。真正有競爭力的,只是嘉禾、永盛和東方三大電影公司,以及他們的頭牌男星成龍、周星馳和張國榮。

因為得不到排片,劉鎮偉執導的《射鵰英雄傳之東成西就》只能推遲到 2 月 5 日,即元宵節前一天上映。這是一部與《花田囍事》有類似之處的古裝惡搞喜劇,集結了 10 位一線和準一線明星。唯一一個兩部都參與的明星,正是張國榮。

回到正題。《花田囍事》的創作靈感來自哪裡?據黃百鳴回憶,他離開永高後,就移民至新加坡了。亞洲電視老闆邱德根之子邱達成在當地開了一家規模很大的「唐城」,邀請黃老闆去參觀。黃百鳴真是有心人,在這裡閒逛時,他突然有了拍攝古裝賀歲片的衝動,於是馬上電話聯繫高志森,讓他安排人寫劇本,並飛到加拿大找張國榮,自己則回香港聯繫許冠傑。

影片故事背景定在了宋朝西京洛陽,同樣是由 3 對年輕人的情感戲份組成的。周吉(吳君如飾)好賭成癮,每次遇到麻煩就找老哥周通(許冠傑飾)收拾爛攤子。周通武功雖高,卻喜歡惹是生非。兄妹倆極度輕視與周吉指腹為婚的窮小子林嘉聲(黃百鳴飾),逼得他連夜逃走,並認識了母夜叉(毛舜筠飾)。

魔術師大衛·高柏飛(張國榮飾)是個鑽石單身漢,在元宵燈會表演時,與女扮男裝的白雪仙(關之琳飾)一見鍾情。但白父(吳孟達飾)卻將周通誤認為高柏飛,試圖讓他做女婿,從而上演了一齣「王老虎搶親」式的鬧劇。但峰迴路轉之下,所有人都收穫了自己的幸福。

這部電影僅有一個半小時,但是情節非常緊湊,笑點特別密集。不得

不佩服導演高志森和編劇谷德昭的惡搞能力，他們既有把全港男女明星調侃一通的本領，也有把各種現代名詞植入古代的法力。什麼傳呼蛙、計程馬，飯店裡的雞尾酒、轎子上的安全帶，都不是故弄玄虛，而是與劇情巧妙融為一體，加上一眾明星絲毫不顧個人形象地瘋狂惡搞，讓影片成為華語古裝喜劇的永恆經典。

作為影片的第一主角，張國榮姍姍來遲，在第 30 分鐘才出場。不過，他一亮相，就牢牢鎖住了觀眾的目光。

美國魔術師大衛・考柏菲（David Copperfield，港譯大衛・高柏飛）比張國榮還小 4 天，卻早早就聞名世界了。張國榮出演這個與世界第一魔術師同名的角色，其實還是有不小的壓力，但舞臺表演經驗豐富的他，顯然能經得住考驗。

花田燈會上，各路賣藝的使出看家本領，舞龍、頂碗、蹬傘，氣氛相當熱烈。然後，一個藍袍帥哥出場了。他舉手投足都派頭十足，上來就變了 3 個戲法，贏得了周遭陣陣喝采。一雙電眼更是勾魂攝魄，雖說略顯浮誇，卻是這種喜劇最需要的。方圓百公尺之內的異性，恐怕只有乖乖就範的份兒。

不過，尷尬的事情卻發生了，女孩子們紛紛撲向場邊一位「大眼哥哥」，索要簽名。讓高柏飛醋意大發 —— 最見不得別的男人比自己還有異性緣了。於是，他不懷好意地把這位仁兄拉來配合演出。此人就是女扮男裝出來找對象的白雪仙。

這段劇情，換兩個演技不過硬的，勢必各種猥瑣與違和，但在張國榮和關之琳的配合下，呈現出的卻是浪漫和精妙。他偷走了一件東西，順便還偷走了少女的心。

隨後的廟堂求神，也是花樣連連，讓人叫絕。她直接掏出菸來抽（別考證那年代有沒有），一副混不吝的太妹樣。突然，高柏飛現身了，慌不

擇路的她只能跪下裝作拜神，把菸直接吞到嘴裡（別好奇姑娘燙傷了沒有）。

高柏飛跪在旁邊一邊唱，一邊用眼光挑逗白雪仙。後者居然也唱著應和，郎情妾意，甜蜜得不行。兩人唱到開心處，居然就在佛門淨地跳開舞，臉都快貼到一塊了，惹得丫鬟像喝了一桶醋那般極其不滿。鏡頭一閃，一對對男女居然都在廟裡跳上了交誼舞，太後現代了吧。

《唐伯虎點秋香》致敬了這段戲份。秋香拜神時，唐伯虎也涎著臉湊了上去，不過顯得不太浪漫，倒有點猥瑣。周星馳也致敬了這首神曲，不過剛唱了兩個字，就飛向半空了──是被人一腳踢出去的！

相比唐伯虎追秋香的一波三折，高柏飛與白雪仙的一見鍾情，有些太快、太刻意了。但是沒有辦法，面對這樣的帥哥，有幾個女孩把持得住？面對這樣的緣分，有幾個女孩還會矜持呢？

周通想找高柏飛為老娘變魔術，結果兩人卻打起來了。這場戲也是設計感滿滿。高柏飛抖動方巾，花樣百出，一變豬八戒，二變老大爺，第三次，居然變出了蝙蝠俠！不過他只離開了一會兒，就真出事了。

為了和高柏飛在一起，白雪仙就矇騙父親說自己有了；

為了女兒的幸福，白父去找高柏飛，結果把周通帶回家了；

為了和白雪公主一般的白雪仙成親，周通就把白府給圍上了；

為了解救白雪仙，高柏飛穿上女裝混進白府了。

香港男演員基本上都有個基本功，那就是反串女生來製造笑料。但是論及扮相最精緻、最能以假亂真的，張國榮稱第二，一時還真找不出第一來。

當時，白父居然想裝扮成女人頂替女兒出嫁，結果一看高柏飛，眼都直了。此時，〈倩女幽魂〉的配樂驟然響起，眼前坐著的這位「姑娘」，皮

膚細膩，秀髮烏黑，櫻唇皓齒，媚眼如絲，還自帶嬌弱無力的感覺，令人憐惜。事實上他只是坐轎子吐了一路。搞得白父差點動了春心，晚節不保。而高柏飛變魔術出逃的橋段，也設計得非常巧妙，讓觀眾絕對能笑個不停。

高潮戲份中，高志森把一段平行剪輯玩得很厲害，這邊是母夜叉「替天行房」折騰小霸王，打得不亦樂乎；那邊是高柏飛和白雪仙喝起交杯酒，場面極其溫馨，羨煞圍觀群眾，讓我們又相信愛情了。不過，既然是新春賀歲片，要吸引小朋友買票，也不能有不可描述的內容，鏡頭語言還是很乾淨的。

毛舜筠不愧是美女中最會搞笑的、諧星裡最性感的。她自毀形象毫無壓力，掄大刀、剃腿毛，惡搞熱播劇《包青天》，以及與周通親熱前後容貌的驚人反差，都表現得收放自如。吳君如和黃百鳴自《家有囍事》後再演歡喜冤家，也又一次展現了不俗演技。在香港電影的巔峰年代，《花田囍事》確實是古裝賀歲喜劇的巔峰之作，沒有之一。

結尾部分，又是高柏飛透過魔術，幫助周吉得到了老公。說什麼覆水難收？真是想太簡單了，人家照樣有辦法。

和《家有囍事》一樣，3對男女最終都有了歸宿，彰顯出以愛為本的主題。可見，這個魔術師設定不是噱頭，而是實實在在地起到了推動劇情發展的關鍵作用。要說美中不足，只能是在這樣的群戲喜劇中，高柏飛的戲份太少了。

如果我是黃百鳴，恐怕要趁熱打鐵，策劃一部以高柏飛和白雪仙為主角的古裝魔術電影，在暑期檔再賺一筆。不過，東方影業拍攝的，卻是武俠片《白髮魔女傳》。

《花田囍事》一上映就大受歡迎，2月17日下線時票房3,548萬，從此領跑了票房榜大半年，直到被暑期檔的《唐伯虎點秋香》超越，最終名

四、《花田囍事》以古諷今，古裝喜劇玩出新高度

列華語片年度亞軍。《城市獵人》以3,076萬占據第五,《龍過雞年》以2,577萬屈居第九。

值得強調的是,《花田囍事》是香港影史上第一部拿下春節檔冠軍的古裝喜劇片[11],它的出現,帶動了古裝動作、喜劇和奇幻電影的大量出現,絕對稱得上是一部有示範意義的標竿作品。別的不說,當年永盛的《唐伯虎點秋香》,相當程度上就是在借鑑《花田囍事》的成功模式,只是做得更誇張、更癲狂。

而張國榮參與的另一部古裝喜劇《東成西就》,雖說「格調不高」,也有著不俗的市場表現。

五、《東成西就》十星報喜,男一號戲份有限也出彩

隨著邵氏的歇業,以張徹、楚原為代表的古裝武俠片低迷了相當長一段時間,直到一部電影的成功。

1990年4月5日,由徐克監製、胡金銓執導,許冠傑、葉童主演的《笑傲江湖》在復活節檔上映,取得了1,605萬佳績,位居年度第十二。從此,香港影壇開始大量翻拍金庸、梁羽生和古龍三大武俠小說巨匠的作品。

文無第一。但是論及影視劇改編的頻率,金庸作品顯然是最高的。

《射鵰英雄傳》是金庸15部小說中影響力最大的一部,堪稱武俠小說裡的《阿甘正傳》(*Forrest Gump*),也是影視公司最喜歡翻拍的作品。

1992年,一位大導演買下了《射鵰英雄傳》版權,還一口氣簽下了8

---

[11] 1976年春節,吳宇森執導的粵劇片《帝女花》並非喜劇。

位一線和準一線大明星，準備拍一部打上自己風格的武俠片。結果拍了大半年，投資人要求交片的時間都到了，他卻要把之前拍的推倒重來，讓男一號換角色。

這是玩笑嗎？不，是真事。這位大導演，正是靠《阿飛正傳》一鳴驚人的王家衛。

而他的打算，就是讓之前演東邪黃藥師的張國榮，換成演西毒歐陽鋒。這也太任性了吧。

只用了區區 27 天時間，還用眼前的這班人，完成了一部與王家衛導演作品風格南轅北轍的爆笑喜劇，作為賀歲片對付金主。

其中，他還停工了 5 天，為李連杰的《方世玉》寫劇本。

這位導演，就是以《賭聖》幫周星馳打破香港影史紀錄，用《92 黑玫瑰對黑玫瑰》把梁家輝送上影帝寶座的劉鎮偉。

拍了將近兩年的正片，1994 年上映後只收穫了 902 萬票房；拍了不到一個月的交差之作，卻以 2,238 萬躋身 1993 年香港華語片前十，為投資人實現了有效止損，不至於排隊上天臺。

而兩位導演能用同一撥演員，拍出風格迥異的兩部作品，也成就了香港影史一段佳話。在社群媒體前 250 部優秀電影中，這兩部雙雙入圍。

這就是 1993 年 2 月上映的《射鵰英雄傳之東成西就》，以及 1994 年 9 月上映的《東邪西毒》。而且，「應付差事」的《東成西就》的評分反而更高，氣不氣人？

張國榮和劉鎮偉的緣分，始於譚家明執導的《烈火青春》。在很多人眼中，譚家明算得上王家衛的師父，而劉鎮偉是這位大導演的貴人。

當王家衛因劇本創作又慢又差，先後被新藝城和永佳掃地出門時，多虧劉鎮偉介紹，才使得他在影之傑再就業；當王家衛拍《阿飛正傳》票房

慘敗、前途堪憂時，多虧劉鎮偉的幫助，他才有機會成立澤東公司，並得到臺灣的資金拍攝新片；當王家衛在香港折騰了大半年也沒有結果，眼看沒法向投資人交差時，又多虧劉鎮偉的出手，拍出《東成西就》應付金主，才能令《東邪西毒》不至於半途而廢，還有了去榆林拍外景的資金。

1993年2月5日，賀歲大戰即將進入尾聲，《城市獵人》、《龍過雞年》已離收官不遠時，《東成西就》隆重開映。從哪個角度來講，它都不應該被視為「黑馬」。自從香港有了院線電影，恐怕再也找不出這麼豪華的陣容，連《八星報喜》和《家有囍事》都黯然失色。

《東成西就》保留了《東邪西毒》的八大主演：張國榮、梁家輝、張學友、梁朝偉，林青霞、王祖賢[12]、張曼玉和劉嘉玲，又加入了劉鎮偉欣賞的鐘鎮濤和葉玉卿，堪稱「十星報喜」。

五大女星之中，林青霞、王祖賢和張曼玉穩居一線，劉嘉玲和葉玉卿也是準影后級別，但是男星這邊，戲份最少的鐘鎮濤已屬過氣，二梁拿獎很多但是票房號召力有限，張學友是被唱歌耽誤的影帝，真正坐穩一線的，只有張國榮一人。

在《東邪西毒》裡，張國榮的角色被王大導演換成了歐陽鋒，但《東成西就》中，他演的還是黃藥師。

影片沿用了1976年版佳視連續劇的主題曲〈誰是大英雄〉，由張學友演唱。「絕招，好武功，問世間多少人能上高峰；成功，威風，男兒有多少真的是英雄……」這樣鏗鏘有力、十分正向的歌曲，放在這麼一部三觀盡毀、俠義精神缺失的無厘頭電影裡，更增添了太多荒誕意味。

劉鎮偉將香港電影巔峰時代的「盡皆過火，盡是癲狂」發揮到了極致，一眾身家數千萬的大明星，就像普通人一樣毫無拘束，放飛夢想，胡

---

[12] 王祖賢因合約到期，最後沒有出現在《東邪西毒》中，她的戲份由楊采妮頂替。

言亂語。相比後來的《東邪西毒》,《東成西就》的服裝、造型設計以及道具也相當豔麗浮誇,營造了荒誕氣氛。

影片的劇情也不複雜。金輪國國舅、西毒歐陽鋒(梁朝偉飾)勾結奸妃(葉玉卿飾)謀朝篡位,想加害三公主(林青霞飾)。後經糊塗國師(張曼玉飾)的調查,歐陽鋒立即乘飛天金靴追殺三公主,但是靴子無意插死了中神通王重陽(鍾鎮濤飾),師弟周伯通(劉嘉玲飾)決定報仇。

三公主去桃花島拜見九宮真人。真人派出弟子東邪黃藥師(張國榮飾),陪她去丹霞山九陰白骨洞取《九陰真經》。喜歡黃藥師的小師妹(王祖賢飾)也偷偷跟了去。

大理國王子段王爺(梁家輝飾)本與三公主結親,卻一心想得道成仙,並來到中原尋找「真心人」。三公主與黃藥師取經書未果,小師妹卻遇到了想娶自己過門的表哥──丐幫幫主洪七(張學友飾)。這哥們兒表白被拒後試圖自殺,卻碰見了歐陽鋒,好一番折騰。

所有人不約而同住進了大東客棧。周伯通為給師兄報仇,使出了「三花聚頂」神功,導致時空逆轉,自己也精神錯亂,卻無意間幫段王爺找到了真心人。

《九陰真經》和三公主落到了歐陽鋒手中。天下英雄團結起來,與他展開了最後決戰。奈何大家技不如人,眼瞅著一個個都將被西毒送上西天之時,一個神仙從天而降⋯⋯

張國榮和林青霞是名義上的男女主角,他們的名字也在演員表中排在最前面,但是劉鎮偉似乎更偏愛跟自己合作默契的梁家輝,因此段王爺更像男一號。此外,梁朝偉和張學友的戲份也相當多。但是張國榮對此也並不在意,簡直有甘當綠葉的架勢,整個劇組也相處得非常融洽。

劉鎮偉最先拍的,就是梁朝偉和張學友的戲份。那個經典的「香腸

嘴」，還被周星馳的《功夫》致敬了一回。

梁、張二人過去已多次合作，這次出演一對活寶，製造了無數笑點。最好玩的一幕，莫過於洪七失戀之後，一心希望歐陽鋒殺死自己。

他說不還手，可看著歐陽鋒使出蛤蟆功，不由自主地用降龍十八掌迎戰，把人家打得腦袋朝地裡插進去，洪七卻說這是自己的本能反應。

然後，他閉上眼睛，保證不還手，歐陽鋒再使絕招時，又被打了個四腳朝天，直罵洪七是個沒信用的卑鄙小人。洪七馬上道歉，說是你內功太好，引發了我體內真氣的還擊。

為表示誠意，他乾脆把自己雙手綁起來，這下想死就能死了吧。可惜，當歐陽鋒繞到洪七身後想使壞時，他本能地飛起一腳，把人家直接踢飛了，還給踢哭了。

這段劇情，其實是改編自《玫瑰玫瑰我愛你》中梁家輝和葉玉卿的戲碼，當然梁朝偉和張學友的演繹更加誇張，更沒有底線。

將近 18 分鐘時，黃藥師才終於出場。伴隨著舒緩的音樂，他和小師妹正在擺弄兵器。兩人與其說練武，不如說在跳舞；與其說跳舞，不如說在調情。他們練的就是「眉來眼去劍」嘛，當然要相互拋媚眼才有效。

但是這個套路，似乎有模仿上年《絕代雙驕》「郎情妾意劍」之嫌，反正是相互借鑑。桃花島上還有情意綿綿刀、乾柴烈火掌，都是讓人浮想聯翩的招數。

小師妹國色天香，黃藥師怎麼可能不喜歡？不過，這種愛慕的基礎，是建立在他 7 歲就上島，從沒見過別的女人的前提下。這不，剛剛還和小師妹膩歪，三公主騎著馬就過來了。

黃藥師立即上前，激動得半天說不出話來，搞得小師妹醋意大發：「他已經名花有主，跟我定過親了！」黃藥師躲在小師妹背後，用手指給三公

主指路的鏡頭，看得人實在捧腹。隨後，在師父和三公主的交流中，黃藥師又站在師父身後當起了啞劇演員各種搞怪，兩人又像在表演雙簧。

當時，張國榮和王祖賢已是四度同框，他們的默契感很足，但對觀眾來說，新鮮感就差了一些。至於華語第一女星林青霞，拍片時已經38歲，居然是與張國榮的首次合作。以林大美人的江湖地位，王家衛邀請她加盟時，自然要允諾女一號的角色，跟男主角張國榮搭戲，不然人家肯定也不答應啊。

都說成名要趁早。1973年，張國榮還在英國留學時，林青霞就憑《窗外》一舉成名，當上了臺灣玉女掌門。

都說林青霞是被美貌耽誤的戲骨，她能詮釋好各種形象。但是有兩類影片，她參與得很少，一是港式無厘頭喜劇，二是尺度太大的愛情片。

因此拍攝《東成西就》時，林青霞也是吃了不少苦頭。好在她的基本功扎實，性格又好強，因此也沒有拖後腿。一招「大海無量」，就像段譽的六脈神劍一樣不可靠，被她玩得也是喜感滿滿。

當時與張國榮都住灣仔的會景閣公寓，還是樓上樓下，每天搭劇組公車開工收工，就這樣成了好朋友。

林青霞回憶說：「有一次乘車途中，他問我過得好不好，我沒說兩句就大顆的淚珠往下滾。沉默了幾秒，他摟住我的肩膀說他會對我好的。從那一刻起，我們就成了朋友。」

在片場，張國榮的朋友太多，林青霞乾脆給他起了個「萬人迷」的綽號，後者坦然認領。

11月3日是林青霞的38歲生日，張國榮定製了蛋糕，為女神隆重慶生。

在《東成西就》剛開拍時，《東邪西毒》並沒有停工。這些明星白天跟著劉鎮偉一起瘋狂耍寶，晚上又跑到王家衛那裡拚命玩深沉，好在沒搞得

精神分裂。

大東客棧出的大事,絕對不遜色於《新龍門客棧》。

所有主角基本上都到了,房間有限,歐陽峰和洪七只能在柴房打地鋪。

周伯通是為師兄報仇來的。三花聚頂神功一用,什麼事情都能反過來。虧劉鎮偉也能想得出來,虧劉嘉玲也敢演。這比《西遊記第101回之月光寶盒》(下稱《月光寶盒》)早了2年,更比大神克里斯多福·諾蘭(Christopher Nolan)的《TENET天能》(Tenet) 早了28年!

其中,格外精采的戲份:半夢半醒之間的黃藥師,把段王爺看成三公主,開心得不得了,恨不能馬上入洞房,做人世間最快樂的事。兩人眉來眼去,心手相連,大唱〈做對相思燕〉:

我三世有幸能遇儂面　癡心早與你相牽

咐兩相牽　今晚舞翩翩

舞翩翩　我倆手拖手　愛比金堅　共處相思店

哎呀唷　共處這酒店

張國榮自然不需要替身。梁家輝演什麼像什麼,跳舞也不在話下,至於唱歌嘛,還得由黃霑代唱。這段表演根本不可能有劇本,全靠兩人即興發揮,歌詞都是張國榮填的。

半天情意綿綿之後,黃藥師終於說了兩句「我愛你」,段王爺激動得渾身抽搐,騰空而起。同時煙霧四起,很有儀式感嘛。

可惜,段王爺只有一個腦袋在天上飛,只因對方少說了句「我愛你」,他只能再去求黃藥師。結果就在走廊上,被黃藥師和周伯通看到,兩個人使出看家本領,把段王爺當足球來回踢。

最終,段王爺還是成仙了,三公主卻被歐陽鋒抓走。

為了解救三公主,眾人趕到金輪國,與王后的手下廝殺起來。這也是

武俠電影大結局的常規路數。

歐陽鋒練成了《九陰真經》，所有人加起來都不是他的對手，都被打得要麼滿地亂爬，要麼爬都爬不動了。這時候我們應該知道，大反轉就要來了。通常能解決問題的才是男一號，可惜黃藥師已經完全不靈了。

伴隨著浮誇的背景音樂，一個和尚搖著扇子從天而降。濟公？原來是成仙的段王爺。他與歐陽鋒鬥在一起，動作卻更像是跳舞，顯得很不嚴肅。兩人還玩起了隱身遊戲，做出各種摟抱動作，完全沒有武俠片應有的緊張氣氛，擺明了是惡搞嘛。

歐陽鋒肯定得被收拾，不然沒法收場；不過他的結局還不算慘，畢竟大過年的，不至於趕盡殺絕。被打死的士兵都滿血復活了，排著隊從段王爺那裡領糖果。隨後，這位王爺又模仿濟公，從身上現搓藥丸救人。在一片喜慶氣氛中，黃藥師與三公主終於摟在了一起，失意的小師妹也接受了洪七，而周伯通也看到了王重陽，好一派歡樂祥和的局面。

2月28日，《東成西就》在上映24天之後下檔。票房的成功，讓王家衛也有了繼續拍攝《東邪西毒》的資金和機會。為了保證影片品質，他帶著一大幫香港明星，浩浩蕩蕩地開拔到了陝北榆林，只為拍攝出一部帶有濃厚王氏標籤的力作。

而張國榮在《東邪西毒》中的新造型，甚至呈現在了他接拍的次年賀歲片之中。

六、《大富之家》充當外客，見識到愛情美的模樣

對大多數港人來說，春節是休假、是團聚、是戀愛、是飯局；但是對電影從業者來講，卻是忙碌、是檔期、是票房、是競爭。

賀歲檔因為其特殊性，一些熱門影片品質往往不會太高，遠的像嘉禾的《五福星》系列，近的如周星馳主演的《整蠱專家》，都有著濃重的拼湊痕跡和趕工姿態。但是 1994 年的春節，卻是佳作頻出，注定要在香港和華語電影史上，寫下極為漂亮的一頁。

新年第一天，高階時尚期刊《ELLE 她（國際中文版）》自創刊以來，首次邀請一位男性明星作為雜誌封面，一時引起了不小轟動。這位明星，當然就是前一年以《霸王別姬》驚豔坎城的張國榮。

1 月 24 日，第 51 屆美國電影金球獎評選揭曉，《霸王別姬》不負眾望拿下「最佳外語片」獎盃，同時也成為當年奧斯卡最佳外語片的最大熱門。

這個榮譽，顯然也為張國榮的 1994 年帶來了好運。

這一年春節是 2 月 10 日。1 月 29 日，由劉鎮偉導演、周潤發和吳倩蓮主演的奇幻喜劇《花旗少林》，率先在金公主院線上映。講述的是特務張正與小菁在少林寺發生的浪漫故事。

2 月 3 日，嘉禾的《醉拳 2》與大都會的《破壞之王》同時開映。

過去兩年拿下檔期冠軍的東方影業，卻選擇了 2 月 6 日上映《大富之家》。出品人還是黃百鳴，導演還是高志森，男一號還是張國榮。只是編劇不再是谷德昭，換成了杜國威。谷德昭在周星馳拍完《家有囍事》後不久被挖走，他也是《破壞之王》的主力編劇。

1993 年 11 月 11 日，一部文藝片低調上映之後，居然能連映 64 天，票房 3,115 萬，名列年度第三，實在令所有電影人刮目相看。這就是由袁詠儀、劉青雲主演的《新不了情》。

黃百鳴再度展現出了自己的人脈和效率，簽下影片男女主角出演狗年賀歲片，還讓他們倆甘心只演配角。

也許正是有這兩位年輕明星的加入，相對過去兩年令觀眾爆笑不斷、

卻被影評人吐槽格調不夠高的《家有囍事》和《花田囍事》，《大富之家》的笑點相對有些克制，卻更加溫情、更有文藝風範，為觀眾製造的浪漫、驚喜和感動，也更為持久。

《大富之家》的演員陣容，當然不及《東成西就》那樣豪華，但是也足夠亮瞎觀眾的眼睛了。主要演員中，張國榮、梁家輝和劉青雲都至少拿了一次金像獎影帝，毛舜筠、袁詠儀和鄭裕玲也都有金像獎影后加持。馮寶寶沒有小金人，知名度卻超過大部分影后。

繼 1986 年《最佳拍檔 4：千里救差婆》之後，關德興和曹達華又一次實現了同框，出演家中的爺爺和父親。黃飛鴻和梁寬又在大銀幕上團聚了。李香琴也回歸飾演母親。

任大寬（曹達華飾）一家四世同堂，表面上看似和和美美，但是家庭矛盾和問題也不少。

老大求富（黃百鳴飾）忙於工作，忽略了妻子月容（馮寶寶飾）和女兒，正陷入離婚麻煩。

老二求貴（梁家輝飾）是個放浪不羈的畫家，在父親的嚴厲管制下變成了口吃。

老三求安（毛舜筠飾）從巴黎返港，帶來了滿臉鬍子拉碴、不修邊幅的羅伯特（張國榮飾）。

更過分的是，這傢伙居然在接風宴上與求安親熱，讓一直追求她的表哥孝忠（劉青雲飾）火冒三丈。對，她和他，都是故意做給孝忠看的！

老四求其帶著二哥創作的漫畫上學，卻被訓導主任何守貞（鄭裕玲飾）發現，從而引發了求貴與守貞妹妹守潔（袁詠儀飾）的相識。

而被人甩掉的孝忠，很快又發現了新的目標……

在現實生活中，張國榮是對待感情非常認真的人，但是在大銀幕上，

他卻演了一個又一個渣男浪子，把一個又一個女孩子的心徹底傷透。當然，渣也得有渣的本錢，不是嗎？

不過，在《檸檬可樂》上映 12 年後，在這個狗年春節，他終於扮演了一個充滿正向能量的好男人，讓無數單身狗很不適應。

作為一個能用顏值為劇情顯著加分的超級明星，張國榮在片中的形象，卻讓人跌破眼鏡。他皮膚黝黑，頭髮又長又土，鬍子拉碴，從頭到腳散發著普通人的氣質，居然還好意思自稱畫家。落魄的程度，讓人很容易聯想到《喝彩》中的陳百強……他叔。

張國榮之所以要如此出鏡，除了當時還在補拍王家衛的《東邪西毒》，必須要蓄鬚之外，他也希望挑戰一下自己，不靠刷臉，照樣能打動觀眾。

1993 年 12 月 4 日，在第 30 屆金馬獎頒獎禮上，張國榮就以這個造型亮相，為成龍頒發了影帝獎盃。他沒想到的是，自己居然還得獎。那就是以《白髮魔女傳》主題曲〈紅顏白髮〉拿下最佳電影歌曲。這也是張國榮唯一一次在金馬現場領獎，頒獎人是趙雅芝和鳳飛飛。

全香港都知道張國榮是帥哥，但是如果年復一年地耍帥，觀眾難免會有審美疲勞。但是這個新角色——《大富之家》中有著殺馬特髮型和絡腮大鬍子的羅伯特，其完美塑造一度讓觀眾忘記了演員本人。

影片篇幅不長，卻要講述 3 對年輕情侶的戀愛，以及一對中年夫妻的破鏡重圓，難度其實不小。為了和《家有囍事》有所區別，雖說黃百鳴繼續扮任家大哥，卻安排了一對正年輕的兄妹和一個中學生弟弟。

最愛演戲的老闆黃百鳴，自《八星報喜》之後與馮寶寶再組 CP。他的角色，是個因工作忙碌忽略了妻女的企業高管。為了追回分居的老婆，他機智地男扮女裝致敬《窈窕奶爸》，化身俄國女工莎朗進入老婆家中，與黃霑飾演的情敵律師幾番較量。

演什麼像什麼的梁家輝，把一個口吃憤青畫家詮釋得喜感滿滿。而新晉影后袁詠儀扮演的守潔，撲面而來的青春氣息和文藝風範，實在讓太多男生無法不著迷。兩人的戀情，無疑很好詮釋了「真愛催人奮進」的主題，致敬《侏羅紀公園》（Jurassic Park）的戲份也很應景。

「深情巧克力」劉青雲和「鄭九組」鄭裕玲這對影帝影后，片中戲份有限卻相當吸引人。兩個失意之人的「火速勾搭」看似荒唐，卻是真正活出了通透感。

羅伯特不是任家成員，毫無疑問卻是全片的核心，這一次，張國榮無須極盡癲狂地耍寶，而是輕描淡寫地營造笑點。

他還用自己的經驗與智慧，鼓勵和幫助了幾乎每一個人，改變了他們的生活，也影響了他們的世界觀。

而對他自己，也終於勇敢了一回。

他和求安原本並不是情侶，彼此以兄弟相待。在完成冷落表哥的任務之後，他本就可以離開，可是就在這時，兩人的關係卻發生了微妙的變化。而張國榮和毛舜筠這對銀幕情侶，將這個過程展現得相當自然，也發人深省。

當求安請他陪自己回香港時，她事實上就是在委婉地表達愛意；當羅伯特願意跟隨她回到香港時，潛意識中對她已有了情愫。

而一週之內見證的恩恩怨怨、紛紛擾擾、離離合合，恰恰在這份感情中起到了催化劑的作用。度人，當然也是度己。

影片的高潮戲份極有設計感，也特別溫馨感人。

眼看明天就大年初一了。大哥還追不回大嫂，二哥讓守潔誤會，羅伯特收拾行李要走人，還叫求安兄弟。好好的「大富之家」，搞得是天下大亂。

第五章 賀歲大戰

「你們再不珍惜，什麼都沒了！」這是任老爺的絕望呼喊。

放年夜飯的桌子上，豐富的菜餚已經擺滿，可偌大的屋子卻空空蕩蕩，留下的人心裡都滿是酸楚。可就在這時，反轉終於來了。

隨著一聲聲門鈴響起，一對對情侶出現在鏡頭中，快樂的氣氛一次次被點燃。連大嫂都帶著女兒回來了，只有求安悵然若失。就在此時，門鈴再次響起，她開門一看，是送財神的。正準備關門，伴隨輕柔的音樂，好大一束玫瑰擋在了她面前。玫瑰後面顯然有一個人。

這是誰呢，賣花的？

當鮮花移開，人臉露出時，名場面上演了。一個髮型時尚、面容精緻的大帥哥，帶著自信而略顯狡黠的微笑，出現在了鏡頭前。

不要臉紅，不必懷疑，這一天，這一刻，這一瞬間，她就是世界上最幸福的女孩。雖說情人眼裡出潘安，滿臉鬍子拉碴也不失男人本色，但還是不如真正的潘安好使，帶給姑娘的不光是虛榮心爆棚，更是少女心蕩漾。

筆者第一次看這部電影，還是上大學之時。我清楚地記得，放到這個時候，同學們就默契地開始鼓掌了，當然，肯定有情侶趁機摟在一起，勇敢地秀恩愛。

大富之家，以愛為貴。世界上真正的富有，是有親人的牽腸掛肚，更有愛人的不離不棄。而有了真愛，再簡陋的家，也分外值得留戀。

真情是可以傳遞的，快樂是可以傳染的，而經典的電影，肯定是可以永遠流傳下來的。再過 10 年、20 年、100 年，這樣的影片都不會過時。

3 月 10 日，《大富之家》在上映 33 天之後下線，3,738 萬的成績超過了上年的《花田囍事》。但略顯遺憾的是，東方這一次沒有守住春節檔冠軍，嘉禾的《醉拳 2》以 4,097 萬勝出，這也是成龍大哥首部破 4,000 萬的影片。

3月16日，張國榮由溫哥華飛往洛杉磯，參加第66屆奧斯卡頒獎禮相關活動，其間還與李安和張艾嘉商談了新片合作事宜。不過最佳外語片的最大熱門《霸王別姬》意外落選，沒能成為首部獲獎的華語片，小金人被西班牙電影《四千金的情人》（*Belle Époque*）摘得。直到7年之後，李安執導的《臥虎藏龍》，才為華語電影首次取得這個獎項。

1994年，張國榮全面發威，交出了《大富之家》、《金枝玉葉》、《錦繡前程》和《東邪西毒》4部差異明顯但都有很高水準的影片。

周星馳則用《破壞之王》、《九品芝麻官》和《凌凌漆大戰金鎗客》三部佳作實現票房過億，還拍攝了代表作《西遊記》上下部[13]。

成龍僅有一部《醉拳2》上映，卻在積極累積能量，為殺進好萊塢做準備。

新的一年，三大廠又有什麼新招呢？

七、《金玉滿堂》用武俠方式拍美食，更有別樣浪漫

1995年是世界電影誕生100週年，而在這個特殊的年分中，香港電影市場呈現出了「高開低走」的態勢。

周潤發淡出香港電影圈之後，成龍、周星馳和張國榮之間的競爭越來越激烈。當然，他們三人的競爭是君子之爭，不會用下三爛的手段。這是他們三人之幸，更是華語電影之幸。

1月15日，由王晶執導，周潤發、梁家輝、邱淑貞和吳倩蓮主演的《賭神2》，在熱映32天之後下線，並以5,253萬改寫了華語片影史紀錄。

---

[13] 中國大陸版的片名為《大話西遊》。

第五章 賀歲大戰

按照慣例，這部影片成為1994年的年度冠軍。

儘管發哥已決定遠走好萊塢，抵不上觀眾的情懷氾濫。永盛的成功運作，也是票房成功的保證。這個成績，顯然也讓留在香港的電影人受到了鼓舞。

1995年的春節是1月31日。這月21日，成龍在紐約拍攝的動作大片《紅番區》、周星馳在寧夏完成的古裝奇幻片《月光寶盒》同步開映。

《紅番區》是香港影史首部投資過億的超級大片，成龍也在其中完成了不少挑戰人類體能極限的危險動作，雖然不是3D電影，場面也極其真實、震撼。而劉鎮偉執導的《月光寶盒》，顛覆性改編傳統神話《西遊記》，讓孫悟空變成了至尊寶，還愛上了白骨精，其中很多後現代的處理方式，讓香港觀眾似乎無法接受。

1月28日，東方影業推出了自己的賀歲片《金玉滿堂》，來迎戰「一成一周」。這時候，高志森已經自立門戶，黃百鳴邀請了老朋友徐克出馬執導。

影片由張國榮、袁詠儀、鍾鎮濤和趙文卓等聯袂主演。這也是張國榮和袁詠儀自《金枝玉葉》之後再演情侶。

之前，張國榮已經主演過4部電影工作室的作品，老闆徐克全都掛名監制。《金玉滿堂》是兩人首次真正意義上的合作。

經過上千年的演化和改良，中華的烹飪技術已經上升為一門藝術，並形成了多種菜系，足以令飲食習慣單一的老外，看得眼花撩亂、目瞪口呆。

全華人地區最重要的節日是春節，春節最有儀式感的活動是吃年夜飯，最重要的事情是宴請親朋。所謂民以食為天，無數男人最熱衷的是參加各種飯局，無數女人最擔心的是應酬太多，減肥太難。

而一道道讓人腦洞大開、口水直流的美食，如果在大銀幕上呈現出

來，產生的視覺衝擊，可不是一般的大。1992 年，于仁泰執導的《夥頭福星》，讓元彪像耍雜技一樣炒菜做飯，非常炫酷。1994 年，臺灣大導演李安的《飲食男女》，將各種美食在大銀幕上鮮活地呈現出來，更是贏得了廣泛好評。

徐克有沒有受仁泰和李安的影響？這當然不能主觀臆測。不過，《金玉滿堂》對美食的解讀方法相當巧妙。作為最會拍武俠片的導演，他將傳統的武俠精神注入到了飲食文化之中，將烹飪大賽變成了一系列驚心動魄的高手對決。整個過程，如同武俠片一樣驚心動魄，更展現出了厚重的人文情懷。

影片一開始，張國榮並沒有出場。在全國烹飪大賽中，代表廣州的廖傑（鍾鎮濤飾）和代表香港的龍昆保（趙文卓飾），為贏得冠軍激烈角逐。原本平淡無奇的蒸飯，都能讓兩人呈現得像是變魔術一般花哨。之後，龍昆保的冰雕長城已經夠誇張了，廖傑直接拿出一塊豆腐，泡在水裡雕彌勒佛。

前兩輪戰成平局之後，第三局的決戰就更加緊張刺激了，但是就在此時，廖傑卻得到妻子難產的消息，只能當場棄權。

鏡頭一轉，是在香港舉辦的廚師選拔比賽。所有參賽者都穿著白色廚師服，奮力揮著鍋鏟爭分奪秒。只有一位參賽者，居然身穿皮夾克、留著鴨尾頭、戴著墨鏡，活脫脫像走錯了片場——他應該去劉偉強《古惑仔》劇組報到才對嘛。

他不光打扮出格，舉止更是誇張，動不動就大呼小叫，還弄得現場煙霧騰騰，怎麼看怎麼不像個好廚師。可就是這種人，居然成功入圍了，你說氣不氣人？

不過，這哥們兒高興過了頭，舉手歡呼時，身上劈里啪啦掉出了幾包菜。他參賽的菜品，居然全是用事先做好的菜包偷換的！怪就怪考前檢查

第五章 賀歲大戰

太馬虎了，根本不怪他，對不對？

這段短短的戲碼，就將男主角的頑劣、任性，展現得淋漓盡致。之後他再玩出多誇張的事情，觀眾應該都有心理準備了。

江湖人稱徐克為「老怪」，這一次，他讓38歲的張國榮「返老還童」，演起了小混混陳港生。而且，張國榮的扮相居然比《大富之家》中的羅伯特還要年輕，似乎回到了《縱橫四海》年代，但是人家保養得就是好，並沒有強行裝嫩的違和感。

阿生不當大哥要當大廚，可惜不是那塊料。他聽說偶像山口百惠去了加拿大，就想學好手藝，去加拿大追星順便開餐廳。在龍昆保介紹下，阿生去了歐兆豐（羅家英飾）的滿漢樓酒店當打雜。

歐兆豐和龍昆保之前有過節，因此就起勁整蠱阿生。先是讓他配菜，配出50份宮保雞丁，滿頭大汗的小陳好不容易做好，老闆又發話了：再把食材分開。可憐的古惑仔當場石化。

歐兆豐的女兒歐嘉慧（袁詠儀飾）靚麗，一心想闖蕩娛樂圈，不想守在酒樓。為了讓老爹將自己趕走，她整天打扮得跟個小太妹似的，還和老爸講英語——反正也無法交流。不過，這妹子對阿生倒是另眼相看：男人長得帥就是麻煩啊。

尤其經過抓魚事件後，嘉慧反而更喜歡阿生了。

嘉慧想當歌手，可她的歌聲實在無法和相貌匹配。在KTV裡，嘉慧跟阿生的前女友（樊亦敏飾）爭唱〈卡門〉，拚了個不亦樂乎。搞得人家帶著現男友上門找事。阿生的現場表現讓嘉慧相當喜歡，卻令歐兆豐忍無可忍，遂將他趕了出去。

商業片肯定是一波未平，一波又起。剛想過太平日子的歐兆豐，很快被人上門找麻煩了。這一次，一輛非常招搖的加長房車停在了滿漢樓下，

跳下來一個霸氣外露的凶漢，這不就是《黃飛鴻》中的名角鬼腳七（熊欣欣飾）嗎？這一次，他倒混進了上流社會，成了超凡集團董事長黃榮。

在滿漢樓裡，黃榮與歐兆豐來了個現場比賽。黃榮用雜技一般的好身手，變魔術一般地做出了一盤脆皮乾炒牛河。接下來，黃榮向歐兆豐約戰，進行一場滿漢全席比賽，宴開三晚，分別用象鼻、熊掌和猴腦做主菜，邀請美食家做評判。歐兆豐輸了交出店面，贏了就有 5,000 萬拿。老謀深算的老歐當然要猶豫，但是抵不上手下員工的使勁起鬨，還是在檔案上簽字了。

天下沒有免費的午餐，原來，那些員工早就被收買，不但忽悠他簽約，更一個個都跑到超凡上班去了。可憐的老歐當場心臟病發作，卻被譏笑為裝病。最後，還是阿生將他送進了醫院。到了這個時候，老歐才明白了阿生的仗義，嘉慧才明白了老爸的甘苦。

嘉慧和阿生根本不會做滿漢全席，根本對抗不了黃榮。龍昆保向他們介紹了廖傑。兩人趕到廣州，發現曾經何等意氣風發的他，卻落魄到了讓人不忍直視的程度──光棍的日子沒法過。為了激發廖傑的好勝心，嘉慧和阿生給他的炒河粉裡使勁加「料」，可是這哥們兒一點不在乎，即便吃出象棋、釘子、瓶蓋和衣服夾，依然照吃不誤，活脫脫一個混吃等死的標本。

莫非，世界上只有愛情能讓他懷念、能令他羞愧、能使他奮進？無奈之下，嘉慧和阿生去找廖傑前妻（倪淑君飾）。阿生梳了個土氣的分頭，戴著誇張的眼鏡，再配一件過時的夾克，完全就是一副皮包公司經理的形象，想以談生意為由把廖傑前妻哄出來。可惜人家見多識廣，根本不相信他。關鍵時候，還是嘉慧的招數好使，伴隨著濃厚蒼勁的主題曲〈漫漫人生路〉（不是鄧麗君的〈漫步人生路〉），還真的讓這對冤家見面了。

廖傑來到了香港，可惜已是五覺全失，龍昆保等人不得不幫助他恢復

體力和味覺、嗅覺、聽覺、視覺和觸覺。這個過程相當嚴苛，但是劇情安排得卻是笑點滿滿。

最令人感動的，還是廖傑前妻不顧工作辛苦，親手為他做了幾道菜，深情地鼓勵他：「為了我，你一定要做好滿漢全席。」廖傑當然要認真地回答：「我一定做到。」

還是前妻的話好使，說一句頂一萬句。

這樣的一部影片，按理說是不需要武打場面的，但是為了吸引觀眾，徐克還是讓自己的愛將趙文卓和熊欣欣打了一架，讓我們的阿生當了次背景板。之後，沒有硝煙、只有炊煙的決鬥開始了。

尤其，最後一天比試猴腦，成敗也在此一舉。可是比賽時間到了，廖傑他們遲遲不到，只留下廖傑前妻焦急等候。黃榮人雖然爛，做菜卻有兩把刷子，他做的是「齊天大聖會虎鯊」，用魚翅來中和猴腦的騷味。

就在所有人都覺得黃榮要穩操勝券時，龍昆保卻推著餐車趕來了：「真正的猴子腦，一定要吃新鮮的，生滾用不了3分鐘，金晶火腦！」阿生也推車過來了：「各位，吃新鮮其實是不用任何烹調的，因為最主要的是吸取它的天然味道，加點滾油就可以上桌了。」

龍昆保一勺澆下去，果然聽到了猴子的慘叫聲。這也太強了吧，三位評審一致對生滾猴腦讚不絕口。正要宣布比賽結果時，漁農署和動物保護協會的人來了，黃榮悄悄地露出奸笑，顯然，這事是他幹的。廖傑他們真的會用熱油澆活猴腦嗎？看過電影的人，當然會明白。沒有看過的，筆者也不劇透了。只能說，最後的這個反轉，還是非常有創意的。

勁敵打跑了，酒樓保住了，男女主角也終於在一起了。一部電影，親情、友情與愛情，都得到了很好的詮釋，特別適合闔家歡的氛圍。那些琳瑯滿目的精美菜點，當然讓我們為之動容，但是，還是要和心愛之人一起

分享。

要說筆者對這部電影有什麼意見，那就是徐克膽子沒有再大一點，讓張國榮在最後的決戰中，頂替鍾鎮濤出戰並贏得冠軍，主角就應該有主角的樣子，就應該成為最關鍵時刻解決問題的人，這樣觀眾才會看得過癮，代入感才會更強烈。

在拍攝《鹿鼎記》續集時，王晶不惜魔改，愣讓本不會武功的韋小寶成為天下第一，承擔起最激烈的打戲。相比之下，《金玉滿堂》的處理方式就過於保守了，陳港生只是和袁詠儀一起當助理跟班，多少削弱了主角光環。而且，主題曲〈漫漫人生路〉也由鍾鎮濤演唱。

3月2日，《金玉滿堂》以3,112萬收官，雖說獲得了春節檔亞軍，但是離成龍《紅番區》差距遙遠，也不及周星馳兩部《西遊記》之和。張國榮加徐克，並沒有產生1加1大於2的效果。隨後，它又被暑期檔和聖誕檔的3部影片超過，最終只名列年度第五。

《紅番區》則一口氣上映到3月29日，最終票房是驚人的5,691萬。不光為成龍奪得了自1987年之後的又一個冠軍，更是打破了周潤發剛剛創造的華語片紀錄。

對於這樣的結果，黃百鳴和徐克會滿意嗎？

八、《大三元》出演靚神父，助人為快樂之本

《金玉滿堂》票房不算特別好，但口碑相當不錯，於是黃百鳴與徐克在新年繼續合作，繼續安排張國榮和袁詠儀主演。

但是徐克居然學起了王家衛，一邊拍戲一邊寫劇本。1995年12月11

日，《大三元》在澳門開鏡。

為了趕春節檔期，《大三元》每天的拍攝時間基本上都達到了 16 小時，有時甚至超過 20 小時，搞得演員相當疲憊。張國榮的手指一度受傷，要靠木板夾直，後來雙腿也扭傷了。導演徐克都累病了——連軸工作能輕鬆嗎？但是效果顯然不好。

按徐克自己的話說，如果遲半年再拍就好了。可檔期不等人，影院也不等人。於是，《大三元》只能倉促上陣了。以這樣的狀態，怎麼能挑戰成龍？

1996 年的春節是 2 月 19 日，鼠年沒有了情人節。

2 月 10 日，成龍推出了遠赴烏克蘭拍攝的《警察故事 4：簡單工》。導演依然是老搭檔唐季禮。這是成龍首次將自己最重要的《警察故事》系列放在春節檔，全程海外拍攝也充分彰顯了國際視野。

5 天之後，《大三元》在東方院線起片，這麼做顯然是為避開成龍的鋒芒。次日，永盛的《鹿鼎大帝》也殺入檔期。

「大三元」其實是麻將用語，指紅中、發財和白板三張牌。也對應了影片 3 個主角角色鍾國強、劉青發和白雪花。但張國榮飾演的男一號，卻是一位神父，這麼命名有點無厘頭，可這就是徐克，要不他怎麼得到「老怪」的封號呢？

基督教是世界上信徒最多的宗教。基督徒結婚，一定要去教堂找神父公證。心情不好的時候，他們往往還要去教堂告解。這個題材，其實也不算小眾。

4 年多前拍攝的《倩女幽魂Ⅲ：道道道》，徐克都讓和尚和女鬼談戀愛了。那神父交女友，算不算大逆不道的事情呢？大家都知道，新教的神父是可以結婚生子、組織家庭的，天主教的神父卻只能像個苦行僧，真有點

不公平，為什麼就不能讓他們也衝動一回呢？

影片以倒敘方式開啟。風度翩翩的神父鍾國強（紅中，張國榮飾）要主持白雪花（白板，袁詠儀飾）和陳俊男（陳豪飾）的婚禮，卻看到新娘的眼神充滿無奈。他們可不是陌生人，3個月之間就有過很多交集了。

白雪花年輕貌美，卻只是個坐檯小姐，她欠了黑社會頭子高利泰（熊欣欣飾）10萬高利貸，又被男友忽悠，多認領了10萬債務。為了躲避追債，白雪花一路逃到了聖芳濟教堂的告解廂，正巧遇到了鍾國強為信徒告解。

獲悉白雪花的遭遇，又拾到她留下的地址之後，鍾國強有了一個大膽的計劃，他穿上了1960年代致敬貓王的誇張服飾，去樂桃桃公寓租下房間，準備用實際行動幫助她脫困。

白雪花並非獨居，而是與3個姐妹合租。她第一次見到鍾國強的背影時，居然當是自己的男友上門。

他為她們聯繫銀行，幫她辦理了貸款，來償還高利貸。

他幫她們介紹了工作，穿上乾淨的制服，銷售膠卷。他單槍匹馬找高利泰，要求為白雪花寬限日期。

他甚至買來了音樂設備，鼓勵她們盡情唱歌，組個樂隊。

張國榮坐在音箱上彈吉他的造型，實在是帥。白雪花對鍾國強一見鍾情，也就顯得非常合理。對於這樣看似沒有正形，其實相當可愛的女孩，神父一樣有了特別的感覺。

鍾國強從不缺桃花運，可他也和唐僧一樣善於裝糊塗。表妹Mary（洪欣飾）是一位心理醫生，一直企圖跟表哥「交往」，可一直得不到機會。

說白了，不是唐僧不會動心，只是他一直沒有動心的對象。

而警官劉青發（發財，劉青雲飾）和助手阿鴻（陳錦鴻飾）為了找到賣

淫團夥頭目恐龍（鍾景輝飾）的犯罪證據，一直盯著白雪花姐妹。可惜，他們一直在鬧各種笑話。

Mary 為了讓表哥無處可逃，不惜也在樂桃桃高價租房，卻無意間邂逅了阿發。按理說，兩人一個粗狂一個精緻，一個搞笑一個妖豔，他們居然能擦出火花，實在令無數宅男大呼不值，還不如選我。

事實上，一段感情值不值，得看當事人自己的意願。

吃過虧的高利泰上門尋仇，綁走了白雪花。鍾國強不顧一切地前去搭救。兩個警察也隨後趕到。男女主角被困在唱歌房，因為地板傾斜，他們不由自主又吻在一起了。這場面相當溫馨，和《金玉滿堂》中的借魚親嘴，有異曲同工之妙。

最後，當然是搞笑匪徒被捉拿歸案，憨豆特務完成任務，而神父與小姐，終究能不能在一起呢？大家可以想一想。

日常，張國榮開解朋友時總喜歡說「凡事不要太認真」。但是他拍起戲來，卻是認真得有點強迫症傾向。演《鼓手》時反覆磨練鼓技，拍《霸王別姬》時苦練旦角走位，演這樣一部《大三元》，也要反覆學習揣摩神父的生活細節，最終呈現在大銀幕上的主持婚禮和為教徒告解等場面，才顯得相當專業。

而以鍾國強的盛世美顏和優雅氣質，新娘現場放棄新郎選擇他的鏡頭雖說離譜，還是有很強說服力的。說他是「史上最靚神父」，當然也不誇張。

袁詠儀以香港小姐出道，以「靚靚」聞名，已經連拿了兩次金像獎影后了，卻願意出演這樣不太討喜的角色，而且放得特別開，確實令人敬佩。而她每一次與張國榮合作的影片，都是默契十足，能擦出強烈的火花。

劉青雲繼《大富之家》後再與張國榮合作，把一個憨憨又仗義的警官演得很有喜感。洪欣以拍電視劇為主，這部影片應該是她的高光時刻，

在港姐袁詠儀面前，她的容貌也不吃虧。兩人的對手戲，也是既好笑又溫馨。

飾演大反派恐龍的鐘景輝，正是將張國榮帶入麗的的貴人。他上一次接觸電影，還是十年前張艾嘉導演《最愛》的時候。在徐克的誠邀之下，他將一個陰險狡詐但自帶梗的賣淫團夥頭目，塑造得相當傳神。熊欣欣當然也不含糊，徐克偏愛他是有道理的。

著名的老戲骨「鮑叔」鮑漢琳在片中出演德高望重的約翰神父，鍾國強的同事。這一年他已經過了 80 歲生日，但是看來就像 60 來歲。比張國榮只大一歲的「大傻」成奎安，也客串了羅賓神父。黃百鳴這次的戲份不多，出演劉青發的上司麥警司，在有限的戲份中，依然展現出了搞怪天賦。

雖說演員們的表演都很投入，但是《大三元》相對平庸的水準，決定了它走不遠。面對成龍和周星馳精心打造出的力作，難以招架也是非常正常的。

3 月 15 日，《大三元》在上映 30 天後下檔，票房僅 2,522 萬。這也是 6 年來，張國榮主演的春節檔大片首次跌破 3,000 萬。而《鹿鼎大帝》卻一直上映到了當月 28 日，票房 3,605 萬；《警察故事 4》更是一口氣放映到 4 月 3 日，以 5,752 萬打破《紅番區》上年剛剛創造的港片紀錄。

這年春節，可以說是成龍在香港的巔峰時刻，他進軍好萊塢之強勢，確實無人能抵擋。不過，四年來第一次輸給周星馳，讓東方影業不太開心了。

《大三元》這點票房，在 1992 年只能排到第十三，1996 年卻高居第四，僅次於成龍和周星馳的 3 部大片，實在令人哭笑不得。

票房失利的黃老闆，看了看明年的日曆，猛然又有了靈感。

九、《97 家有囍事》關注回歸，賀歲影史華麗的客串

「終於等到你，還好我沒放棄。」

張信哲這句經典情歌，特別適合榮迷，特別適合解讀他們看《97 家有囍事》時的心情。

很多人難免心生疑惑：自 1992 年到 1996 年五年間，張國榮連續五年主演黃百鳴的賀歲喜劇，可以說功勳卓著。到了 1997 年，原本有很多話題可做、有很多概念可打，為什麼只讓人家客串一下呢？

對黃百鳴來講，顯然也有自己的苦衷。

當時，張國榮已不再是東方影業的合約演員。想要簽他，片酬就不可能再是之前的 300 萬，至少得翻一倍了。受成本制約，加上張國榮要辦演唱會，黃百鳴只能著手安排替代人選。

1995 年，張國榮重回歌壇。在這一年年底，他早早就向紅館遞交申請，準備在 1996 年底到 1997 年 1 月，做「跨越 97」演唱會。

自打 1989 年告別歌壇，張國榮已經 7 年沒有在紅館現身了，無數歌迷，肯定會將他開唱的那一天，視為自己的節日。

而這個時間點，恰恰正是黃百鳴一年一度拍攝賀歲片的日子。如果沒有張國榮助陣，東方根本無法與嘉禾及永盛兩大巨頭抗衡。

恰恰就在 1996 年賀歲檔，周星馳表現不俗。他親自執導的《鹿鼎大帝》，輕鬆戰勝了東方的《大三元》。一想到 1992 年的輝煌，黃百鳴也就產生了重啟《家有囍事》，與周星馳再度攜手的念頭。

香港市場已經大不如從前了。1991 年，港產片票房高達 10.38 億，1995 年，在票價明顯上漲的情況下，數字反而下降到 7.85 億。

周星馳的影響力也大不如前，已經被成龍壓制了好幾年。1994 年他

有 3 部電影破 3,000 萬，次年卻只有一部——《百變星君》。而且，他成立的彩星影業損失慘重，創辦星輝影業籌投拍創業作《食神》，急需大筆資金。跟東方聯手，也許是他擺脫困境的唯一路徑。

因此，當黃百鳴主動上門時，這位喜劇之王也不客套，直接開出了 1500 萬的天價。這就意味著，即便香港票房達到 4,000 萬，分帳收入只夠給他一個人開片酬。但是在權衡了利弊得失之後，黃百鳴終究還是答應了。

張國榮的替代人選，黃百鳴選擇的是在《古惑仔之人在江湖》中演靚坤非常出彩的吳鎮宇。

不過，張國榮並沒有缺席《97 家有囍事》，影片最後他還是現身了。據黃百鳴回憶，這還是張國榮主動要求的，沒有收片酬。

為了結尾出場不到一分鐘的亮相，很多榮迷願意「忍耐」將近兩個小時。

1997 年的春節是 2 月 7 日。1 月 31 日，成龍主演的《一個好人》率先在嘉禾院線上映。影片全程在澳洲拍攝，彰顯了強勁的國際視野。次日，李連杰主演的《黃飛鴻之西域雄獅》在新寶院線上映，這是他自 1986 年《南北少林》之後再次亮相春節檔，也是首次為永盛征戰賀歲檔。

2 月 6 日，大年三十，《97 家有囍事》才開始在東方院線上映——黃百鳴真是怕成龍啊。雖說有炒 1992 年版《家有囍事》冷飯的嫌疑，但是無論如何，這部新片都不能算爛，至少與《八喜臨門》、《八星報喜》一個級別。

影片以一個典型的香港「大富之家」為切入點。老老頭（喬宏飾）喪偶，還攤上了 3 個不省心的活寶。

老大老良（黃百鳴飾），是事業有成的公司高管，見多識廣之後，難免嫌棄缺少女人味、不懂浪漫的老婆賢淑（伍詠薇飾）。但是出人意料的是，老婆居然暗戀起了著名攝影師郎夢（周華健飾）。

第五章 賀歲大戰

老二老非（吳鎮宇飾），是個只會死讀書的傻小子，居然看上了根本和自己不搭的飛車小太妹金慕玲（李蕙敏飾）。為了達到目的，他居然還請來自北京的小倩（吳倩蓮飾）扮女友，以讓家人覺得金慕玲還不錯。

老三老恭（周星馳飾）。他顏值出眾又心地善良，終日忙於幫助無知少女領略人生中最美妙的活動，還不收她們的學費。但他因被人陷害而欠下百萬債務，不得不扮成痴呆。在認識了同樣裝痴的小萱（鍾麗緹飾）之後，老恭的人生才有了根本性的變化。

不難看出，《97家有囍事》與5年前的《家有囍事》有不少相似之處。老大都是追求浪漫的成功人士，其老婆都是摳摳搜搜的黃臉婆，婚姻都遊走在解體邊緣。而老三，都是段位很高的情場浪子，都以收集少女的第一次為樂，還都成了精神病人。扮演這兩個兄弟的演員，還是5年前那兩位。但影片還是努力營造出了不少差異，避免觀眾一定會有的審美疲勞。

最大的變化，當然就是老二了。他不再是講究生活品味的娘娘腔，而是渴望愛情的超級學霸。他最終選擇的女友，則是非常應景的「北京女孩」。

電影接近尾聲時，新開張的速食店嘉賓雲集，但是最耀眼的C位，只能留給一個人。當時，老恭和小倩正在聊天，看到來了那麼多客人，不覺相當吃驚。小倩小手一指做驚喜狀：「哇，你看那邊，那邊是誰啊？」周星馳一見，不覺雙手抱頭，大驚小怪：「哇……」

不過他看到的，只是一個紅衣人的背影，人家還戴著墨鏡，就這都能認出來，也太誇張了吧？這位先生可沒過去和星爺打招呼，而是直接去和黃百鳴握手：「老闆，恭喜你啊。」

黃百鳴樂得合不攏嘴。

隨後，紅衣人左右顧盼了一下：「咦，你老爸和老弟呢？」

「在裡面招呼客人呢。」

「那我去找你老爸了。」

這句話可不是白加的，體現的是尊重長輩的意思。

隨後，就是最隆重的剪綵儀式了。全體嘉賓站成一排，鏡頭從左向右掃過，停留在這個紅衣人身上，在他的旁邊，是打電話的老恭。隨後，鏡頭又從右到左再掃一遍，又停在了此人身上。然後畫面拉遠，剪綵開始，紅衣人還是焦點，還要他先動剪刀，而星爺只能躲在他身後打電話。

不得不說，導演張堅廷這個安排相當巧妙，讓兩大巨星都保住了面子。

影片在歡快的氣氛中落下了帷幕，也充分利用了張國榮寶貴的亮相時間。只是，實在是看不夠啊！

1982 年，3 部春節檔電影躋身年度前四，象徵著香港電影進入黃金時代。

1997 年，3 部春節檔大片包攬了年度前三，卻成了香港電影告別巔峰期的象徵。

不是這年的春節檔真的有多強，只是其他檔期更沒法看了。

《黃飛鴻之西域雄獅》僅進帳 3,027 萬，在 1992 年都進不了前十，1997 年卻高居第三。過去兩年連破華語片紀錄的成龍，成績也明顯下滑，《一個好人》以 4,542 萬收場。

《97 家有囍事》在 3 月 13 日下映，票房 4,016 萬，與成龍也就差了五百來萬，這已經不是不能追趕的差距了。

1997 年，港產片從上年的 6.86 億降到 5.47 億，在總票房中的占比，自 1982 年來首次跌破 50% 大關，僅有 47.02%。但是《97 家有囍事》卻能比《大三元》多出將近 1,500 萬，加上台灣和東南亞票房，影片最終也獲

得了盈利。

如果黃百鳴魄力能再大一些，再砸個五六百萬，請張國榮出山代替吳鎮宇，在行銷上再多下點功夫，那年度冠軍很可能就是他的了。畢竟這種賀歲片二三十天就能拍攝完成，並不需要演員投入太多的精力，張國榮又對表演風格相當熟悉，與很多演員及幕後團隊都很有默契，參演並不會影響「跨越97」演唱會的籌備。

1990年代香港一年一度有賀歲喜劇大戰。從1991年開始，更有成龍、周星馳和張國榮的「三國殺」。巧合的是，事實上缺席了1997年賀歲檔的張國榮，從此也就告別了影壇一線的地位。但是他依然在堅持自己的藝術追求，並積極嚮導演和製片人方向轉變。

他和黃百鳴的緣分到頭了嗎？兩位老友還會合作嗎？

十、《九星報喜》再演古裝喜劇，後一次亮相新年檔

1997年，張國榮錯過了《97家有囍事》，年內只有一部票房慘淡的《春光乍洩》上映。這讓黃百鳴感到有愧於老搭檔。因此在籌備新一年的賀歲片時，他首先想到的還是這位傳奇巨星。

當年11月12日，《九星報喜》在香港的西貢成豐片場舉行了開機儀式。能夠吸引多家媒體，全因為一個人的現身。

張國榮其實已經不打算接拍這類賀歲片了，但是礙於黃百鳴的情面，他又一次答應出演，還打了個友情價。

當時，任賢齊的〈心太軟〉已成為家喻戶曉的國民神曲，這首歌也應該送給張國榮。對待朋友，他總是心太軟。

《九星報喜》並非原創,而是改編自義大利喜劇作家卡洛·哥爾多尼(Carlo Goldoni)的《扇子》(The Fan)。早在1978年,《扇子》就曾被香港青藝劇社改編為《錦扇緣》。可見,扇子必然是其中的關鍵道具。

　　黃百鳴之所以起這麼一個片名,猜想也是為了致敬10年前的經典。1988年的《八星報喜》可是破了香港影史紀錄的。

　　繼1993年《花田囍事》之後,東方再拍古裝賀歲片。此次,黃百鳴和老朋友高志森也做了大膽創新,將電影打造成首部歌舞賀歲片。當然,《花田囍事》中也有歌舞,可是那隻能算點綴,不是主流。

　　《九星報喜》的女一號,是《夜半歌聲》中與張國榮有過默契合作的吳倩蓮。在剛剛過去的一年裡,吳倩蓮不光主演了東方的賀歲片《97家有囍事》,還攜手黎明主演了《半生緣》。堅強獨立的曼楨,與儒雅敏感的世鈞,都成為許鞍華電影中的經典形象。

　　以「小倩」成名的王祖賢淡出影壇之後,人稱「小倩」的吳倩蓮,不但與張國榮有了多次合作,似乎也成為東方影業的首席花旦。

　　1997年,亞洲金融危機對香港經濟造成了嚴重破壞,帶來股價、房價持續大跌,令很多家庭背上了沉重債務,很多人的資產一下子跌到負值。令人萬萬想不到的是,這裡面居然包括歌神級別的鐘鎮濤。他因投資不慎,欠下的債務超過了兩億,妻子章小惠也和他離婚了。

　　都說男人只有窮一次,才能知道誰對自己好。但是只要條件允許,誰也不想真的有這麼一天。在無數人都躲著鐘鎮濤,或者看他笑話取樂時,張國榮卻推薦鐘鎮濤一起參演《九星報喜》,黃百鳴自然也爽快地答應了。

　　曾幾何時,我們堅定地相信,雪中送炭的好事只會出現在電影裡,但是1997年底的鐘鎮濤,卻發現這種事居然也會發生在現實中。即便他的片酬高不到哪裡去,肯定也能解燃眉之急。

而且，以《表錯七日情》、《青蛙王子》出名的鐘鎮濤，演喜劇是輕車熟路的，歸根結柢，還是他有這個能力。但是個人以為，以鐘鎮濤當時的年齡和相貌，他不應該演男二號錘子哥，而應去演三兄弟中的老二。

3年前拍《金玉滿堂》時，徐克慷慨地給了鐘鎮濤很多戲份，還讓他唱主題曲，讓張國榮和袁詠儀兩大巨星演他的助手。但是張國榮卻沒有不滿，並不在乎這些虛名。

兩人之前交流不多，此後反倒成了好友。鐘鎮濤還經常去張國榮家串門。在很多人眼中，普通朋友根本是不能請到家裡的，更不能說來就來，得預約。但是貴為頂尖明星的張國榮，似乎不想遵守這些繁文縟節。

吳倩蓮、黎姿和李蕙敏三位女星都參演了《97家有囍事》，她們都有著比較好的唱功，也都發過唱片，非常合適出演這樣的歌舞片。

1998年，離新千年越來越近。曾笑傲亞洲的香港電影，卻變得越來越艱難。

這年春節是1月28日。當月16日，周星馳主演的《行運一條龍》亮相春節檔，王晶擔任出品人。這又是三兄弟組團把妹的老套路，被觀眾親切地稱為《98家有囍事》。次日，成龍在非洲拍攝的冒險動作片《我是誰》隆重上映。

1月22日，劉偉強執導的《98古惑仔之龍爭虎鬥》在東方院線[14]上映。《九星報喜》沒有戲院可以排片，只能一等再等，完美複製了《東成西就》當年的尷尬。

直到2月14日情人節當天，《九星報喜》終於得以上映。當天，作為歐洲三大電影節首個華人演員評審，張國榮已飛到了柏林。

《九星報喜》虛構了一個世外桃源一般的彩虹村。這裡民風純樸，民

---

[14] 因效益下滑，黃百鳴在1997年放棄了東方院線。

眾善良，路不拾遺，夜不閉戶，男人不用出賣靈魂，女人不用出賣身體，小孩子不用上鋼琴補習班，老年人也不用咬牙攢彩禮，一派安樂祥和的景象……反正是虛構，陶淵明可以，黃百鳴為什麼不可以？

可惜，新知縣馬麟大（黃百鳴飾）及其兄弟的到來，不但打破了村民的寧靜生活，還讓他們堅持的價值觀，一下子土崩瓦解。

馬麟大為人狡詐、貪得無厭，最見不得好人有好報；二弟馬麟舉（周文健飾）力大如同李逵，好色如同李治，是大哥的好打手；三弟馬麟祥（張國榮飾）英俊瀟灑又放浪不羈，恥於跟兩個哥哥為伍，遂四處遊蕩，卻對相國夫人（陳潔靈飾）的姪女紫雲（吳倩蓮飾）一見鍾情。

紫雲的閨蜜阿香（黎姿飾）和錘子哥（鍾鎮濤飾）是熱戀中的情侶，一天到晚膩歪得不行。馬麟祥委託阿香送給紫雲一把絹扇以表明心跡，誰知陰差陽錯，竟引出了太多誤會，並導致了連鎖反應。為了挽回愛情，拯救村民，馬麟祥使出了自己的絕活……

平心而論，相比四五年前東方賀歲片的神仙打架陣容，《九星報喜》的演員陣容顯然要弱了不少。也就張國榮和吳倩蓮有票房號召力。這個九星也不是九個明星的意思，電影最後給出了解釋。

片中那個活蹦亂跳的男一號，本身就保養得好，加上拍攝打光得力，看起來依然年輕帥氣。其實張國榮拍片時已經41歲，完全可以說是中年人了。但是跟不知內情的人說他31歲，也有大把人信。

馬麟大兄弟認為，自私貪婪才是人的本性，好色淫蕩才是男人做派，馬麟舉恨不能在全村開滿賭館和妓院，滿足自己的慾望。兩兄弟更要與相國夫人打賭，誰輸了誰就得離開。

鏡頭一切，相國夫人發包子時，馬麟舉過來搗亂，戴著面具的馬麟祥過來制止，兩人打在一起。老二一心想把對方的面具摘下來，老三死活不

讓摘。馬麟舉就拿出匕首對付他。紫雲一看身形就知道是心上人，忙扔出扇子相救，結果把扇子弄壞了。

為了討好紫雲，馬麟祥準備送扇子。他找阿香幫忙，兩人一同在錦扇上題詩。

我從他鄉來，愛闖天涯路。紫霜憐過客，雲裡覓歸途。

阿香半夜給紫雲送扇子，結果人家不讓進門，還將扇子遺落在門外。

錘子哥撿到扇子，想找相國夫人問上面寫什麼——原來他是文盲啊。結果卻弄得沒臉見阿香了。

侍女姣姣（李蕙敏飾）撿到扇子，卻扔到新交的男友馬麟大那裡了。

馬麟祥來找紫雲。姑娘為了氣他，居然把路過的錘子哥拉過來，說是她的愛人。

好好的彩虹村，被馬家兩兄弟搞得烏煙瘴氣。

相國夫人眼看要賭輸，只能黯然收拾東西。阿香和錘子哥說出了真相。紫雲思念成疾，相國夫人於是貼出告示，尋找扇子與賢婿。馬麟大兄弟倆當然不甘人後，都想娶紫雲過門。

到了影片高潮戲份，扇子的謎底被揭開，紫雲卻說自己嫁給誰都行，一個滿臉鬍子的大漢打倒了馬麟舉，恢復了本來面目，還願意吃下作為懲戒的巨大朝天椒飯糰，紫雲也願意陪他吃。他當然就是男一號馬麟祥，有情人終於在一起了。馬家兩兄弟也改邪歸正。影片在歡樂的氣氛中結束，高志森也跳出來刷了個存在感。

網上流傳，張國榮演過17個孩子的父親。真的嗎？很多同學肯定一頭霧水。不過，就給張國榮攢孩子這一點而言，哪部影片也沒有《九星報喜》重要。

只有看到最後，你才能明白片名的來歷，九星，就是馬麟祥和紫雲兩

口子，加上他們生的七胞胎（正好能組個北斗七星陣了）。

不過，這劇情真是夠無聊的，做成歌舞片更令觀眾尷尬。張國榮自己豈能不明白，但看在黃百鳴的交情上，他也只能盡力演出了。有了他的參與，我們再看《九星報喜》時，不至於看不下去。

1992 年，破 3,000 萬的港產片多達 12 部。到了 1998 年，只剩下了兩部，連周星馳的賀歲喜劇《行運一條龍》，票房都只有 2,773 萬。成龍《我是誰》也只有 3,886 萬，還被暑期檔《風雲》以 4,153 萬超過，未能追平周星馳之前的四連冠。

《九星報喜》更是僅有 1,003 萬，非但大幅度刷新了東方影業賀歲片的最低紀錄，甚至還不及 1996 年的小製作《色情男女》。但這樣的成績，居然能名列華語片年度第十，實在令人哭笑不得。

張國榮是對自己嚴格要求，對朋友盡心盡力的人。這樣的結果，他當然覺得愧對黃百鳴的信任。說來讓人唏噓，這成了他們合作的最後一部影片。

今天看來，《九星報喜》可謂生不逢時，慘敗有多種原因。

首先，是香港金融危機對市民消費願意產生了嚴重影響，令春節觀影氣氛大不如前，去影院看電影畢竟不是必要的，再說 DVD（數位光碟）也普及了。

其次，黃百鳴已經出售了東方院線，在排片上遠不如之前方便。《98 古惑仔之龍爭虎鬥》占據了春節黃金檔期一直不下片，黃百鳴著急跳腳也沒有用。

再次，《九星報喜》本身水準實在平庸，劇情浮誇、笑點牽強，與之前東方的經典作品差距明顯。

最後，不得不承認的是，經歷「月亮代表我的心」事件[15]之後，雖說

---

[15] 張國榮在「跨越 97」演唱會的最後一天，借演唱〈月亮代表我的心〉的契機，公開了自己和同性情人唐鶴德的關係。

張國榮的歌迷沒有流失，但是票房號召力還是受到不小影響。香港畢竟是個相當保守的地方。

黃百鳴並不是輕易認輸的人，與張國榮分手之後，他先後又投拍了《愛情夢幻號》和《大贏家》，但是入帳更加慘淡。他因此也暫時放棄了賀歲片市場，轉而扶持甄子丹和古天樂等年輕演員。

從 2009 年開始，黃百鳴聯合中國國內片商，連續推出了《家有囍事 2009》、《花田囍事 2010》、《最強喜事》、《八星報喜 2012》，希望能在賀歲檔成為領導者。他雖說也取得了一定成績，但最終還是不了了之。

不過，就在黃百鳴收手的下個春節，周星馳的《西遊‧降魔篇》在中國攬下 12.45 億，從而徹底啟用了春節檔。到了 2020 年，中國國內觀眾排隊去影院觀影的盛況，絕對不亞於 1980、1990 年代的香港觀眾。

張國榮是沒有機會看到了。但每年 4 月 1 日，無數中國影迷卻自發悼念這位天王巨星。說他已經實現了不朽，絕對一點兒也不誇張。

筆者最期望看到的，是有賀歲片能用張國榮的歌曲做主題曲，能夠有緬懷他的戲份。

1990 年代早期和中期，是這位巨星在影壇的最高光時刻。在春節檔，他是東方賀歲大片的「頭牌」，是成龍和周星馳唯一的對手；在其他檔期，他主演的多部影片票房也都能大賣，實現收益與口碑的雙贏。

第六章
票房擔當

一、《倩女幽魂Ⅱ：人間道》大賣，從此站上影壇一線

香港電影的巔峰時代，起於 1982 年，終於 1996 年。而張國榮無疑是幸運的。從一開始，他就不是旁觀者、仰慕者，而是親歷者、參與者，甚至是締造者。

1982 年，以一年之內在 3 部電影中擔任男一號為代表，張國榮坐穩了香港影壇頂級青春偶像的交椅。《烈火青春》、《鼓手》、《緣分》等影片，至今依然受到廣泛推崇。

1986 年，透過主演《英雄本色》拿下年度冠軍，張國榮上升為實力明星。此後的《倩女幽魂》、《胭脂扣》、《英雄本色Ⅱ》等作品，無論票房還是口碑，都處於港片的前列。

更重要的是，這 4 部影片，直接帶紅了黑幫槍戰片、古裝奇幻片和愛情文藝片三種類型，徹底改變了時裝喜劇片、拳腳功夫片在香港電影中的壓倒性優勢，為香港真正成為「東方好萊塢」起到了重要作用。

1989 年退出香港歌壇後，張國榮在影壇的地位，得到了進一步的鞏固和提升。也正是從這一年開始，他成為全港屈指可數的票房擔當之一。

這年 9 月 17 日，剛剛過完 33 歲生日的張國榮，突然宣布要告別歌壇，絕對打了所有媒體一個措手不及 —— 沒有心理準備啊。

當時，他還欠了電影工作室一部電影。在緊張籌備告別演唱會的間隙，張國榮與徐克、程小東和王祖賢等《倩女幽魂》的「老同袍」，在大嶼山一起摸爬滾打，終於完成了這部從影以來拍得最為辛苦的電影。

《倩女幽魂》是 1987 年暑期檔上映的。按徐克的規劃，續集原本應在 1988 年初拍攝，同年暑期檔再上院線。但張國榮先是拍了《殺之戀》，7 月又在紅館開了「張國榮 1988 百事巨星演唱會」。因此續集一直沒能拍成。

此時，徐克準備跳開《倩女幽魂》，不講人鬼戀，由梁家輝和王祖賢拍攝一部古裝奇幻片《人間道》，主角定為周阿炳和傅清風。事實上，程小東已經拍了一些鏡頭，但是投資方根本不買帳，一定要張國榮來演才放心。沒有辦法，徐克只能機智地將《人間道》的故事和《倩女幽魂》嫁接起來，這就有了《倩女幽魂Ⅱ：人間道》。

這部影片的特效場面比第一部更多、更震撼，後期製作也很費時間，因此只能在 1990 年上映了。

這年的暑期檔，沒有了成龍和周潤發兩大超級巨星，各大公司的競爭倒是精采紛呈。

6 月 28 日，王祖賢、吳大維主演的愛情奇幻片《漫畫奇俠》，與鄭裕玲、梁家輝主演的喜劇片《表姐，你好嘢！》同步上映。7 月 7 日，王晶執導的《靚足 100 分》閃亮登場，又是個《青蛙王子》似的把妹喜劇。

7 月 13 日，在張國榮忙於《阿飛正傳》拍攝之時，《人間道》在金公主院線開映，闊別 3 年，寧采臣與聶小倩再現大銀幕，自然受到了全港觀眾熱捧。之後上映的劉德華、王祖賢主演的《摩登如來神掌》，周星馳、陳德容主演的《師兄撞鬼》等，根本不是對手。

今天看來，《人間道》沒有繼續拍人鬼戀，反而是件好事──最好的已經拍過了，何必自己「山寨」自己，讓別人去致敬吧，人世間的戀情同樣美好。可惜，電影被命名為「人間道」，而不是更通俗的「人間情」。

愛一個人，始於顏值，陷於才華，終於人品。《人間道》可能沒有前作出名，但是一樣非常感人，一樣正向。

影片開頭透過一系列閃回鏡頭，回顧了寧采臣與聶小倩的纏綿悱惻和有緣無分，那幅作為定情信物的〈美人洗頭圖〉，以及題於其上、無數人都能倒背如流的七絕。

一開始，失去愛人的寧采臣就遭受新的打擊，去飯館吃飯，差點被抓去做紅燒人肉，然後又被周阿炳當成逃犯逮住。很快，他就住上了免費旅館——死囚牢，吃上了純天然食品——活蟑螂，還擁有了證明男性魅力的象徵——大鬍子。

盤點一下就會發現，這是張國榮從影以來，第一次在銀幕上留鬍子，當然值得紀念。不得不說，任憑導演再怎麼折騰作踐他，就算蓬頭垢面，那份與生俱來的貴氣依然掩蓋不住，照樣能把女孩子們迷得找不到手機，把男人恨得牙癢癢——我找不到老婆都賴你！

相比《倩女幽魂》的輕喜劇風格，《人間道》的無厘頭屬性非常明顯，各種調侃隱喻說來就來。扮演監獄室友諸葛臥龍的，正是《楊過與小龍女》中演洪七公的谷峰，你還指望他能正經起來？其姓名也調侃了香港兩位著名武俠作家。在獄卒準備處斬寧采臣為某位官二代頂罪時，諸葛先生居然能放跑他，還賜他令牌一面和《人間道》一本——早幹什麼去了呢？

寧采臣一溜出來就逮到一匹馬，還以為是諸葛先生的神機妙算，那還客氣什麼，趕緊上啊。哪裡知道，馬是小道士知秋一葉（張學友飾）的，這可憐的小道士只能跟在後面追。

傾盆大雨中，兩人趕到正氣山莊，裡面陰森恐怖，儼然第二個蘭若寺。一堆石棺，又致敬了《神鵰俠侶》中的活死人墓。為了嚇跑野鬼，寧采臣居然一邊泡澡，一邊高唱燕赤霞的〈道道道〉。

野鬼沒來，倒是出現了一群白衣鬼，飛來飛去的讓人毛骨悚然。幸好知秋會武術，跟他們打得不亦樂乎。但是寧采臣居然豔福無邊，還能和一位絕色女鬼共享一條絹帶，一起被吊在樹上，營造了很多不可描述的笑點，更引得另一個女鬼怒不可遏，要揮劍當場殺他。

可當這個女鬼揭掉面具時，寧采臣卻呆住了，懷疑自己眼睛出現了問題。他忍不住大叫一聲，把女鬼當場聽愣了。

「小倩！」

原來，所謂的女鬼都是偽裝的，她們只是人間的一對姐妹。姐姐傅清風（王祖賢飾）相貌酷似聶小倩，妹妹傅月池（李嘉欣飾）同樣貌美如花，她們為救受陷害的父親傅天仇（劉兆銘飾），才扮成這樣以圖方便。

劉兆銘不是別人，就是上一部中的樹妖姥姥扮演者。人家還真是戲路寬廣，徐克為了省錢也是夠拼的。

明明知道她不是小倩，可寧采臣卻難以自拔，希望她就是小倩的轉世。

寧采臣無意中掉出的令牌，讓姐妹倆誤以為他就是諸葛臥龍。而「十里平湖霜滿天」，更是被當成他寫下的解救傅天仇的隱語，實在讓人哭笑不得。

傅清風姐妹去救父親時，寧采臣與知秋又在正氣山莊相遇。這一次，他們遇到了大麻煩。

相比上部寧采臣一人對付陰溼鬼的奇葩經歷，這部影片中兩人遭遇巨屍的場景，更是充滿了設計感，讓觀眾實在忍俊不禁。知秋傳授了寧采臣定心咒，還沒說明怎麼解，就被這哥們兒給當場定住了。隨後，巨屍也不失時機地現身，寧采臣只有拖著知秋上竄下跳、左支右絀，憑藉強大的求生欲，好歹算是保住了小命。

大難不死的寧采臣跑到野外，在「人生路，美夢似路長」的配樂中，他剃去了鬍子，恢復了帥哥本色。可惜，打馬路過的清風姐妹根本沒認出來是他。

清風姐妹回到了山莊，卻是事故不斷。她們找不到寧采臣，以為官軍來過，就布置機關準備應戰。

這段劇情極有設計感，也相當浪漫。先是清風被樓上落下的怪獸黏液

滴了一身，只好去剛才寧采臣待過的池子擦身，結果被巨屍用爪子挑走了衣服。

當寧采臣害怕清風姐妹為巨屍所害，焦急地往回趕。剛到門口，他就焦急地大喊：「清風姑娘！」絲毫不怕人誤會。可見，他的心裡，還是放不下小倩。

還陰差陽錯地吻上了清風的臉龐。

後面誤會就更大了，將姑娘抱在了懷裡，還說：「剛才親你一下是迫不得已，我們做正經事情吧。」

此時，張國榮把一個直男思維嚴重的書生，呈現得如此真實甚至有些誇張，配合那些有雙關語義的臺詞，實在讓人忍俊不禁。相比三年前拍第一部時，他的火候拿捏得更加精準，更顯得收放自如。

隨後，寧采臣又去找月池，自然又被數落花心。月池一個人孤寂地訴說相思之苦時，那個龐然大物不解風情地蹦了出來。眼看這傢伙要大開殺戒，定心咒當然不好使，還得用武力解決問題，殺得這叫一個天昏地暗。你說別人都是一身本領，沒有武功的寧采臣，非但沒有添亂，還發揮了特殊作用。

押解傅天仇的左千戶（李子雄飾）趕了過來，不多時就給巨屍來了個大卸八塊。姐妹倆救下父親，可清風卻不幸被妖毒附體。

變身之後的清風，披頭散髮地飛到了半空，模樣極其恐怖，眼神特別猙獰，比真正的女鬼聶小倩嚇人多了。連知秋都無能為力，建議要果斷殺掉，防止傳染。寧采臣怎麼捨得！

在知秋的幫助下，這位手無縛雞之力的書生飛上半空，攬住已經變成鬼樣的清風，深情地吻在一起，把看熱鬧的全看傻了：都醜成這樣了，你小子還能下得去嘴？伴隨著舒緩的配樂，兩人越吻越投入，越親越默契，

越摟越緊密。清風也慢慢褪去鬼樣，恢復人形，比平日更加俏麗美豔。

這當然就是愛情的神奇力量。比起格林童話中的睡美人之吻，這個東方之吻更加震撼。而這一吻，也讓姑娘徹底放下矜持，令兩顆心貼得更近。清風已然明白，不管自己變得多老、多醜，寧采臣都不會有任何嫌棄。而寧采臣也發現，清風並不是小倩的替代品，而是他要用生命去呵護的女孩。

當年在電影院中，這一吻不知道看哭了多少人。《倩女幽魂》中的水缸之吻當然浪漫，卻不如殭屍之吻更直抵人心。

從此之後，寧采臣和傅清風就過起了甜蜜生活？哪有這麼容易。很快，國師普渡慈航大駕光臨，傅天仇等人以為來了救星，誰知道這人卻是個災星。他使出索命梵音，片刻之間製造了不少冤魂。知秋使出渾身解數和他對飆，人家居然變成了如來佛祖，金光萬丈。當然，限於年代關係，影片的特效做得有限，但在當時無疑是頂級了。

知秋拚命炸開一條通道，才讓寧采臣和傅清風逃了出去。後面有普渡慈航的手下緊緊追趕，兩人縱身跳入湍急的溪流中，逃過一劫。

喜歡愛情電影的朋友，都知道很多事情都可以在水中發生。不過這次寧采臣居然昏了過去，還得女生救他。

清風把寧采臣拖到岸上，為他脫下溼透的衣衫。此時的寧采臣，顯然是發了高燒、渾身哆嗦、生命垂危。怎麼辦呢？現在找大夫也來不及了。

熊熊篝火照亮了清風精緻的面頰，粼粼波光放射出夢幻般的色彩。面對生命垂危的寧采臣，幾番糾結之後，清風終於褪去羅衫，俯身向前⋯⋯葉倩文〈黎明不要來〉的歌聲再度響起，此時兩人緊緊依偎的鏡頭，與上部小倩和寧采臣水缸接吻的戲碼交替閃現。小倩雖已投胎，一個與她長相酷似的美女，又願意為他做任何事情。

可惜，他在昏睡之中，甚至是彌留之際，依然喊的是「小倩，不要離開我」，這是大煞風景嗎？不是。這恰恰展現了寧采臣對愛情的執著。

自己付出了那麼大的犧牲，他心裡裝的還是另一個女人，是不是欠打呢？清風並沒有發火，反而對這樣的男人更為欣賞。三人離開黑店後，兩人一路逃跑。天色已晚，他們來到郊外，土匪倒是甩掉了，卻被幾隻餓狼緊緊尾隨。兩人一個不會功夫，一個沒有恢復功力，眼看難逃一死，卻沒有任何慌張害怕。

「不管你是誰，能跟喜歡的人死在一起，已經很幸福了。」這是她的真情告白。

「我們再也不分開了。」這是他的回應。從這時候開始，他終於「移情別戀」，毫無保留地愛上了身邊的姑娘。

「讓我在外面，要吃先吃我。」都這時候了，寧采臣還不忘講冷笑話。「十裡平湖霜滿天」的歌聲響起，兩人緊緊相擁，忘情熱吻，完全不考慮這群單身狗，不，單身狼的感受。竊以為，這才是全片最浪漫、最震撼的名場面。要不，這些惡狼嚇得都不敢靠前了。

《倩女幽魂》的尾聲，是寧采臣與燕赤霞的策馬前行。縱然再多豪言壯語，也改變不了單身狗的窘境。到了《人間道》，相同的戲碼似乎又要複製：清風已經坐上花轎，要嫁到馬公子家了。

生無可戀之時，「十里平湖霜滿天」的歌聲再度響起，清風姐妹出現在了不遠處。狂喜的寧采臣，立即打馬向前，不想再錯過任何機會。而清風則果斷扔掉新娘鳳冠，迎接自己的真愛。

無數的愛情片以悲劇結束，無數的有情人天各一方，大團圓的結局，則往往被觀眾詬病，說是太刻意、太狗血、太沒有批判意識。《人間道》的基調是無厘頭喜劇，有情人終成眷屬的圓滿結局，當然就相當應景了。這樣的處理方式，足以把很多觀眾看得當場落淚。不過，這淚水是感動、

是開心、是欣慰。彌補了上部的遺憾，這讓我們又相信愛情了。

《人間道》上映之後，票房一路走高，甚至有超過《三人新世界》創下年度新高的趨勢。可惜就在 8 月 3 日，新藝城由石天擔任出品人、霍耀良執導，許冠傑和王祖賢主演的《紅場飛龍》開始在金公主院線上映。《人間道》的排片被迫大減，並在 10 日下線，止步於 2,078 萬，被之後上映的《賭聖》、《新半斤八兩》超過。

電影工作室沒有自己院線的弊端，在暑期檔暴露無遺。但是《人間道》卻充分彰顯出了張國榮的票房號召力。香港首輪 2,078 萬列年度第八，華語片第六。在臺北都會區[16]，它拿下 4,366 萬，列國語片第二，僅次於《賭神》的 5,560 萬，而香港年度冠軍《賭聖》明顯水土不服，僅收 1,904 萬。

1991 年 7 月 18 日，《倩女幽魂Ⅲ：道道道》與周星馳《逃學威龍》同天開映，最終取得 1,502 萬，為這個三部曲畫上了圓滿的句號。

張國榮完全退出歌壇之後，卻憑藉《人間道》及聖誕檔的《阿飛正傳》坐穩影壇一線地位。如果按他之前的設想，在表演生涯的黃金歲月徹底退居幕後，那既是個人的重大損失，更是香港電影的重大損失。

在加拿大度過了近兩年的「退休生活」之後，張國榮終於將工作重心放在了香港，出片量也明顯提高。

二、《白髮魔女傳》上演曠世絕戀，原來這才是愛情

金庸和梁羽生，被稱為武俠小說的雙峰。相比之下，金庸 15 部作品的影視改編頻率還是明顯高了一點。而梁羽生 35 部作品中，知名度最

---

[16] 包括臺北市、基隆市和臺北縣（2010 年以後為新北市），是臺灣最大的都會區。

高、影視改編最頻繁的，無疑當屬《白髮魔女傳》。

而 1993 年暑期檔上映的《白髮魔女傳》，30 年之後依然被業界視為最佳電影版本。

《白髮魔女傳》是東方影業的年度巨作，投資高達 3,000 萬，導演定為于仁泰，男一號是公司「一哥」張國榮，女一號本想邀請功夫女皇楊紫瓊，可她沒有檔期，黃百鳴於是邀請第一華人女星林青霞加盟。

其實林大美人時間也非常緊，但是因為《東成西就》中與張國榮配合默契，因此就爽快地答應了。在拍完《白髮魔女傳》之後，兩人還先後飛往榆林，繼續《東邪西毒》的拍攝。

張國榮「哥哥」花名的由來有兩個出處，一是拍攝《倩女幽魂》時，王祖賢叫他「哥哥」，於是很多人跟著叫，於是就叫開了。第二個由來，正是跟《白髮魔女傳》有關。

在演員試服裝時，張國榮誇林青霞道：「姐姐你好靚啊！」這位姐姐就對了個：「哥哥你也好靚啊！」從此，圈內人都叫張國榮「哥哥」。

到底哪個版本屬實，鑒於張國榮本人已經不在，真相也不那麼重要了。重要的是，《白髮魔女傳》是張國榮與林青霞的最佳合作作品。

影片的幕後團隊，可以說星光熠熠：美術指導馬磐超，攝影鮑德熹，動作指導郭振鋒，剪輯胡大為。

為了保證影片品質，東方還聘請了奧斯卡得主和田惠美出任造型設計。

作為曾經與大導演黑澤明多次合作的資深藝術家，和田惠美當然非常嚴謹。但是這一次，她居然也任性了一次，為張國榮版的卓一航，設計了一種滿是小卷卷，還拖著一條長辮子的「泡麵頭」。還別說，男主角放浪不羈的性格，真的特別適合這種髮型。

熟悉歷史的同學顯然都明白，這是歷朝歷代男人都不可能有的造型，

它最適合的場合,肯定是《風雲》一類漫畫改編電影。顯然片中郭富城飾演的聶風,也是在致敬五年前的卓一航。

此後,一部又一部的武俠電影和劇集,都讓男一號留起泡麵頭,以渲染其亦正亦邪的做派。

金庸和梁羽生都有著扎實的國學基礎,《白髮魔女傳》原著的故事背景交代得非常明確,就是明朝萬曆年間。但于仁泰卻改成了明末清初,還讓吳三桂出現在了電影中。

正值國家危難之時,大明與後金交戰不休,烽煙不止。作為中原武林的領袖,武當派自然不能置身事外。

掌門紫陽真人(鮑方飾)一心想讓大徒弟卓一航(張國榮飾)接班,奈何後者性格桀驁不馴,不願意遵守名門正派的繁文縟節,而且屢屢惹出事端。白雲師叔卻另闢蹊徑:居然希望讓自己的女兒何綠華(藍潔瑛飾)當掌門,像是從400年後穿越過去的女權主義者。而漂亮的綠華本人,最大的理想當然不是掌門的權力,而是和卓一航長相廝守,白頭到老。

而一心想踏平中原武林的魔教實力兇猛,教主姬無雙(吳鎮宇、呂少玲飾)法力無邊,還是個雙頭怪人,連體男女,真應了那句「一半是天使,一半是魔鬼」。姬姐姐心思歹毒看透一切,姬弟弟卻不自量力地當上了情種,迷戀親手養大的狼女(林青霞飾)。

都說男人是世界上最奇怪的動物,對自己眼前唾手可得的大美女視而不見,卻總是去追求離得很遠的妹子,甚至不惜付出慘重的代價,這才叫愛情嗎?《殺之戀》中的戚近榮如此,《錦繡前程》中的林超榮如此,《白髮魔女傳》中的卓一航同樣如此。卓一航不要同是名門正派的何綠華,偏喜歡魔教的狼女。

在一個月黑風高的夜晚,受罰閉關中的卓一航讓師姐何綠華代己受過,自己跑出來睡懶覺,卻被一陣喊殺聲驚醒。一群飢民偷吃明軍的軍

糧，被明軍瘋狂斬殺──打清軍時怎麼就沒這麼勇猛？突然之間，狼女從天而降，一身白衣，面紗遮臉，派頭十足。她善解人意，揮動長鞭，瞬間就把無數大兵送去投胎。

就是這樣一個殺人不眨眼的女魔頭，卻願意為難產的孕婦接生，讓男一號留下了很深的印象。

隨後發生的事情，卻讓狼女永遠記住了卓一航。憨憨的直男寧采臣大煞風景，並不影響他贏得芳心。但是顯而易見，壞壞的男生更能讓妹子失去抵抗力。

洗得正盡興的狼女，猛然發現有男人偷看，還看得「光明磊落」，完全不回避，不覺大怒，飛身而起，熟練地勾住他的脖子……用的不是小手而是頭髮：「你說，你到底是什麼人？為什麼要跟著我？」

換別人，早嚇個半死了吧。可這哥們兒，卻是一臉無辜地回答：「姑娘，是你把我們的距離拉得這麼近的……」

狼女看著自己不整的衣衫，又見對方佔便宜一般的壞笑，只能又飛身而起，躲在一邊。

「對嘛，大家保持距離好一點。」

狼女可不待見這種貧嘴：「誰見到我的樣子，都要瞎……」

卓一航一聽，不覺做出害怕表情：「哇，那我看見你全身，豈不是要天誅地滅？」說完這句，立即換上一副得意的表情，把姑娘搞得進退都不是。僅僅幾分鐘，就能讓一個武功蓋世的魔頭芳心大亂。隨後發生任何事情，其實也就不再突兀了。

這樣一個帥氣逼人、放浪不羈的張國榮，當然只出現在銀幕之上。而在現實生活中，他卻是相當保守內斂的男人。在他成名之後，很多普通人根本不敢想像的豔遇，對他來說完全是唾手可得，但是他完全無意這

麼做。

面對魔教的挑釁,八大門派聯手征討,紫陽真人非讓卓一航當首領,其態度之堅決,像極了一心想讓兒子繼任董事長的暴發戶。但卓一航對這種打打殺殺早已經厭倦,居然不負責任地提議,讓何綠華代替自己。苦悶之下,他跑去找吳三桂喝酒,沒想到對方叫囂「寧可錯殺百人,不可使一人漏網」,令他非常失望。

何綠華一干人左等右等,也不見卓一航來主持大局,只能先行討論對付魔頭。大傢伙正說到激烈之處——吹牛不算犯法吧,一把長劍卻從天而降,插到他們身前的空地上,頓時把這幫「演說家」嚇傻了。泡麵頭喝得醉醺醺地回來了,說:「各位前輩,我卓一航想問你,外族人和我們無冤無仇,為什麼要殺死他們?」

這一番諷刺挖苦,令大家面面相覷。道理是沒錯,可是用錯了場合。人是個好人,可惜生錯了時代。卓一航以主帥身分說這些話,只能起到動搖軍心的作用。明明有著一身武功的他,卻有著令人詬病的「書生意氣」,有著不容於世的天真。在大明江山隨時不保的情況下,對敵人的手軟,豈不正是對同胞的殘忍?

魔教殺來了,何綠華指揮手下布陣,雙方打得難解難分。此時,片中非常精采的一幕上演了。依然半醉半醒的卓一航,隨手摺了根草棍,左手還叉著腰,晃徘徊悠之下,閃轉騰挪,上下翻飛,片刻之間就將來犯之敵通通制服,卻無意殺他們。這段打鬥雖說用了替身,但是擺姿勢不還得張國榮來嗎?

張國榮演得好,擔任動作指導的郭振鋒當然也功不可沒。狼女出場了,和卓一航戰在一起。他也許真的知道她不會殺自己,也許是想賭一賭自己的魅力,乾脆扔下長劍,做閉眼受死狀。不過發出慘叫的,卻是他的心上人——狼女被毒箭射中。能做出這種「缺德事」的,正是她的情敵何綠華。

二、《白髮魔女傳》上演曠世絕戀,原來這才是愛情

在師姐的詛咒聲中，卓一航抱著受傷的狼女離開，回到她洗浴的水潭為她療傷。命運真的是捉弄人，就在不多時之前，她還試圖舉鞭取他性命；眼下，他卻拚上性命為她吸毒。不要問他腦子是否進水，他腦子裡裝的全是這個女人。

治傷的鏡頭就已經夠浪漫的了。隨後不久，狼女醒來，在月光下吹起玉簫，猛然將卓一航的記憶帶回到小時候：當年他被狼群襲擊時，吹簫救他的小姑娘正是她！這不是緣分，又是什麼呢？在她冷漠凶殘的外表之下，原本也有著何其善良的心！

於是，我們看到了林青霞從影22年來「尺度最大」，也可以說是最有視覺衝擊力的一場激情戲。如果和她配戲的不是張國榮，她猜想不願意這麼演；同樣，如果站在對面的不是張國榮，也根本產生不了這樣的震撼力。

據于仁泰導演劇透，他的劇本上就倆詞：love scenes（愛情場面）。還真省事，這導演當得輕鬆，細節全靠兩人即興發揮。

相比徐克《笑傲江湖》等經典，這部《白髮魔女傳》對武俠精神的詮釋並不深刻。它之所以能有超高的口碑，除了絢麗的場景、華美的服化道、凌厲的打鬥，更有男女主角之間的痴情虐戀。相信換成其他任何兩人，都很難演出這種效果。

伴隨著〈紅顏白髮〉的配樂，他們緊緊相擁、忘情接吻、極盡纏綿。隔著銀幕，我們都能感受到這股真情。也許追殺者隨時就會趕到、也許冷箭隨時就會射出、也許死神隨時就會降臨，但世界上已沒有任何力量，能阻止兩顆心貼在一起；世界上再沒有任何障礙，能影響兩個人私訂終身。

正是在水潭中，卓一航看到了狼女臂膀上的「練」字，起初開玩笑說給她取名「練武功」。隨後經過認真思考，他開始管自己的寶貝叫「練霓裳」。「霓裳」有仙女之衣的意思，《楚辭・九歌・東君》中有：「青雲衣兮

白霓裳，舉長矢兮射天狼。」

這個名字，比世間一切珍寶更有價值；這個名字，讓狼女真正蛻變為人間佳麗；這個名字，事實上就是他倆的定情信物；這個名字，讓她可以不惜一切代價也要擺脫魔教。

「天地為證，我卓一航如果辜負練霓裳，天誅地滅！」能聽到這句誓言的女人，相信就算馬上死去，也是無比幸福的吧。

於是，我們看到穿上華服的練霓裳，是如何忍受了種種折磨，艱難地從魔宮中一步步走出，完成了從魔到人的洗禮。身上的傷再重，也壓抑不住心頭的喜悅。她憧憬著，迎接自己的，將是愛人的擁抱、美滿的婚姻、幸福的未來。兩個小孩子為她送上嫁衣的戲份特別感人，也只有這樣的孩子，才能身在魔窟卻依然保有人性。

可是接下來，劇情卻是急轉直下。一心退出江湖，與練霓裳過二人世界的卓一航，先是遭到白雲師叔父女的指責，隨後他進入大殿中，師父的人頭就掛在高處！他持劍飛身躍起斬斷繩索，抱住師父的首級，表情呆滯，無比悲愴，找到屍身之後，他依然無法哭出聲來，那種發自心底的苦痛，反而更令觀眾感同身受。

之後，他又在樓上看到了奄奄一息的小師弟，得知是練霓裳在這裡大開殺戒。他不知道應該相信師弟的遺言，還是自己的信心：「不是她做的……」

可就在這時候，練霓裳居然不請自來，還居然披著鮮紅的嫁衣，期盼著和他一起過甜蜜的生活。可是以白雲師叔為首的武當弟子，卻要將她置於死地。但是因技不如人，紛紛倒地。

一邊是自己的至愛，一邊是陪伴自己長大的同門，他不得不出手幫助：「不要打了！」

終於，一個又一個武當弟子慘死在她的長鞭下，眼看何綠華也活不成了，卓一航奮力斬斷了鞭子，情急之下，還抽了她一巴掌。何綠華舉劍刺向練霓裳，卓一航本想奪下劍，可她居然挺身向前，讓劍深深地插進身體。

　　「你為什麼不相信我？」她無比痛苦，名場面來了。輕風驟起，吹亂練霓裳烏黑的秀髮，鏡頭一幕幕閃過，兩人曾經的情意綿綿、她離開魔宮前的各種煎熬、他一本正經地詛咒起誓……轉瞬之間，她的頭髮完全變白，白得讓她絕望，白得令他崩潰，白得更讓在場所有人膽寒。這頭白髮，是相信愛情的代價、是徹底絕望的表徵，更是由人再次變魔的訊號。這頭白髮，變成了遠比長鞭更為銳利的武器，所到之處，就是一片慘叫。

　　這類霸氣、這份慘烈、這種悲涼，恐怕也只有林青霞能詮釋得如此到位。

　　影片到了最高潮戲份，設計得卻相當無厘頭，堂堂的武當準掌門，被姬無雙姐弟像個陀螺似的玩得團團轉。真相終於大白了，他們用幻術化成練霓裳濫殺無辜的場景，就是為了拆散這對小情人，還要徹底置他倆於死地。

　　後來，卓一航終於使出了武當絕學，抓住了時機，證明了自己。當然，最重要的，是拯救了愛人。作為男主角，就應該這樣解決問題。作為武俠片，就應該這樣痛快淋漓。這個鏡頭，也巧妙地呼應了小時候練劍的場景。

　　而作為情侶，卓一航和練霓裳終究還是無法複合。在他無比焦慮、無比心痛、無比自責的眼神中，她還是果斷地離開，留給他的除了背影，還有影片主題曲〈紅顏白髮〉，是張國榮的原聲：

　　恨這一生　　怨這一晚
　　誰說愛是　　這樣難

恨愛之間　分不散

紅顏白髮　更覺璀璨

從前和以後　一夜間擁有

難道這不算　相戀到白頭

想當年，多少慕名而來的粉絲，都帶著隨身聽入場，只為錄下這首悠長婉轉、飽含深情的金曲。沒有智慧型手機的年代，年輕人一樣有很多表達愛情的途徑，一人戴一只耳機，一起聽張國榮的歌，當然就是其中最浪漫的方式之一了。導演無疑是高明的，他如果將劇情設計成兩人冰釋前嫌深情相擁，留給觀眾的觸動與回味肯定就少了太多。

8月26日，暑期檔即將結束時，《白髮魔女傳》才姍姍來遲。之所以上映這麼晚，是因為《侏儸紀公園》（Jurassic Park）在7月29日上映後，把所有港產片壓得喘不過氣。

《白髮魔女傳》最終在9月23日下映，以1,987萬列華語片年度第十四。對於這個成績，東方高層還是比較滿意的，否則，就不會有續集的發表了。

在老闆的默許下，于仁泰發揚了香港電影人「七日鮮」的打拚精神，加班加點趕出了一部《白髮魔女2》，繼續以張國榮和林青霞為賣點。但是事實上，兩人僅僅是客串一下，主要戲份都是由陳錦鴻、鍾麗緹和萬綺雯等年輕演員完成的。

之所以不叫《白髮魔女傳2》，顯然是版權問題：續集中的主要人物，原著小說裡根本沒有。

在電影中，練霓裳被設計成一個真正的魔女，專門拆散那些真心相愛的小情侶。講真的，個人並不喜歡這樣的安排。但是影片最後的大結局，拍攝得還是相當讓人震撼的。

卓一航終於採到了優曇奇花，卻依然被練霓裳刺成重傷。當她看到奇花，明白過去 10 年為她所做的一切時，終於幡然悔悟，卻被陳圓圓刺中了致命一劍，倒在卓一航懷裡。

大火越燒越旺，殘簷斷柱紛紛落下，眼看要吞噬一切。明明可以逃生的卓一航，卻牢牢抱住愛人，已經無法存活的練霓裳，眼神中已然有了釋懷。十二少做不到的，卓一航做到了。愛一個人的最高境界，當然就是不願獨活。

〈紅顏白髮〉的主題曲再度響起，卓一航與練霓裳對危險視若無睹，忘情熱吻，似乎天地間只有他們二人……

《白髮魔女2》在 12 月 23 日上映後進帳 1,184 萬。可以說，它為上部的一對痴男怨女圓了夢。平心而論，如果第一部就這麼安排，無疑更加感人，它在影史中的地位，可能還會再高一些。而《白髮魔女2》值得看的，可能也就是最後的 5 分鐘。

相比梁老先生的原著，1993 年版《白髮魔女傳》不光劇情改動非常大，主打的更是愛情，而不是俠義精神，卻受到了年輕人的熱捧，被公認為最佳電影版。電影中華麗詭異的場景、力道勁爆的動作場面、纏綿悱惻的背景音樂等，都令人印象深刻。張國榮與林青霞的精采詮釋，更是為日後的演員設立了角色天花板，成為幾乎不可踰越的高峰。

1993 年是張國榮電影作品產量井噴的一年。不包括《白髮魔女2》，他先後有 4 部主演的電影上映。他也真正發揮了票房擔當的作用。而新的一年，張國榮的表現無疑更加精采。

三、《金枝玉葉》牽手袁詠儀，清新主題傳遞愛情心聲

「男也好，女也好，我只知道我喜歡你。」

相信看過《金枝玉葉》的觀眾，都忘不了這句經典臺詞。

《金枝玉葉》的出品公司 UFO（United Filmmakers Organization，電影人製作有限公司）成立於 1991 年，創始人是曾志偉、鍾珍和陳可辛。UFO 一改香港多數電影公司的風格，注重電影的製作品質及內涵，梁朝偉主演的《風塵三俠》、《新難兄難弟》等，都是 UFO 出品。但是過去幾年，他們未能與真正的一線明星合作，電影往往叫好不叫座。

4 月 22 日，張國榮現身香港文化中心，參加第 13 屆金像獎頒獎禮，並和梁家輝一道為新晉影后頒獎。

到了 5 月，《金枝玉葉》開鏡時，這位幸運的女星，又成了影片女主角，將與張國榮出演一對情侶。

她正是袁詠儀，與張國榮合作最多的女星。

袁詠儀生於 1971 年 9 月 4 日，與張國榮同為處女座。早在 1980 年代，還在上中學的她，就是張國榮的超級粉絲了。

1993 年，她主演了爾冬陞執導的文藝片《新不了情》，拿下了次年的金像獎影后。

1994 年春節檔，她參演了賀歲片《大富之家》，但是和張國榮沒有對手戲。

《金枝玉葉》才算是他們真正意義上的首次合作。

這時的袁詠儀，已然是全香港最紅的女星。從 1994 年開始，在演藝事業最為輝煌的 3 年，她一氣接拍了 30 部電影，其中 5 部與張國榮合作，4 部飾演情侶。

這 4 部電影,也是見證她演技巔峰的作品。因此,說袁詠儀是張國榮最佳銀幕知己,應該不算誇大事實。

張國榮、袁詠儀與劉嘉玲的組合,效果非常不錯。更讓我們無法想像的是,張國榮身著正裝、手持香菸的海報,9 年後竟成為他的遺像。因此,我們願意一而再再而三地欺騙自己:張國榮和男一號顧家明一樣,只是想躲開塵世的喧囂,只是去非洲找尋音樂靈感,到了合適的時機,他一定會再回來的⋯⋯

7 月 23 日,《金枝玉葉》正式在暑期檔開映,比劉德華主演的《天與地》晚兩天。業界也可以視為,這是兩大巨星打擂臺。不過,當時票房一路領先的,是 6 月 30 日上映的西片《捍衛戰警》(Speed)。

月光在今夜分外明　只為那愛情的魔力

春風在今夜分外暖　只為那愛情的魔力

琴聲輕

叮啊鈴啊鈴　叮啊鈴啊鈴　你聽多麼的甜蜜

開篇伴隨著〈愛情的魔力〉的歌曲,出現在觀眾眼前的,不是衣著考究的俊男美女、觥籌交錯的時尚派對、人聲鼎沸的現場表演,而是汙濁不堪的下水道、一片狼藉的簡陋居室,花生殼、菸頭、空可樂罐⋯⋯原來,這只是一只小強的「主觀視角」,彰顯出影片的喜劇基調,也映襯出女主角林子穎(袁詠儀飾)不足為外人道的真實生活環境,以及她如男孩子一般的灑脫任性。九龍城貧民窟的圍牆,當然關不住這麼漂亮又率真的女孩。

影片中的顧家明(張國榮飾),雖說是幕後製作人,但是巨星氣質無法掩藏。他先是用一本雜誌擋住俏臉,然後慢慢移開,如此自戀的動作,換個人演恐怕會非常違和,偏偏讓他詮釋,每個細節都堪稱完美。

別人都羨慕他和玫瑰(劉嘉玲飾)的戀情,但是鞋合不合腳,只有自

己知道。

　　一直看不到什麼有潛力的新星，於是開始進行選拔：「我要一個普通的男人。就算他再不起眼，就算連歌都不會唱也不要緊，因為，只要我把他捧紅了，就可以證明給千千萬萬的普通人看，這個世界上還是有希望的。這樣做，才是樂壇真真正正的神話……」

　　如果不是握有權力的他突發奇想，之後的一切都不可能實現。

　　為什麼不捧女星，如此重男輕女？聽聽合夥人肥婆（曾志偉飾）怎麼說：「你是怕做了別人，就愛上別人，你以前做劍蘭，就愛劍蘭的……」

　　顯然，他就是在做玫瑰（的專輯）時，才和玫瑰在一起的。還能讓這種事情重演嗎，想都別想。

　　子穎只是玫瑰的小迷妹，她的最大心願，就是能看著玫瑰和家明走入婚姻殿堂。因此，當有一個接近兩位巨星的機會擺在她面前時，她豈能不嘗試。

　　夢想是一定要有的，萬一實現了呢？影片中的子穎就成功突圍了。

　　她不是女生嗎，憑什麼能參加選拔，還能笑到最後？很簡單，扮成男人。

　　話說回來，讓這麼漂亮的港姐扮男人，也真是難為陳可辛了。不過，袁詠儀身上是有點假小子的靈動，再加上身形偏瘦，裝扮起來確實有優勢。再說了，還有男閨蜜阿酷（陳小春飾）的鼎力幫忙。

　　1994 年，陳小春在影壇還是默默無聞，也正是這部影片的成功，他才有了兩年後在《古惑仔》系列中出演山雞一角的機會。而飾演顧家明助理 George 的林曉峰也大有來頭：軟硬天師林海峰的弟弟，之後是「古惑仔」系列的男三號。

　　為了追求逼真效果，子穎連螢光棒都用上了。這個小道具，在電影中

三、《金枝玉葉》牽手袁詠儀，清新主題傳遞愛情心聲

可是發揮了無可替代的作用。

要說愛好音樂的香港男青年真多，可真正值得打造的卻太少。

折騰了半天，沒有一個合適的，最後一天，剩下最後一人了。

她怯生生地站在評審面前，結結巴巴地唱了幾句〈紅日〉——這歌詞倒是真應景。

顯然，子穎的水平還不如很多之前被淘汰的。但是為了表達對家明冷落自己的不滿，玫瑰故意起鬨：

「好啊，唱得實在太好了。完全符合你的要求。如果像這樣的普通人你都不要，就是在打自己的耳光！」

也許是為了跟玫瑰賭氣，也許是為跟自己較勁，家明還真把這「小子」簽下了。

所有人都想反抗命運，卻都被命運無情嘲弄。

影片中的家明，對玫瑰始亂終棄、移情別戀，算不算是渣男呢？顯然，這是個沒有標準答案的問題。

不過，家明與玫瑰在外人眼中看似天生一對，但是真的不屬於精神伴侶。

玫瑰是一個追求物質享受的女性，這顯然沒什麼不好，但是家明偏偏喜歡簡單的生活。家明當初喜歡她，以為她是自己想要的那種女孩，結果並不是。

可見，世界上並沒有無緣無故的愛。家明捧紅玫瑰，算不算是「公器私用」呢，不同的觀眾，有不同的解讀。但是玫瑰的水準，顯然能配得上她的江湖地位，而林子穎的天賦實在有限，再怎麼捧最多也是二流，家明豈能不知。

為了更了解子穎，家明讓她搬到自己家中，結果，意想不到的事情發

生了。

雖說打扮成男孩，但她身上那股未經雕琢的清新優雅，顯然不是男裝能隱藏得了的。沒有男生可以這樣靈動、這樣嬌嗲，這樣讓家明為之意亂情迷。

家明並不擔心自己愛上別人，只擔心自己愛上個男人。但是他的合作夥伴肥婆，卻是不折不扣的同性戀。一看到模樣清秀的林子穎，都有勾搭之意。

子穎和阿酷接觸親密，家明也誤會了「這小子」，甚至還鄭重地把「他」叫過來審問一番，子穎當然一口否認。家明最後還丟下一句：「我只想告訴你，我對這種事真的沒偏見。」

每次被困在電梯時，平日舉止得體的家明，都會非常失態，就是不反思自己。不過，當他和子穎困在一起時，對方卻像變魔術一樣掏出幾支螢光棍，還教他伴隨繞口令跳舞：

「瑪丹娜約了麥當雄到麥當勞道的麥當勞吃麥皮燉當歸……」世間還能有誰，能帶給他這樣的溫暖和寧靜，這樣的充實感？終於，該來的還是來了。

「他」坐在鋼琴前，彈著並不熟練的曲調。看到「他」，他突然來了靈感，就毫不客氣地坐了下來，略加思索，就邊彈邊唱。那種志得意滿的神態，那種意氣風發的瀟灑，那種毫不掩飾的快樂，直接把身邊的「他」看傻了：這樣的男人，不就是自己一直渴望擁有，卻根本遇不到的嗎？

這一生也在進取　這分鐘卻掛念誰

我會說是唯獨你不可失去　好風光似幻似虛　誰明人生樂趣　我會說為情為愛仍然是對

誰比你重要　成功了敗了也完全無重要　誰比你重要　狂風與暴雨都因你燃燒

一追再追　只想追趕生命裡一分一秒　原來多麼可笑　你是真正　目標

可「他」哪知道，自己才是這首金曲的靈感之源，自己才是他的真正目標。自從「他」來了之後，他也變得快樂了起來。

自從「他」來了之後，他有了更多的創作靈感。自從「他」來了之後，他的生活也更積極了。

自從「他」來了之後，他和玫瑰的關係就越來越遠了。就算他想親熱，腦海中卻浮現一張「男人」的小白臉……

這是要變了嗎？30多年的節操說沒就沒了嗎？一切，都開始於那次任性的簽約。

子穎原本是玫瑰和家明的死忠粉，卻把他倆成功拆散了。

家明原本想捧出個普通男生，捧來捧去，捧的還是個女人。玫瑰原本想噁心家明，最終卻是「搬起石頭砸了自己的腳」。

可是，愛情的意義，真只是天荒地老、海枯石爛嗎？一個男人移情別戀，真就是罪大惡極嗎？維持沒有感情的婚姻，犧牲的難道不是雙方嗎？

多樣化才是幸福之源。金童玉女的標準也不應該只有一個。玫瑰的主動退出，讓三人都得到解脫；子穎重新穿上女裝，讓家明沒有了「負罪感」。而家明的人生感悟，可能會帶給觀眾更多的反思。

過去4年，周星馳都在暑期檔勝出並拿下年度冠軍，但是這一年7月，他去寧夏沙漠拍《西遊記》，而成龍和周潤發在暑期都沒有新片。

因此，《金枝玉葉》7月23日上映後的主要對手，也只有《天與地》和5天後上映的《中南海保鏢》。但是事實證明，這兩部影片加起來，票房還不如張國榮的新作。《金枝玉葉》連映59天取得2,913萬的佳績，成為華語片的暑期檔冠軍，最終名列年度第八。

在第14屆香港金像獎評選中，《金枝玉葉》獲得包括最佳電影、最

佳導演和最佳男女主角在內的 11 個提名。但是它最終只贏下了最佳女主角（袁詠儀）和最佳電影歌曲（〈追〉），大獲全勝的是王家衛的《重慶森林》。梁朝偉也憑藉小警察「663」一角，首次拿到影帝。

顧家明為什麼沒能獲獎，恐怕評審們又會認為：這是本色演出啊，音樂人演音樂人啊！但是張國榮另一部顛覆形象出演的《東邪西毒》，已經讓人快認不出是張國榮了，反而連個提名都沒有，這又找誰說理去？

《金枝玉葉》上映 10 天後，張國榮的另一部堪稱「顛覆形象」的作品，也殺入了暑期檔。

四、《錦繡前程》合作陳嘉上，出演草根逆襲者成經典

外界普遍認為，以張國榮的貴公子氣質，他演不好草根逆襲的下層人物。但 1994 年暑期檔《錦繡前程》的上演，卻讓這種說法不攻自破。

平心而論，在大導演陳嘉上的電影清單中，《錦繡前程》及 6 年之後的《戀戰沖繩》都不算上佳作。但是拍得不累、演得輕鬆，票房成績也不算差，更見證了張國榮與陳嘉上之間的深厚情誼。

陳嘉上視張國榮為男一號的不二人選，可是當時後者還在拍《金枝玉葉》，他又不喜歡一個時間段內參加多個劇組，當然確實也不差錢。但是這一次，張國榮卻破例了。陳嘉上是業內口碑非常好的優秀導演，注重商業價值與藝術水準的平衡，其作品《逃學威龍》、《武狀元蘇乞兒》、《飛虎雄心》等都叫好又叫座。況且，陳嘉上與張國榮私交又很好。之前，張國榮從來沒有主演過陳嘉上的電影，他也不願意放棄這個機會。

作為永盛暑期檔重磅影片，《錦繡前程》的監製由王晶擔任。這也是張、王二人為數不多的合作。

繼《緣分》、《殺之戀》之後，張國榮第三次戴上眼鏡，在《錦繡前程》中扮演一個普通的社會人。這片名，顯然有著黑色幽默味道。

這3部影片，也就構成了他的「眼鏡三部曲」。3部電影中，男主角都沒有顯赫的出身，沒有強大的人脈，沒有通天的手段，但都有見了美女就死纏爛打的共同愛好。女主角無一例外，都模樣特別出眾卻貪慕富貴，都曾經有或正在談富豪男友，男主角都不是她的初戀，一開始也總是各種看不上，到最後也未必會全情付出。

而男主角身邊，都有一個對他念念不忘，條件也不算差的女孩。因此，我們可以將這3部影片歸類為「四角戀三部曲」。3部電影中男主角的3種結局，對比看來，也是令人唏噓。

《緣分》中，Poul與Monica最後重歸於好，但誰敢保證，他們的感情不出問題？

《殺之戀》中，Cecilia最終沒能醒來，把傷悲永遠留給了戚近榮。

而《錦繡前程》的男主角林超榮，同樣愛上了一個看似高不可攀的女神——Winnie（關之琳飾）。他能如願嗎？又憑什麼得逞呢？

《錦繡前程》並非天馬行空式的無厘頭喜劇，而是有所克制與收斂，並有一定文藝氣質的輕喜劇，加入了導演對社會、對人生的深度思考。

開篇熙熙攘攘的地鐵人流中，出現了一個梳著分頭、穿著老土的西裝、扛著廉價公文包的普通人。張國榮飾演的林超榮粉墨登場了。他混得顯然還不如戚近榮，連一臺汽車都買不起。

收了老人錢卻不開保單，他被就職的保險公司辭退。沒有了收入，他就去找女友要，要不來就玩分手。

生活困難了，他就約好兄弟打麻將，出老千，把他們當作冤大頭。沒有地方住，他就去找前女友，完全沒有任何心理負擔。

可見，相比之前那倆心地純良的眼鏡男，林超榮可真不是省油的燈。當他去投靠前女友 Elaine（陳妙瑛飾）時，畫外音及時響起：

每當走投無路的時候，我總又會回到這個女人身邊。因為我知道只要她一天喜歡我，她就會逃不出我的魔掌。

看到這裡，影院裡自然是一片鬨笑，陳嘉上「致敬」王姓導演的本領算是一流了。而阿榮的臉皮之厚、心眼之多、顧慮之少，也真是達到了新境界。

《錦繡前程》描述了一組草根四兄弟的友情。但特警 Joe（王敏德飾）和小老闆 Sing（黃子華飾）戲份很少，影片的著力點，顯然在阿榮和阮世生（梁家輝飾）身上。

阿生是阿榮最好的朋友。他混跡於一家養老院中，做的都是默默無聞的小事，身邊雖有阿慧（梁思敏飾）不加掩飾的喜歡，他卻壓根不珍惜。這一點，倒跟林超榮如出一轍。

阿生留著長髮，自以為很有藝術氣質，能把女神娶回家。但事實上，真正的女神對他只會不屑一顧。而他能吸引到的，只能是他自己根本看不上的。

而阿榮追了 Elaine 4 次、甩了她 4 次，居然還好意思第 5 次跟她複合，更是毫不客氣地住到她家去了。

更要命的，她的親哥，正是阿生。這種羞辱，誰受得了啊！

受不了，還有更不堪的。

兩人在賭場輸光了（阿生的）老婆本，居然拿著一盒鳳凰卷，跑到高級餐廳大快朵頤，結果當然是被服務小姐喝止，好不尷尬。但伴隨著輕柔的配樂，倆兄弟的眼睛，都不聽自己使喚了。阿生塞滿食物渣的嘴，已經抖得不像話了。

第六章 票房擔當

女神 Winnie 閃亮登場了。都說男人是視覺動物，但是面對同樣的傾慕對象，兩個失敗者的行動，差別就有些大了。

阿生來了 3 次，就是為了看這個女人，卻始終不敢行動，可是阿榮卻直接過去搭話了。

「你不認識我的，我就坐在那邊。老實說，我朋友跟了你幾天，不過他傻傻的……我知道他回來一定會約你出去，你一定不會去的。不過他……老實說有點暴力傾向的。不過我會在那邊，有什麼事的時候，你叫我啊，Ok？」態度相當誠懇，言語非常得體，卻不動聲色地將兩人的行動電話換了。

一個日常幾千萬生意的女高管，跟好吃軟飯的爛癱仔，用的是一模一樣的上翻蓋手機，這安排當然比較牽強。但是不這麼演，之後的劇情就沒法推進下去了。

阿生和阿榮追妹子的能力是有差距，那也得看怎麼比。在 Winnie 這種級別的金領女孩眼中，他倆的區別真的不大──反正都看不上。

阿榮原本想借換電話時繼續套近乎，可是櫃檯小姐卻請他回去。哪有這麼容易？阿榮機智地躲開櫃檯的視線，跑到 Winnie 的辦公室前。女神一見阿榮就非常惱火，試圖讓保安趕走他。阿榮不慌不忙，能賴多久就賴多久，結果被老闆 Bosco（曾江飾）注意到了。

阿榮睜眼說瞎話，卻得到了老闆欣賞，更得到了馬上上班（把妹）的機會。可見真遇到伯樂了。阿榮意得志滿，信步走到正與員工交談的 Winnie 面前，禮貌而不失狡詐地說：「明天見。」

觀眾都知道，女神的麻煩可大了。

上班後無所事事的阿榮，主動跑到 Winnie 那領任務，還真領到了兩份文件。在出門時，他咳嗽一聲，讓她習慣性地抬起頭，然後，阿榮輕輕

一搂頭髮，面帶微笑，雙眼放電：「你今天好迷人。」搞得 Winnie 想發火，卻找不到由頭。

女神有意捉弄他，要他將檔案一份複印一份切碎。阿榮拿著檔案，看到 Winnie 過來，突然來了個仰身十八跌，跌也要跌到你懷裡；跌不到你懷裡，也要跌到你眼前、要你印象深刻、晚上睡覺也夢到我。

Winnie 前男友上門敲詐，阿榮不請自來地上來制止，跟對方打在一起。

此時，影片給出了一個瀟灑的背影，阿榮侃侃而談：「幸好這個契弟跑得快，如果不是就一拳打死他……」鏡頭切換過來，那張迷倒萬千女性的臉龐，已經是傷痕累累，嘴巴都腫得老高了，依然氣勢不倒。他抽著煙，做著誇張的手勢教訓女神：「不過你也真是，為什麼要跟這樣的人在一起？我以為自己夠下流的了，誰知道他還比我壞，比我下流下賤一萬倍！……我換你電話，無非是想泡你嘛！」

這番話令 Winnie 有點動心：「現在呢？」阿榮居然嘆了口氣：「別讓你短期內有兩次創傷，是不是？」這種霸道窮鬼能有如此的震撼力，把牛吹得震天響，實在令觀眾捧腹又感慨。Winnie 笑了：「你的自信心真偉大。」阿榮馬上不失時機地回擊：「Do you want to try me ？（你想和我試試嗎？）」但是隨後，他還是請求 Winnie 去做一件事。

就在上次，Winnie 跟阿生說了句「不見不散」，這老實人就天長地久地等下去，等得捲髮都亂了，肚子都痛了，皺紋都多了。當見到 Winnie 時，阿生非但沒有勃然大怒地指責，反而奉上了一張最熱情、諂媚的笑臉。做人的骨氣呢？

兩人來到了養老院，當著女神及所有老人的面，阿生做了生平最認真、也最痛快的一次打鼓表演。他的神色相當莊重，他的動作相當純熟，這就是所謂的儀式感吧。這一次，他沒有出醜，沒有讓任何人看不起。而這鼓聲，也打碎了他對 Winnie 的全部念想。

女神來到他身邊。阿生認真地說：「謝謝你這麼有時間聽我打一次鼓，我以後再不會打了。」

「你打得很好啊。」這並不是敷衍。

「……我只想在我中意的人面前打一次。我知道我這樣的男人你根本看不上眼，但是我依然很開心，因為我達成了自己的目標。」

梁家輝不愧是影帝中的影帝，能把花花公子演得活靈活現，也能將底層小人物詮釋得這樣入木三分。這時候，想必 Winnie 也有點後悔了吧，人家再也不會喜歡她了。

阿榮和 Elaine 同在一家公司。在阿生的逼婚之下，阿榮第五次把他妹妹甩了，並且開始在公司打地鋪。Bosco 給他安排住所，無非是要讓他替自己做壞事 —— 買下阿生工作的老人院。

阿榮再一次說了「Do you want to try me ?」這一次，他顯然是非常認真的。女神主動給了他一個吻，親的卻只是臉頰。她說：「我中意他多過你。我和 Elaine 一樣，喜歡了一個全世界都不喜歡的男人。」這樣的拒絕，還真讓人無話可說。

阿榮徹底得罪了朋友，卻拿到了 300 萬佣金。這筆錢當時能在深圳買 30 套房子了。可是就在這時，劇情的反轉，還是讓人有些許感動。

阿榮勸 Bosco 成全 Winnie。但是人家卻說：「離婚要分一半財產，沒一個女人值這麼多錢的。Winnie 是幫過我的忙，但是現在你來了，她應該淡出啊。」阿榮幽怨地說：「人家喜歡你啊。」

Bosco 回答道：「她喜歡的是我的錢。因為我有錢，所以我讓她跪下她就跪下，讓她趴下她就趴下。我把她過繼給你，你什麼時候要啊？」這些臺詞句句扎心，不過還是太直白了一點。

阿榮終於爆發了，狠狠地掐住了 Bosco 的脖子。他是替 Winnie 不值，

也許更是替自己不值。他意識到了，自己和 Winnie 一樣，都是人家的玩物和替罪羊。而他的「怒髮衝冠」，也可以視為替上百萬住鴿子籠的香港窮人出氣。當然也只有在電影裡，窮人教訓了富人才不會有更大麻煩。

3 個月後，Elaine 帶著她「又老實，又斯文，又上進，又肯結婚」的新男友，去見哥哥和他的朋友們。有足夠閱片量的觀眾，閉著眼就猜出這哥們兒是誰了。我們當然也有理由懷疑：浪子真的可以這麼回頭嗎？將就的婚姻能有幸福嗎？但無論如何，張國榮與梁家輝的表演，絕對堪稱經典。這樣的一部輕喜劇，輕描淡寫間就展現出了現實社會的殘酷，能留給觀眾很多回味和思考，也不乏溫馨與感動。

《錦繡前程》在 8 月 4 日開映，時機選擇似乎不太明智。《金枝玉葉》依然在熱映，《中南海保鏢》上映不過一週，9 天之後，徐克的愛情奇幻片《梁祝》也殺了進來，分流了不少觀眾。《梁祝》男主角吳奇隆出自臺灣小虎隊組合，他詮釋的呆萌俏書生梁山伯，很有一些當年寧采臣的風姿。女主角楊采妮參演了《東邪西毒》，與張國榮還有對手戲。

《錦繡前程》9 月 1 日下檔，票房 1,794 萬，列年度第十三，《梁祝》則以 1,864 萬列年度第十二。自從《人間道》之後，徐克與張國榮已有 4 年沒有合作。但是這位鬼才導演，一直密切關注張國榮的動向，期望能與他再度攜手。

這年 10 月，徐克準備開拍一部歌舞片，打算以張國榮為男一號，其他主演包括吳奇隆、袁詠儀和楊采妮。這是把《金枝玉葉》和《梁祝》合體的架勢，如果真的拍攝完成了，絕對會是 1995 年香港影壇的重磅炸彈。

遺憾的是，當時張國榮正在拍陳凱歌的《風月》，加上其他一些原因，這部有可能像《倩女幽魂》一樣改變香港電影史的歌舞大片，終究胎死腹中了。10 年後，陳可辛拍出了《如果·愛》，反響一般。直到 2023 年，歌舞片市場依然沒有爆款。

此後，徐克連續執導了張國榮主演的賀歲片《金玉滿堂》和《大三元》，但都差強人意。

但是，在1996年永盛的暑期檔大片中，徐克又一次擔任了監製。

五、《新上海灘》再造經典，張國榮致敬周潤發

浪奔　浪流

萬里濤濤江水永不休　淘盡了世間事

混作滔滔一片潮流　是喜　是愁

浪裡分不清歡笑悲憂　成功　失敗

浪裡看不出有未有

如果評選一首1980年代國民神曲，葉麗儀演唱的〈上海灘〉必定是大熱門。有人曾認真地指出，黃浦江根本就沒有浪濤奔湧的壯觀景象，作詞者黃霑肯定搞錯了。但是另一些人則認為：人家黃老先生說萬里濤濤肯定是長江，沒毛病！

歌都這麼火了，1980年由周潤發、呂良偉和趙雅芝主演的同名電視劇，更成了無數國人的青春記憶。當時，周潤發飾演的男主角許文強，禮帽、風衣和白圍巾的翩翩公子形象，不知道迷倒了多少女生。

1990年，在TVB舉辦的「1980年代十大電視劇集」評選中，《上海灘》毫無懸念地名列第一。周潤發本人出演的同名電影反響平平，卻完全不影響香港電影人的翻拍熱情。

1996年1月28日，離鼠年春節還有20多天。永盛高層寄予厚望的《新上海灘》正式開拍。監製徐克，香港人都認識；導演潘文傑，成名作是《跛

豪》。但更吸引媒體的，無疑是兩大男主角。

張國榮與劉德華，這兩位都在香港影壇排名前五的巨星[17]，繼《阿飛正傳》之後，又出現在了同一部影片之中。五年來，兩人都佳作頻出，知名度和影響力不斷提升，演技也日臻成熟。為了開啟市場，片方邀請因主演《陽光燦爛的日子》而走紅的青島女孩寧靜。

影片別出心裁地將全片分成了「三幕式」，丁力、馮程程和許文強各占一幕。似乎在強調這是一個「三角戀」關係，同時，影片打亂了時間順序，埋下了更多伏筆，自然也營造了更多衝突，令劇情張力十足。

《新上海灘》顯然是向周潤發電視劇版致敬的，或者說是消費人氣，否則就不會用葉麗儀的同名主題曲，更不會當成配樂反覆播放。這當然無可厚非。但是講真的，電影版只是沿用了4個主要角色的名字，其他基本上都是另起爐灶。

周潤發版的許文強，當年不知道融化了多少少女的心。

但令人想不到的是，影片主創徹底顛覆許文強的固有形象，為我們展現了一個泰山崩於前而不變色，卻能為心愛之人捨身犯險的英雄。

更令人想不到的是，一向以精緻帥氣聞名的張國榮，卻為我們詮釋了一個充滿陽剛之氣，甚至是粗獷豪氣的許文強。這絕非周潤發版的簡單「致敬」與重複，而是另闢天地，重新演繹。

電影的開篇，就將悲壯慘烈的氣氛渲染得非常到位。暴風驟雨的天氣中，波濤洶湧的大海上，顛簸飄搖的輪船中，一群勇士被關進牢籠中，生命隨時不保。一位穿著精緻旗袍、面如桃花的日本女特務（黃佩霞飾），卻是心如蛇蠍，殺人不眨眼的魔鬼：「說出誰是許文強，就只有一個人死。要不然的話，全部殺光！」

---

[17] 當時周潤發已徹底告別了香港電影圈，其他三人為成龍、周星馳和李連杰。

大家很聽話，都很配合，都在高呼：「我就是許文強！我才是許文強！」

而真正的許文強，蓬頭垢面，就在他們的中間。唯有一雙堅毅的眼睛，能看出他的視死如歸和沉著冷靜，張國榮登場了。他用近乎自殘的方式解除了束縛，又用特別矯健的身手，極其幸運地逃了出來。就在生死存亡的瞬間，他甚至還記下了仇人的相貌特徵。

我們當然明白，許文強一定會復仇。

隨後，字幕推出，鏡頭切到了上海。第一篇是《丁力》。劉德華飾演的，原來是個掏糞工。短短幾個鏡頭，就將他雖處社會底層，卻樂觀自信、渴望成功的性格展現得非常到位。隨後看到的《亂世佳人》（Gone with the Wind）電影海報，也是導演的精心設計，它對推動影片主題，揭示人物命運走向，起到了重要作用。

當然，我們也就不要計較影片的問題了。《亂世佳人》是 1940 年 1 月才在美國上映的，而電影設定的年代是 1935 年，日本還沒有全面入侵中國之時。只有用《亂世佳人》，才能烘托出三個主要角色的命運。

作為上海大亨馮敬堯（吳興國飾）的獨生女，漂亮可愛的馮程程（寧靜飾）卻有著鄰家女孩的天真。

影片打亂了時間線，也讓男女主角之間的情慾糾葛，變得更加錯綜複雜。

什麼才是真正的愛情，是一見傾心下的為你鍾情，是日積月累之後的因你感動，還是權衡利弊之餘的跟你搭夥？潘文傑以拍黑幫題材成名，在《新上海灘》中，他卻精心安排了一段特別浪漫、特別淒美，同樣也特別讓人心痛的兩男一女愛情戲。當然我們也有理由猜測，監製徐克也有所貢獻。

丁力並不困難地救下了許文強，兩人很快成為兄弟；丁力奮不顧身地

救下了馮程程，兩人的關係沒有任何改變。

　　成為死黨與成為戀人其實一樣，根本不取決於認識時間長短，而在於是否合拍。兄弟倆人搏命的麻將館，正好叫「大三元」——徐老怪您這是故意的吧？

　　「我想從今晚開始，我們倆的名字會在上海響噹噹。」這是丁力的霸氣外露。「我可不想別人知道我的名字。」這是許文強的忍辱負重。

　　幹掉大哥榮的戲份，絕對是險象環生。就像《英雄本色》中的宋子豪與小馬哥一樣，兩人勇闖龍潭，九死一生。手槍都帶不進去，許文強的臉被強按在桌子上，丁力被迫和大哥榮摸牌賭大小，牌一輸，手就被剁下來了。兩人試圖反抗，被打得滿臉是血，隨時都有性命之憂。

　　幸虧賣煙小夥計用繩索將槍吊到了樓上，許文強拚盡全力抓住了槍，彈無虛發，轉眼之間幹掉了幾個爪牙，受到鼓舞的丁力也端起牌桌，勢不可當。這段戲份中，武術指導董瑋的設計真實震撼，讓觀眾有透不過氣的感覺。而兩大明星也毫無保留地投入到了如此危險的動作拍攝之中，用自身魅力為影片加分。

　　最終，兄弟倆幹掉了這個大魔頭，丁力也接收了斧頭幫，從前被黑社會欺負的掏糞男孩，轉眼成了黑社會大亨。上海，真是一個能創造奇蹟的地方。

　　丁力不斷寫信給程程，並託她的家庭老師麗文（李慧敏飾）轉交，也不斷收到熱情洋溢的回信。於是他堅信，這位姑娘一定會屬於自己。

　　可惜，程程偏偏就這一個。

　　那麼，她的心門，可曾對一個人悄然開啟？她的激情，可否為一個人而瘋狂燃燒？她的矜持，可有因一個人而徹底拋棄？謎底很快就揭開了。

　　丁力興沖沖地去找許文強，沒想到他家裡居然有女人的鞋子。丁力聽

到浴室裡的歡笑聲，想搞個惡作劇：「我想看看未來嫂子長什麼樣。」

門推開了，他大吃一驚，脫口而出：「程程！」

許文強懷裡摟著的人，正是自己一直想摟卻摟不著的。人世間最大的悲劇莫過於此。

「你就是馮程程？」已經什麼事都做過了，他居然不知道愛人叫什麼。

看著出去的丁力，程程情緒複雜。

最可憐的，無疑就是丁力了。自始至終，程程從來沒有愛過他，從來不把他當備胎，從來不讓他有上位的可能。6年前的《阿飛正傳》中，蘇麗珍同樣不給超仔上位的機會。

兩位女性都很有原則。區別在於，旭仔不愛蘇麗珍，只想跟她玩玩。而許文強愛馮程程，卻總是害怕辜負她。

有人覺得，這就是愛情。名字，不過是個符號。從始至終，他沒有強迫他什麼，而她，也是心甘情願。

第二篇《馮程程》上演了。

在火車上，馮程程獨自待在包廂。車窗突然被開啟，一個滿臉血汙、滿身檻樓的男人闖了進來，拿槍抵住了她。

他頭髮蓬亂，鬍子拉碴，滿身是傷，唯有一雙眼睛，透著堅毅、冷靜，甚至是優雅。

實在難以想像，除了張國榮，還有誰能演出這個味道？

實在難以判斷，除了極致浪漫的男女，還有誰能擦出這樣的火花？

他粗暴地將她作為人質，她卻細心地為他包紮。

一列火車有幾十節車廂，他選其他任何車廂翻進去都是死路一條，但是人品爆發之時，他不但保住了性命，還贏得了一位姑娘的芳心。

他的粗獷不羈，反而令她著迷。她的優雅善良，又怎可能不讓他心動？

愛情，就像暴漲的房價，當你感受到它的能量時，它已經能隨時將你吞噬了。

忘記一個人也許需要一輩子，但愛上一個人，往往只需要一分鐘。

這個一心追求浪漫的富家小姐，居然相當「無厘頭」地愛上了一個逃犯，而且，連他的名字都不知道。

他以為一輩子不再相見，但是偏偏在最危險的地方又遇到她。

影片最火爆也是最浪漫的一場槍戰戲，並沒有丁力參與，是許文強帶著馮程程一起完成的。

按麗文的指引，程程來到了許文強要去的裁縫店。天真的姑娘哪裡知道，那裡可是龍潭虎穴啊。

一群特務瘋狂射擊，半天卻不見動靜。

泰山崩於前而不驚，許文強敏捷地更換著彈夾，用床單綁著驚慌不已的程程，讓她跳下去。

「相信我。」他帥氣地用右手在她眼前揮動，她聽話地閉上了眼睛。顯然，她已經把自己的生命全盤託付了。

真是愛情創造奇蹟嗎？他們終於逃了出來，並躲過了特務的追殺。聽到女特務喊他的名字，她居然還笑得出來：「你叫許文強？」

劫後餘生的喜悅，心靈相通的默契，四目相對的衝動，讓他們再也無所顧忌。兩人深情相擁，吻在一起。

隨後，更令人心跳加速的戲份，就在兩人之間上演了。亞洲男演員演激情戲往往放不開，一不小心就有猥瑣之感，但是張國榮駕馭這樣的場面，卻總是火候拿捏得很好，也特別會照顧女演員的感受，儀式感做得非常足，讓我們難以不被感動。

可惜，許文強一直沒有問她的姓名，也就埋下了悲劇的伏筆。第三篇《許文強》的大字打出，這難道不是壓軸嗎？

在50日勝利紀念雕像前，兩兄弟翻臉了。

「你要好好地對程程，否則我一定殺了你。」能夠說出這番話的丁力，確實是條漢子。

而想帶程程離開上海的許文強，也不是旭仔式的阿飛。

程程邀許文強見她爹，可見她對這份感情有多麼認真、多麼重視。而在馮家，許文強卻發現了馮敬堯的真面目，後者也認出了他。

馮敬堯安排丁力見女特務，當然是想借刀殺人。兄弟倆不約而同，都面臨著滅頂之災，可惜，他倆無法並肩戰鬥。而導演採用的平行剪輯，也是做足了功課。

馮敬堯支開了女兒，叫來了手下。他與許文強方才還談笑風生，轉眼就大打出手，以命相搏。

聽到槍聲的程程，不顧一切地趕了過來。看到父親正舉槍瞄准許文強，她連忙阻止。可是許文強卻用金筆戳中了馮敬堯，兩人一起跌到了游泳池中。

就在這裡，就在程程眼皮底下，許文強高舉金筆，一下，兩下……每一下都能讓她心中流血不止。絕望的程程不斷射擊，但是終究沒有痛下殺手打中要害，還任由他逃了出去。

不得不說，這段戲份過於震撼，也過於殘忍。而在實拍時，導演要求重來了多次，張國榮也吃盡了苦頭，為了符合劇情要求，他被工作人員拎著水桶澆了多次，還要和衣跳進游泳池裡全身浸溼。

馮程程救了一個最愛的人，卻害死了一個最親的人。

當著最愛的姑娘的面，許文強卻活活捅死了她的父親。世界上還有比

這更殘忍、更荒唐的事情嗎？

愛一個人，不是應該首先考慮她的感受、她的訴求嗎？愛一個人，不是應該為她做任何事情嗎？

愛一個人，不是應該為她付出一切，甚至自己的生命嗎？這樣的許文強，真的是程程愛錯了？

可是，無數同盟的犧牲，又讓他無法不做出這樣的抉擇。如果為兒女情長放棄民族大義，他也永遠不能原諒自己。

只能說，天意弄人，從一開始，他們倆都錯了。

不認識程程的話，許文強無法這麼順利地報仇；不愛上許文強的話，程程不會帶他見父親，當然也不能讓他這麼容易得手。

儘管她對父親也有意見，但是血濃於水，何況兩人多年相依為命。

馮敬堯死了，程程瘋了，丁力來了。

轉眼就是1935年的最後一天，整個上海都洋溢著快樂的氣氛，可是誰也沒有想到，許文強與丁力兩兄弟的結局，會是那樣的走向。

兩兄弟見面了。

「10，9，8……」歡快的新年倒數計時，居然變成了催促他們動手的訊號。伴隨著〈友誼地久天長〉的配樂，兩人拔槍互射，雙雙倒下。試問這是何苦？

「子彈沒彈頭。我欠你的，今天都還給你了。」這話，更像是說給不在場的另一個人聽的。

這事，更像是他為自己的過往「贖罪」。

不過，經此之後，他就不會愧對程程的愛了。

如果她能明白他所做的一切，也應該原諒他了。

許文強說「我從來不對任何人有承諾」，顯然並不是事實。類似的話，《鎗王》中的 Rick 也說過。

也許導演覺得劇情還不夠殘忍，他還不斷加戲。《縱橫四海》中，兩個男人愛上同一個女人，卻有著相當溫馨的圓滿結局。可是在《新上海灘》中，卻殘酷得令人無奈，讓人絕望，令人流淚不止。

許文強與丁力，兩人都是真漢子。他們都沒有背叛自己的道義與原則，也都對得起自己愛過的女孩。

而馮程程，當然也配得上兩個男人為他付出的一切。

但是 3 個人的結局，卻是一個比一個慘。如果當初程程愛的是丁力，三人的命運顯然就會完全不同。這就是宿命，這就是愛的悖論。

周黎明老師曾說過，衡量一名演員的演技是否高超，一是看他在這部影片中的感情或情緒跨度有多大，二是看他的角色跟他自己的反差有多大。就第一點而言，張國榮在《新上海灘》中奉獻出了絕佳的演技；就第二點而言，相比《春光乍洩》，他更有資格憑此片贏得金馬和金像影帝提名。他將一個演員的陽剛之美，展現得淋漓盡致，血肉豐滿；他將一個糾結於民族大義與兒女私情之間的英雄，詮釋得令人信服、讓人無奈。

相比之下，電視劇版的周潤發，反而顯得過於秀氣。

1996 年的《新上海灘》，也成為張國榮與劉德華演藝之路發展的分水嶺。

從 1990 年開始，專注於影壇發展的張國榮，成為票房號召力僅次於「一成雙周」的巨星。從 1992 年到 1996 年連續 5 年，都以第一主角身分出演東方影業（及前身永高）的新春賀歲片，並多次戰勝成龍和周星馳。

1996 年，在華語片票房前十中，成龍僅有 1 部，周星馳有 2 部，鄭伊健一人有 4 部，但其事中有 3 部是品質一般的《古惑仔》系列，消費的是

漫畫的人氣。

張國榮則有《大三元》、《金枝玉葉2》、《新上海灘》3部風格類型迥異、但是市場回報都相當不錯的商業片上映，分列第六、七、八位。他表現出來的全面性，恐怕還真是無人能及。就連小成本的實驗電影《色情男女》，都能拿下1,165萬，位列年度第二十一，更在次年金像獎拿下了8項提名。

劉德華僅有一部進入年度前十，正是《新上海灘》。但是從次年開始，他的票房成績就全面超越了張國榮。

在新千年的第一年，成龍和周星馳都沒有新片上映，劉德華終於以都市愛情喜劇《孤男寡女》拿下華語片年度冠軍。

在1996年的夏天，《新上海灘》因為與電視版氣質相距太大，受到了不少觀眾的吐槽，2,084萬的香港票房也只能說不過不失，最終名列華語片第八，對不起主創團隊付出的心血。

如果讓我挑選張國榮的十佳電影，我會毫不猶豫將這部影片加入其中，而不會選擇在同年暑期檔的另一部作品。

六、《金枝玉葉2》揚威暑期檔，直擊性別困惑引關注

投資巨大、陣容豪華的《新上海灘》未能拿下暑期檔冠軍，大部分榮迷一點都不著急、不遺憾，也不上火。為什麼？

答案就是：張國榮打敗了張國榮，或者說張國榮打敗了他加劉德華。8月15日，《金枝玉葉2》在不被看好的情況下低調上映，卻最終以2,092萬力壓《新上海灘》，同兩年前的首部一樣獲得了港產片暑期檔冠軍。

两年之前，《金枝玉葉》實現了票房和口碑的雙贏，於是，決定開拍續集。但是因為陳可辛要籌劃《甜蜜蜜》，《金枝玉葉》續集也就一拖再拖，直到 6 月 18 日才舉行了開鏡禮，怎麼看也不可能和前作一樣趕暑期檔。況且當時張國榮還在拍《色情男女》。

但是《金枝玉葉 2》偏偏擠進了暑期檔，還斬獲了不俗成績，也是夠有面子的事情了。

《金枝玉葉 2》保留了張國榮與袁詠儀這對「神仙眷侶」。兩年時間內，他們已經 4 次在大銀幕上出演情侶，這份默契自然是與拍攝上部時不可同日而語了。

為了增加看點和話題性，片方又力邀「香港女兒」梅艷芳加盟，再次將焦點對準性別困惑的主題。張國榮和梅艷芳雖是摯友，居然也是 8 年多來的首次合作。

相比第一部，第二部的劇情似乎更加離奇，笑點更加詭異，演員表演也更加誇張，但整體效果，卻和第一部無法相比。

影片緊接上集，子穎正式成為家明的女友，並且享受到了玫瑰沒有享受的待遇：跟男友正式同居了。對嘛，這樣才親密。

可是，子穎儼然變成了玫瑰 2.0，甚至比後者還鬧騰——到底年輕嘛。同居就同居吧，怎麼可以擅自裝修男友的房子？

裝修就裝修吧，把男閨蜜魚佬（陳小春飾）[18] 帶進來蹭吃蹭喝，是什麼意思？

帶來就帶來吧，還要搞特別出位的化裝舞會，逼得張國榮戴上伍迪·艾倫（Woody Allen）的面具，才能進入自己買的房子。

結果，當有人說顧家明是同性戀時，為了證明自己不是，他就展現了

---

[18] 陳小春的角色，在第一部中叫阿酷。

男人的求生欲……

這個人不是別人，正是子穎的另一個偶像方豔梅（梅豔芳飾）。這段戲碼似乎致敬了 10 年前的《偶然》——確實是偶然嘛。

只是，有了張國榮、袁詠儀和梅豔芳三大巨星，一直看下去真的不難。

與前作類似的是，《金枝玉葉 2》同樣構思了一場「三角戀」，上次是讓男主角愛上「男人」，這一次，卻是讓女主角愛上女人。

憑著家明的影響力與人脈，子穎繼續女扮男裝在歌壇瞎混，居然混到了最佳新人獎。

在頒獎禮上，她還見到了周華健（周華健飾），趕緊索要簽名。家明的造星計劃，居然就這麼成功了。

當初的玫瑰有多火，如今的子穎就有多受歡迎。出門不戴墨鏡，保證能被狂熱的粉絲給撕了。出名當然是好事，但是家明的同性戀身分，靠男友混飯吃的糟糕口碑，也就這麼坐實了。

真是造化弄人，明明是家明捧起來的子穎，到頭來，出力的倒成了吃軟飯的了。

昔日的百變天后，如今的過氣明星方豔梅，在周遊世界也沒什麼豔遇之後，帶著助理阿 O（李綺紅飾）回到香港。

別人都羨慕她，但是冷暖自知。

她得到的多，失去的其實也不少。但是相信讓 100 個人選，至少 90 個也不願意過平凡的人生。因為人只有一次生命。

這真像現實生活中真實的梅豔芳。要說陳可辛起名字不用動腦子，直接把「梅豔芳」顛倒過來，真是機智。

方豔梅住到了家明家樓下，這當然是導演故意的。為了不讓媒體炒作

家明，子穎腦洞大開，想讓方姐假裝「他」的女朋友。起初，作為直女的方豔梅，還真的被這個清秀的「小男生」吸引。很快，畫風突變，子穎發現自己居然會愛上女人！

她以為，兩個女人之間怎麼也搞不出亂子。方姐卻覺得，自己愛上個小男生，還能幫助「他」樹立更加正確的兩性觀，難道不好嗎？

而家明也為之前的事情感到不好意思，一不小心，他和方豔梅都被困在了電梯裡，還把子穎教過的螢光棒繞口令使出來了。

子穎和方豔梅正聊得開心，他卻及時闖了進來，說是因為電梯中的靈感，寫了首歌。這正是影片主題曲〈有心人〉，張國榮親自作曲。

很多人說，僅憑這首歌就值回票價，梅豔芳大氣精準的演繹當然精采，但是這首歌並不能像前作的〈追〉那樣烘托影片主題，反而讓這段奇葩三角戀，越發走向失控的地步。

另一方面，魚佬也春情氾濫，愛上了阿 O。

子穎對方姐的感情越發微妙。她和家明睡在一起時，居然都在夢中呼喊方姐的名字，太不給男友面子了；見到女人，她不由自主地打嗝發出訊號，甚至見到男扮女裝的漁佬也打嗝；情不自禁之間，她和方姐終於做了一點不可描述的事情……

這段感情，說沒就沒了？這份真愛，說變就變了？

直到進入重新裝修的書房，看到牆上的壁畫，〈追〉再度響起，家明才幡然悔悟，知道自己應該怎樣做了。

追！

在去往非洲的飛機上，周華健又和子穎坐在了一起，看著哭泣的她，還想安慰一下，卻一時不知如何開口。此時，家明悄悄趕來，和他換了機票。

空姐（許鞍華飾）過來問家明做什麼。他說是安慰自己的老婆。空姐糊塗了：「他不是個男人嗎？」家明毫不客氣地懟了回去：「不行嗎？」

隨後，就是最感人的戲份了。

他深情地說：「如果今天你不給機會讓我們在一起，你又怎知道，明天我們可不可以在一起呢？答應我！」

沉默半晌，她才說：「答應你什麼？」

他非常認真地回答：「答應我，跟我冒一個險，嫁給我。」不過，要是有戒指就好了。

終於，他們緊緊擁吻在了一起。張國榮的這個金句，天底下所有男人都可以免費拿去用，如果這麼說她還不感動，那放棄了也就不可惜。

這部影片，張國榮的戲份不多，風頭被兩位女星搶了不少，但值得強調的是，他和曾志偉擔任了第二組導演，執導了不少鏡頭——陳可辛太忙了嘛。影片存在不少問題，但是在前作的餘威之下，依然拿下了暑期檔冠軍。

1996年的張國榮獲得了大豐收，那麼在新的一年，他會再接再厲嗎？

七、香港電影黃金時代，與張國榮個人同時結束

誰能想到，張國榮在香港影壇的一線地位，會終結於 1996 年。

誰又能想到，香港電影的黃金時代，同樣終結於 1996 年。

這當然百分之百純屬巧合。但是如今回想起來，卻讓我們感慨萬千。

如果不是「月亮代表我的心」事件，張國榮的電影巔峰，無疑還會持續好幾年。但這是他深思熟慮之後的選擇，他無怨無悔。

1982 年，港產片首次在香港總票房中占比超過 50%，代表著香港電影黃金時代的到來。

1997 年，這個占比不可逆轉地跌破 50%，一個時代永遠結束了。留給影迷的，是美好的回憶、深重的情懷、更是無盡的惆悵。

此後，隨著大批香港電影人的北上，真正原汁原味的港片越來越少，能堅持下來的電影人，也是屈指可數。

在其創作的《與他共度 61 世：張國榮的電影生命》中，的灰老師盤點了張國榮參演的 61 部電影。但是扣除電視電影（《我家的女人》、《煙飛煙滅》等）、音樂電影（《日落巴黎》、《左右情緣》等）、明顯的配角（《喝采》、《失業生》等）和客串電影（《聖誕快樂》、《求愛反鬥星》等），院線電影中能夠打上張國榮鮮明烙印的，只有 40 餘部。

1990 年，張國榮已經退出歌壇，大部分時間都在加拿大過退休生活。但是他在香港拍攝的兩部電影，卻產生了不小的影響。

8 月，相比前作場面更加宏大、視覺效果更加震撼的《人間道》，劇情略顯薄弱卻仍然拿下 2,078 萬，成為當年僅有的 6 部 2,000 萬以上的華語片，張國榮證明了自己不俗的票房號召力。

12 月，由張國榮擔任男主角的《阿飛正傳》票房慘敗，卻得到了業內的高度肯定，他也在次年拿下了唯一一個金像獎影帝。

從 1990 年開始，剛剛從歌壇第一人座位上退休的張國榮，正式躋身一線影星之列，即便他想退居幕後，瘋狂逐利的港臺片商怎麼可能答應。

從此之後，能與張國榮一較高下的，也只有著名的「一成雙周」和劉德華。在 1990 年到 1996 年間，張國榮的片酬和票房號召力，顯然並不比成龍之外的那三位遜色多少。

1991 年的春節檔，上演了五大巨星的聯袂賀歲。張國榮和周潤發代表

金公主出戰，對抗嘉禾和永盛兩大大廠，以及他們的當家明星成龍、周星馳和劉德華。《縱橫四海》輕鬆擊敗了《整蠱專家》，只是略遜於成龍的《飛鷹計劃》。

如果說兩部《英雄本色》裡，張國榮的演技與周潤發還有明顯差距，在《縱橫四海》中，兩人已經是各有千秋，難分高下了。此片也開啟了連續八年，張國榮與成龍、周星馳的「三國殺」，成為香港電影圈和普通市民津津樂道的話題。

不過這一年，張國榮的主要精力還在溫哥華的退休生活上，只參演了一部《豪門夜宴》。在這部公益影片中，張國榮戲份可以忽略不計。但是他卻正式加盟這家影壇新貴，成為「第一基本演員」。

1992年，正值本命年的張國榮，從表面上來看僅有兩部電影上映，事實上卻開啟了滿格模式，參與拍攝了《藍江傳》、《東邪西毒》、《霸王別姬》、《東成西就》和《花田囍事》。當然，後三部都是在次年上映的，《東邪西毒》則在1994年才得以上映。

這一年，是香港電影最為輝煌之年，也有很多人稱之為「周星馳年」。但是所有榮迷相信，這一年也是「張國榮年」，因為《霸王別姬》就是這一年完成拍攝的。

這一年，《家有囍事》以4,899萬的入帳，成為張國榮24年電影生涯中香港票房最高的一部。榮迷和星粉為誰是男一號爭執了30年。但是筆者認為，這是兩人共同完成的佳作，兩大巨星的表演堪稱經典，缺一不可。

至於《藍江傳》，則是因永盛老闆向華強盛情邀請，張國榮才願意出演男二號白榮飛。此後，張國榮與向華強夫婦的友誼也維持了終生。因與羅承傑理念不合，黃百鳴另組東方影業及東方院線，依然將張國榮作為「一哥」。

張國榮的表演巔峰，出現在 1993 至 1996 年。在這 4 年間，一向以慢工出細活、不軋戲聞名，人送外號「張一組」的他，居然有 15 部電影上映，占全部主演作品的三分之一以上。甚至比同期的「一成雙周」加起來拍片都多，實在是讓人刮目相看。

1993 年上半年，說張國榮主宰了香港影壇，一點也不誇張。新年第一天，《霸王別姬》作為東方院線創業作火熱上映，進帳近千萬。隨後，《花田囍事》輕鬆斬獲春節檔冠軍，並在此後近半年的時間裡一直位列年度冠軍，到了 7 月底才被《唐伯虎點秋香》超越。而《東成西就》同樣票房和口碑都相當可喜。

8 月 26 日，張國榮、林青霞主演了東方的年度武俠巨作《白髮魔女傳》，成為 1990 年代武俠電影熱中的精品。時至今天，這依然是最佳梁羽生小說改編電影。

1994 年，也許是為了迎接世界電影百年，無論哪個國家，都是佳作頻出。張國榮以《大富之家》、《金枝玉葉》和《錦繡前程》3 部風格不同的商業片，助力東方、嘉禾和永盛維持了香港影業三大廠的地位。而《東邪西毒》作為另類武俠片，上映初期毀譽參半，隨著時間推移，風評卻越來越好。

雖說張國榮僅憑《金枝玉葉》提名金像獎影帝，但是在其他三部作品中，他的表演卻都堪稱「毀容式」的，與我們熟知的時尚帥氣形象大為不同。就戲路之寬而言，也唯有當時已經淡出香港影壇的周潤發，可以與他相比。

1995 年，張國榮加盟滾石唱片，正式復出歌壇。同時，他將很大一部分精力，用在拍攝《風月》上，因而全年只有兩部新片上映。《金玉滿堂》成為美食題材的經典，張國榮以 38 歲「高齡」演古惑仔，與 23 歲的港姐袁詠儀演情侶，卻完全沒有違和之感，令人折服。而《夜半歌聲》雖說劇情深度欠佳，張國榮卻奉獻出了完美的表演，承包了片中三首歌曲的作

曲,並以自己的個性化魅力,讓影片成為難以踰越的經典。

1996 年,在進入不惑之年時,張國榮不光有 5 部電影先後上映,創造了個人電影生涯的紀錄,還趕赴阿根廷拍攝了口碑力作《春光乍洩》,發行了新專輯《紅》——的確很紅,並舉辦了「跨越 97」演唱會,日程之滿,必須以天計算了。

而且,這 5 部電影都可圈可點,沒有一部爛片。

《大三元》是賀歲電影中的清新之作,票房也算對得起投資。

《金枝玉葉 2》實現了市場回報與藝術表現力的平衡,更喚起了對同性戀平權的關注。

《新上海灘》成為黑幫題材電影的經典,堪稱民國版《英雄本色》。

《風月》深刻詮釋了亂世中人性的變態與扭曲,入圍了坎城影展最佳影片,張國榮再獲坎城和金馬獎影帝提名。

小成本電影《色情男女》,也能做到以真情感人,張國榮憑此片獲得金像獎影帝提名。

在這 7 年時間裡,他的工作重心幾乎全放在了影壇,這是萬千歌迷的損失,卻是廣大影迷的福利;

在這 7 年時間裡,他不光是春節檔的門面,票房的擔當,還是藝術片導演的最愛;

在這 7 年時間裡,他與成龍、周潤發、周星馳和劉德華等巨星的良性競爭,讓香港電影在內外交困的情況下繼續創新和發展,書寫了黃金時代的最後繁榮。

張國榮表演的高光年代,趕上了周星馳和成龍的先後爆發,未能從他們手中搶下一次年度冠軍,這的確是比較遺憾的事情。張國榮的電影巔峰期,也沒能像劉德華、梁朝偉和郭富城那樣持續很長時間。但是榮迷無須

痛心，在最好的年華裡，他留下了 10 多部優秀的作品，他的才氣已經得到了充分展現。

無論中國大陸的張藝謀、田壯壯，香港的許鞍華、關錦鵬，還是臺灣的侯孝賢、楊德昌等導演，都反覆向張國榮表達過合作意願。可惜因一些原因，最終都未能如願。相比之下，王家衛和陳凱歌兩位大導演無疑是幸福的，他們都與張國榮合作了多次。

第七章
家衛有約

一、《阿飛正傳》輸了票房贏得影帝，為王氏電影奠定基調

提到香港電影，繞不開王家衛。

有人說，他是香港以至華語電影圈中最有個人風格的頂尖導演。也有人說，他只是將「無病呻吟」和「不知所云」用到了極致。

談起張國榮，當然也繞不開王家衛。

在1990年代，張國榮主演了王家衛執導的3部電影，付出了大量的時間與心血。

必須肯定的是，王家衛透過運用抽幀、黃綠色調、經典配樂、大量獨白等技巧，形成了自己鮮明的風格，與追求戲劇衝突和感官刺激，卻不太注重藝術美感的傳統港片形成了鮮明反差，收穫了為數不少的影迷，甚至成為歷屆金像獎評審的最愛。可以說，有了王家衛的存在，香港電影確實多了幾分文藝氣息。

截止到2013年，王家衛只親自執導了10部電影，除了最早的《旺角卡門》和西片《愛神》（Eros），其他8部都屬於風格鮮明的王家衛電影，可以分為「1960年代」、「1990年代」和「武俠」。

1960年代三部曲：《阿飛正傳》、《花樣年華》、《2046》。

1990年代三部曲：《重慶森林》、《墮落天使》、《春光乍洩》。

武俠：《東邪西毒》、《一代宗師》。

可以看出，張國榮恰巧主演了3種類型的各一部影片。而除了口碑最差的《墮落天使》，剩下那些影片的男一號，通通都是梁朝偉。

靠著王家衛的電影，梁朝偉拿到了四個金像獎影帝，一個金馬獎影帝。而張國榮唯一的一座小金人，也是憑《阿飛正傳》拿下的。

優秀的演員與出色的導演，到底是誰成全誰，這是個見仁見智的

問題。

有一種說法，吳宇森讓張國榮變成了演員，王家衛讓張國榮變成了影帝，而陳凱歌讓張國榮變成了藝術家。

這樣的說法，似乎對張國榮並不公平。

客觀地說，如果不是有張國榮的參與，無論是《英雄本色》、《阿飛正傳》，還是《霸王別姬》，成片水準很可能都要大打折扣。

王家衛的導演處女作《旺角卡門》，就在香港影壇一鳴驚人。這部由劉德華、張曼玉和張學友主演的黑幫題材影片，劇情走向和衝突安排，明顯受到《英雄本色》影響，高潮戲份的「作死」也在致敬前作，只是為男一號安排了一個曖昧對象。但有別於傳統港片破碎的故事情節和凌亂的色彩影像，這部電影已經展現出了王家衛電影的一些雛形了。

在 1989 年 4 月的第 8 屆金像獎評選中，《旺角卡門》獲得了包括最佳電影、最佳導演和最佳男女主角在內的 10 項提名，並獲得最佳男配角（張學友）和最佳美術指導（張叔平）兩個獎項。剛滿 30 歲的王家衛，從此也成為香港知名導演。

《阿飛正傳》這個片名，似乎致敬了魯迅的代表作《阿Q正傳》。不過，詹姆斯・狄恩（James Dean）的代表作《養子不教誰之過》（*Rebel Without a Cause*），當年在香港上映時也叫《阿飛正傳》。

阿飛也沒有別的意思，就是「流氓阿飛」的後面兩個字。按劇情來講，似乎也可以叫《渣男正傳》，英名片名則為《Days of Being Wild》。在魯迅的《華蓋集》序言中，這位 20 世紀的偉大作家如是說：「我幼時雖曾夢想飛空，但至今還在地上。」這似乎與王家衛的「無腳鳥」理論有異曲同工之妙。

《旺角卡門》的攝影是劉偉強，到了《阿飛正傳》，換成了澳洲人杜可

風（Christopher Doyle），服裝設計和美術指導則是張叔平。從此，這兩人成為王家衛的固定搭檔。所謂的王氏風格，某種程度上是他們兩個幫助、成就的。

1989年11月，在之前華星同事陳善之介紹下，張國榮與王家衛見面，並答應客串其新片（暫定名為《愛在1967》）。

1950年代出生在上海的王家衛，對於1960年代有一種特別的迷戀。根據他的計劃，準備拍攝的是一部1967年香港大暴動時期一個警察與一位女恐怖分子的愛情故事，男女主角還是劉德華和張曼玉，張國榮不過是「特別客串」。

但是所謂計劃趕不上變化，王家衛算是將藝術家的「任性」發揮到了極致。在拍攝過程中，他發現張國榮的演技特別好，有詹姆斯・狄恩的神韻，於是不斷為後者加戲，然後不斷修改劇本，最終將張國榮飾演的旭仔變成了男主角，影片也正式定名為《阿飛正傳》——這讓劉德華情何以堪？

影片最開始，是一片鬱鬱蔥蔥的椰子林，顯然不是香港的風景，但實際上是王家衛埋設的伏筆。

不久，伴隨著咚咚作響的皮鞋踏地之聲，一個黑色背影出現在觀眾面前。我們看不到人臉，卻能清楚感到一種野性的張力，這種力量，似乎讓所有異性都難以抗拒，甚至是欲拒還迎。

放浪不羈的旭仔（張國榮飾）從未見過生母，與養母（潘迪華飾）也是面和心不和，他對年輕女人有著致命吸引力，卻一而再再而三地「恃靚行凶」，玩征服即分手、迷住你就不認人的遊戲。

蘇麗珍（張曼玉飾）和梁鳳英（露露，劉嘉玲飾）只是被他征服的眾多姑娘中的兩個，卻是最特別的一對。她們倆讓人想到張愛玲的《紅玫瑰與

白玫瑰》。

熱情如火的情人紅玫瑰嬌蕊與貞潔賢淑的妻子白玫瑰煙鸝,大致可以對應風騷性感的舞小姐露露和恬靜溫柔的售票員蘇麗珍。她們的性格可以說南轅北轍,卻先後都愛上了旭仔,而且愛得那般卑微無助,那樣毫無尊嚴。

重要的一點,是旭仔先招惹她們的。蘇麗珍只是個小賣部售貨員。這樣的普通女孩能入旭仔法眼,是因為她的氣質出眾。

開篇,旭仔便呈現了他的「文藝把妹大法」。

有人認為,《阿飛正傳》有張國榮自身的投射。在大銀幕上,他詮釋了不少情場浪子,跟各種美女玩情感遊戲。但是在現實生活中,這位大帥哥是個對情感極其認真、始終如一的人。

花心是需要本錢的。無論是《檸檬可樂》中的傑森陳,還是《儂本多情》裡的詹時雨,都有「萬花叢中過,片葉不沾身」的功力,但是與《阿飛正傳》中的旭仔相比,他們只有學習膜拜的份。

不知道王家衛有沒有將自己的戀愛往事寫進去,不過這段告白,還真不是一般人能寫出來的。你說他矯情吧,人家還有水準。不過,如果換成曾志偉或者泰迪‧羅賓去說,女孩子只會回一句「神經」;而換成旭仔,旭仔憑眼神就能讓對方沉醉。因為連背影都會調情的美男,說出來才有震懾效果,才能讓對方永不忘記,才能令觀眾認可和接受。

因此,《阿飛正傳》劇情能否成立,完全取決於男主角的表現力。王家衛是幸運的,他在最合適的時機,遇到了最為合適的演員。

蘇麗珍和他從一分鐘的朋友,變成一小時的朋友,又是一天的朋友……等發現自己愛上這個阿飛時,已經陷得太深,無法自拔了。

當她提醒他表姐結婚時,當然是希望他也有所行動,可人家就是不反

第七章　家衛有約

應。當她明確提出想結婚時，他還是無動於衷。

結婚由女人提出，已經夠沒面子了，可她還是鼓足了勇氣，試圖為自己爭取幸福。

當得不到肯定答覆時，她沒有發火，更沒有撒潑，只是穿好衣服默默離開。

不過，不哭不鬧，不代表沒有感情。

「我以後都不會再來。」事實證明，這是多麼言不由衷。也呼應了旭仔最早的告白。

顯然，這世界上不是所有女孩，都像蘇麗珍這樣沒有脾氣，露露當然更不是。旭仔搞定露露的過程，堪稱經典的「一舉兩得」。在舞廳的洗手間，他痛打了偷養母耳環的老男人。平日裡的他懶散成性，這時候居然目露凶光、出手狠毒，把養母的情人嚇得連連求饒。

出了門，旭仔旁若無人地梳頭，隔著銀幕都能感受到這股霸氣。「你很喜歡這對耳環？送給你！」然後，他瀟灑地一丟，轉身離去。

她對著鏡子比劃兩下，急忙叫住他，露出了迷人的笑容：「喂，怎麼才有一隻？」

「我在下面等你。」旭仔的一手搖著耳環，笑容更加性感。

曖昧的罐頭音樂[19]響起。接下來要發生的事情，大家應該都能猜個七八分了。所謂遇到對的人，一切就是這麼順理成章。

當旭仔講「電話能遺失，人也可以遺失時」，她馬上撲向躺在床上的情郎：「你試著遺失，我朝你潑硝鏹水，劃花你的臉！」

都說玩笑中有真實成分，蘇麗珍是絕對說不出這些話的。可是剛才還懶洋洋的旭仔，此時猛然古惑仔附體，惡狠狠地說道：「別跟我這麼講！」

---

[19] 又名版權音樂，製作音樂，就是已經做好的音樂，且有版權保護不能隨便流傳。

就差一巴掌打上去了。

你猜露露會怎麼回應？是收拾東西走人嗎？不，她很快就服軟了：「你收服了我，我沒有辦法。」

為了留在他身邊，這個高傲的姑娘居然跪在地上，認真地、一下一下地擦洗地板，實在讓人心痛。但她所做的一切，無非是留住旭仔的心。這真是「在歪仔面前有多高傲，在旭仔面前就有多卑微」。

王家衛並沒有拍攝旭仔與兩個女人寬衣解帶的過程——那樣分級都得變了，只是表現了他們在一番雲雨之後的懶散場景，給了觀眾太多的想像空間。但是，如果以為這樣拍攝就容易完成，那真是天真無邪。

一段旭仔與蘇麗珍在床上溫存的戲份，王家衛居然要求拍攝了47次，創造了張國榮從影以來重拍的最高紀錄。可能王家衛自己都不知道哪一次更好，他只是想培養演員的狀態，讓他們徹底融入戲中。

當然，也得虧張國榮有專業精神。顯然，不是所有演員，都願意這麼被折騰。

超仔（劉德華飾）是個暖男，他第一次見到蘇麗珍時還在當巡警。

超仔發現她無助地蹲在旭仔家門口，於是敲門提醒旭仔有女孩找他。蘇麗珍藉口拿自己的東西，實際上是想求複合。但是人家說大家不合適，他也不想結婚。

蘇麗珍靠在牆上，渾身抽搐，終於，她鼓起勇氣，說出了連自己都不相信的話：「不結婚不要緊，我只想和你在一起。」

這真是底線都不要了。得是魅力多大的男人，才能把女人逼成這樣？

「妳為什麼遷就我？妳遷就了我一時，遷就不了我一輩子。跟我在一起妳不會快樂的。」

「你到底有沒有喜歡過我？」

第七章 家衛有約

「我這輩子還不知道會喜歡多少個女人，不到最後，也不知道誰是自己最喜歡的。」

說這話時，露露就在屋裡聽著。我們看不到她的臉，只看到背影的扭曲，可以想像，她有多麼難受，那張花容月貌的俏臉，此時都沒法看了。

超仔希望自己能取代旭仔，但蘇麗珍就是走不出心結。

蘇麗珍只想找個傾訴對象，能保守祕密，但可不想移情別戀。

他要她從這一分鐘開始忘記旭仔，卻令她更加痛苦。但是最後，她還是解脫了出來，甚至還輕鬆地問對方家人的情況。超仔也毫不掩飾地表示了好感，可惜，她並沒有接受。

他天天守候在電話亭邊，卻永遠等不到電話響起。

當超仔決定要去跑船時，表面上是因母親過世，但是更真實的緣由是放棄了蘇麗珍。

歪仔（張學友飾）是旭仔的朋友，但是從頭到腳具有失敗者的氣質。但是他相對成熟穩重，而不像《旺角卡門》的烏蠅那樣拎不清自己。

當旭仔和露露親熱時，歪仔居然順著管道爬進來，顯然，他和旭仔是老相識。這麼自卑無能的人，旭仔怎麼會願意和他交朋友？影片沒有交代。王家衛電影總會有大段留白，全憑觀眾自己思索。

露露只跳了一段舞，就讓歪仔愛得死心塌地。她一眼就看透了他：「不準喜歡我！」

旭仔去菲律賓之前，將愛車交給了歪仔。他以為有個車就能追上女神，結果還是太年輕。

歪仔賣了旭仔送他的車，卻把錢交給露露，讓她去菲律賓找心上人。那副卑微的神情，實在看得讓人傷心。

感情中最可怕的定律，是誰動心誰就輸。兩位姑娘明明相貌不差，明

明知道旭仔根本靠不住，明明清楚身邊就有深愛自己的人，卻輕而易舉地拒絕了唾手可得的真愛，反而要不惜一切代價，去追求自己根本得不到的東西。

不得不說，王家衛對人生、對愛情、對宿命的理解力，還是相當深刻的。而在他的鏡頭之下，5 位主要演員也以自己精采的表現，為這部相當陰鬱沉悶的影片增添了別樣的魅力。

而梁朝偉在影片最後，也留下了一段相當驚豔的長鏡頭。

電影時長僅 90 分鐘，前半部分，講三男兩女的感情糾葛，後半部分畫風突變，成了旭仔菲律賓冒險記。這個過程真是一點也不瀟灑，令人唏噓甚至可憐。

別看旭仔對年輕姑娘可以為所欲為，他也有自己的死穴。諷刺的是，他的執念也是女性。

他一心想找到自己的生母，想搞清自己的身世。

為此，他隻身前往菲律賓，甚至不惜將愛車送給歪仔。

先是生母不認他，讓人將他「請」了出去。

「當我離開這個家的時候，我知道自己身後有一雙眼睛看著我，然而我是不會回頭的，我只不過想見見她，看看她的樣子，既然她不給我機會，我也絕不會給她機會。」

再是醉酒之後，被妓女偷光了錢。

在異國他鄉，旭仔居然遇到了超仔，正好讓他陪自己走完了最後一程。

王家衛曾經設計了一場旭仔的自殺戲，讓這個無腳鳥從大橋上一躍而下。不過，這段鏡頭並沒有用到影片中。

隨後，就是在馬尼拉火車站與假證販子們的混戰了。電影的 1 小時 18 分處，配合著拉丁風格的音樂，跟隨著旭仔的腳步，那個主觀長鏡頭確實

夠酷炫。他的視線先是落在一輛馬車上，然後是車站門口驅趕乞丐的警察，再是黑燈瞎火的樓梯，轉過來，總算有了扇窗戶。再上樓梯，看到有拖地的工人，躺在長椅上的旅客，都在為餬口辛勞。進到售票廳，旭仔總算現身了，他神色輕鬆，似乎還想在這裡再跳一次恰恰。

原來他是來與假證販子交易的，可是他又沒有錢。當他對人家捅出一刀時，也就預示了自己的宿命，這裡畢竟不是你的地盤。

在董瑋的動作設計下，這場車站群毆戲還是相當耐看的。一番血戰之後，旭仔和超仔逃過了追殺，跑到了火車上。

兩人在車站頂棚上狂奔的鏡頭，居然沒用替身。可是大家知不知道，他們這是拿命在奔跑。

當時據菲律賓道具員說，有幾塊區域是不能踩的，卻根本說不清是哪幾塊。就這樣，兩個身價香港前五的巨星，冒著隨時摔下去的危險，完成了這段鏡頭。

所謂「躲過了初一，躲不過十五」，旭仔還是被仇家逮到了。臨終之前，他還在喋喋不休：

以前，我以為有一種鳥一開始就會飛，飛到死亡的那一天才落地，其實它什麼地方也沒去過，那鳥一開始就已經死了。我曾經說過，不到最後一刻，我都不知道最喜歡的女人是誰。不知道她現在在幹什麼呢。天開始亮了。今天的天氣看上去不錯，不知道今天的日落會是怎麼樣的呢？

背景畫面，正是影片開始的椰林。不過，早知今日，何必當初？

眼看男一號不行了，男二號問了他「四月十六日下午三點」的問題，他居然還記得：「她問你的？」

超仔想裝出若無其事的樣子，怎麼裝得出來。

露露帶著錢到菲律賓找旭仔，可怎麼可能找得到。

蘇麗珍終於想通了，給超仔打電話，可又怎麼能打得通。

低矮破舊的小屋裡，一個青春版旭仔（梁朝偉飾），正認真梳妝，準備出門獵豔。

所有的人，其實都是無腳鳥。

著名導演謝晉在評價周潤發時，曾經做了這般評價：「演員分三個階段，第一是基調，第二是個性，第三是魅力。基調是可以勝任任何角色，二是可以演出人物的個性，三是從角色中發揮個人魅力。而最後一階段是最高層次，演員不容易達到，但是周潤發就能做得到。」

照這個標準看，張國榮不光做到了，更是因為他的表演，《阿飛正傳》的故事邏輯才有了說服力。

我們不妨假設一下，如果旭仔換個演員來演，能產生這樣長久的藝術魅力嗎？王家衛能憑此片一舉封神嗎？

如果《阿飛正傳》在票房慘敗的情況下又沒有金像獎加持，張國榮依舊能得到大量片約，而王家衛的電影之路，還能走多遠呢？

1990年聖誕檔，書寫了香港影史上的精采一頁。

12月13日，由王晶執導，劉德華、周星馳、張敏和陳法蓉主演的《賭俠》，在嘉禾院線開映。

兩天之後，《阿飛正傳》在金公主和新寶院線雙線聯映。

全香港最知名的兩個1950後出生的王姓導演，在這一年的聖誕檔槓上了。但是理想很豐滿，現實很骨感。《阿飛正傳》上映13天就被迫下線，票房975萬。而《賭俠》連映52天，票房4,034萬，是香港影史第二部破4,000萬的大片。雖說票房被碾壓，但是王家衛的封神之日，也快到來了。

1991年4月21日，第10屆金像獎頒獎禮在香港文化中心大劇院舉

行，《阿飛正傳》之前已經獲得包括最佳劇情片、最佳導演和最佳男女主角在內的 9 項提名。它的最大對手，無疑是去年 12 月在第 22 屆金馬獎上摘得 8 個獎項的《滾滾紅塵》。

但是當晚最大的贏家，顯然是年輕帥氣的王家衛。《阿飛正傳》贏得了 5 項大獎，之前被視為對手的《滾滾紅塵》，居然一無所獲。

入圍最佳男主角的，還有實力戲骨梁家輝（《愛在別鄉的季節》），未來歌神張學友（《喋血街頭》），以及兩代喜劇之王：許冠文（《新半斤八兩》）和周星馳（《賭神》）。顯然，上年的金馬獎影帝梁家輝是張國榮最大的競爭對手。

此時的張國榮還在溫哥華，並沒有返港參加頒獎禮。他的顧慮是顯而易見的：不遠萬里飛回去，如果沒有得獎，豈不成了笑話？如果得了獎，又很可能被說成是內定。因此，最好的方式就是按兵不動。

加拿大時間早上 7 點多，張國榮接到了經紀人陳淑芬的電話，確認自己獲得了最佳男主角。他成為同時擁有年度最受歡迎男歌手和金像獎影帝獎盃的第一人。

12 月 7 日，第 28 屆臺灣金馬獎頒獎禮在臺北劇院舉行。《阿飛正傳》獲得 6 項大獎，成為當晚最大贏家。

最佳劇情片頒給了楊德昌執導的《牯嶺街少年殺人事件》，但在最佳導演競爭中，王家衛戰勝了關錦鵬（《阮玲玉》），以及兩位臺灣頂級大導演楊德昌和李安（《推手》）。

入圍最佳男主角的，除了張國榮之外，還有憑《牯嶺街少年殺人事件》雙雙入圍的張國忠和張震父子，以及老戲骨郎雄（《推手》）。

張國榮毫無疑問是最大熱門，但最終捧走獎盃的居然是郎雄，讓人覺得既意外又遺憾。

毫無疑問，這是他離金馬獎影帝最近的一次。

《阿飛正傳》讓張國榮成為金像獎影帝，更讓王家衛一鳴驚人，橫掃金像和金馬，躋身香港頂級大導演之列。這樣的菁英，怎麼可能再為別人打工？1992 年，在臺灣資本的支持下，王家衛與好友劉鎮偉成立了澤東影業，致力於出品高品質電影。

他的下一部電影，最想合作的演員當然還是張國榮。

二、慢工至榆林，《東邪西毒》締造另類武俠經典

到了 1992 年，由於徐克《笑傲江湖》和《黃飛鴻》的大火，整個香港電影圈幾乎都在搶拍古裝武俠。王家衛也不能免俗，他準備拍一部《射鵰英雄傳》的前傳《東邪西毒》，主演是張國榮和林青霞兩大一線巨星，為了增加影片看點，澤東公司一口氣簽下了八大明星。

爆笑喜劇《東成西就》在 1993 年賀歲檔的成功，保證了王家衛可以繼續搗鼓他的悶騷文藝武俠。這位大導演決定重啟《東邪西毒》，並有了一個更為大膽的計畫。

6 月 12 日，張國榮、張學友、梁家輝和梁朝偉，香港影壇最出色的「二張二梁」，首次來到陝西榆林，與 6 日先期到達的王家衛劇組會合。

此時的榆林，還是中國最貧窮的地方之一，豐富的煤炭資源還未開發，只有大片的沙漠。呼嘯的北風吹過，捲起漫漫黃沙，遮天蔽日；每逢晴天，天空又是格外湛藍，令人心曠神怡。王家衛認為，這裡的氛圍很適合《東邪西毒》的氣質。

1990 年代初中期是香港電影的巔峰年代，一、二線影星一年拍七、八

部戲，同時接拍兩、三部非常正常。王家衛倒好，簡直是把半個香港娛樂圈搬到榆林吃沙子來了。張國榮是個另類，他號稱「張一組」，從頭到尾跟足了40組戲，誰讓他是男一號呢，應該的！其他人就不一樣了，不得不頻繁地飛回香港又飛回來。

起初，眾多明星以為《東邪西毒》是一部武俠片，要不然也不會把洪金寶也請到榆林吧。可拍著拍著，大家才明白，王導演還是要玩他那一套小資情調。片中的角色並不是什麼俠客，只是穿上了古裝的現代人。

這部電影，也為張國榮帶來了不小麻煩。

在紅石峽山洞拍戲時，張國榮慘被蠍子蜇了，送到醫院時，醫生都不知道怎麼治療，只是說白色的蠍子毒性不大。當晚，他通宵不敢入睡，並找來了製片人陳佩華聊天。「想到就這樣被毒死了，真的是很不甘心啊！」幸好天亮之後紅腫消退，他才慶幸自己撿回了一條命。

按譚家明的說法：「《東邪西毒》處理的是幾個人物的愛情故事，他們恰巧是俠客而已。大家可能誤為該片是一部武俠片，但它並不是。」從影片中歐陽鋒大嫂與歐陽鋒及黃藥師的「三角戀」來看，它似乎致敬了張愛玲經典小說《半生緣》中，女主角顧曼楨與沈世鈞和祝鴻才的情感糾葛。

這一點，王家衛自己都沒有否認。他說：「當時拍武俠電影最大的挑戰是，它們很多都是講誰的武功最高，但我認為這可能不是最重要的。於是我會去想，那些大俠是不是有他們的感情生活的。我就說，我們這一次拍一個武俠電影，但是可不可以用一個《半生緣》的角度。金庸跟張愛玲在一起會怎麼樣？」

王家衛給電影取了個富有詩意的英文名字，叫《Ashes of Time》，著名影評人「的灰」的筆名，正是源自這裡。

這個版本的《東邪西毒》，與《射鵰英雄傳》基本上沒有關係了，它只

二、慢工至榆林，《東邪西毒》締造另類武俠經典

是借用了小說中的 3 個主要人物：東邪黃藥師（梁家輝飾），西毒歐陽鋒（張國榮飾）和北丐洪七（張學友飾），也絕對不是《射鵰英雄傳》的前傳。

郭靖、黃蓉、楊康、穆念慈等原著小說中真正的主角，自然是不可能出現的。但是，片中卻多了兩個重要角色，姑蘇城中慕容世家的兄妹慕容燕和慕容嫣（均由林青霞飾），角色的靈感，似乎源於《天龍八部》中那個志大才疏的慕容復。

至於盲劍客（梁朝偉飾）、孤女（楊采妮飾）和洪七之妻（白麗飾），則是王家衛原創的人物。

雖說有洪金寶做武術指導，但是影片中的打戲並不多。而且，打鬥場面也不是金庸式的一打半天，你來我往；而是古龍式的一招致命，乾脆俐落。由此，也讓人聯想到一部同樣在沙漠拍攝的小成本電影《雙旗鎮刀客》。

作為男一號的歐陽鋒，只在開頭有不到一分鐘的打戲，在 2008 年的終極版中，還被王家衛刪除了。說好的武俠片，不讓男主角展現武功，光讓他賣嘴，這風格的確另類。

在片中，離開了家鄉白駝山，跑到沙漠開酒店的歐陽鋒，皮膚粗糙、鬍子邋遢、服裝老土，就是一個油膩中年男。沙漠裡能有多少客流量？因此，他不得不做了殺手仲介，這生意顯然比賣酒賺錢。

影片採用了二十四節氣中的驚蟄、夏至、白露、冬至、立春作為故事章節，兜兜轉轉，最終又回到驚蟄。影片開頭和結尾，都是歐陽鋒在兜攬殺手生意。

……其實，殺一個人是很容易的。一點也不麻煩。我有個朋友，他武功非常好，不過最近生活上有些困難，如果你肯給他一點錢的話，他一定可以幫你殺了他。考慮一下，不過要快，如果不是的話……

但是這部電影，絕對不是《恐怖遊輪》那樣的環形敘事。

歐陽鋒有個好朋友黃藥師，每年都從東邊來，找他喝酒，這一次，他帶來了一罈「醉生夢死」酒，說是歐陽鋒他大嫂（張曼玉飾）送給他的。歐陽鋒還沒喝，黃藥師自己卻痛飲上了。

從此，黃藥師就失去了記憶。見到歐陽鋒，不知道他為什麼招待自己；見到盲劍客，不知道他為什麼恨自己；見到慕容燕，更不明白他為什麼要殺自己。

英氣逼人的慕容燕找到歐陽鋒，讓他殺的人，是拋棄自己妹妹的黃藥師；漂亮嫵媚的慕容嫣也找到歐陽鋒，讓他殺的人，居然是她哥哥慕容燕。

這是搞什麼鬼呢？

慕容燕又找到了歐陽鋒，警告他不要打妹妹的主意；慕容嫣也又找到了歐陽鋒，催促他趕緊殺了慕容燕。

這玩的是哪一齣啊？怎麼還有點像《大話西遊》中的青霞和紫霞？對了，劉鎮偉正是《東邪西毒》的監製，這橋段說不定還是他想出來的。

在《阿飛正傳》中，王家衛給了鐘錶很多的特寫。古代是沒有鐘的，但是這部影片中，鳥籠卻成了最為搶眼的道具。緩緩旋轉的鳥籠，配合著忽明忽暗的光線，營造出一種撲朔迷離的夢幻感，也正切合了片中人物的心情。人看不起籠中之鳥，豈知世界不就是個巨大的鳥籠，你一樣是籠中之鳥。

王家衛當然無意於拍一部燒腦片，謎底很快就被揭開了：這倆兄妹，原本就是同一個人，同一個女人。

慕容嫣曾扮成男人與黃藥師喝酒，後者藉著酒勁說過：「如果你有個妹妹，我一定娶她。」就因為這句戲言，慕容嫣就墮入了愛河。

她約黃藥師見面卻被放鴿子。從此，她居然就玩起了分身遊戲，搞得像雙重人格一樣。又致敬了慕容復的精神分裂。

醉酒之後，慕容嫣將歐陽鋒認成黃藥師，歐陽鋒將她誤認為自己暗戀的大嫂（張曼玉飾），將錯就錯之下，兩人度過了一個不好描述的夜晚。王家衛電影的拍攝、打光、構圖和上色都極其漂亮，愣是把一個俗氣的沙漠小酒店，拍得非常有詩意。一曲蒼涼雄壯的〈天地孤影任我行〉，也將片中人的孤寂落寞，烘托得入木三分。

此後，世上再無慕容燕或慕容嫣，倒多了一個對著影子練劍的孤獨求敗。她的寶劍一出，能讓河水翻騰，驚濤拍岸，比集束炸彈的威力還大。這真堪稱化悲痛為力量，失戀不失志的典型。

筆者曾設想，如果《東邪西毒》真的拍成一個燒腦電影，讓慕容燕（慕容嫣）的謎底在最後才揭開，是不是更有意思？大牌演員只需要張國榮、林青霞和梁家輝三人足矣，最多再加個張曼玉客串的大嫂。當然，王家衛從來不這麼拍。

從來沒見過一部電影的女一號，在影片開始三分之一時就領了便當。1994年6月29日，即將迎來40歲生日的林青霞退出影壇，嫁作人婦，《東邪西毒》正好是她的第100部，也是最後一部電影。

此後，一個比模特還精緻的孤女閃亮登場了。她拉著一頭老驢，提著一籃雞蛋，希望以此為報酬，僱殺手收拾殺害她弟弟的太尉府刀客。這想法也太荒謬了。但更讓人意想不到的是，這孤女居然成為推進劇情的重要角色，王家衛慷慨地給了她很多戲份。

楊采妮拍戲的時候僅有19歲，這也是她參演的第一部電影，《東成西就》她並未參與。王家衛電影幾乎從不用新人，她為什麼就能如此幸運呢？

其實，楊采妮屬於「救火」演員，她代替的是合約到期的王祖賢。

这个孤女，讓觀眾想到了告別劇組的王祖賢，讓歐陽鋒想到了遠在白駝山的大嫂，讓盲劍客想到了遠在桃花島的妻子桃花（劉嘉玲飾）。兩個男人都打著自己的小算盤。歐陽鋒直言不諱，說要賣的話，她比驢子值錢；盲劍客根本無意幫助她，其實都是想多留她一段時間。

盲劍客把人家當成最好的朋友，他的新婚妻子，也把這傢伙當成了最重要的人，這就悲劇了。

這兩個傢伙哪有什麼俠義精神，都是精緻的利己主義者。盲劍客的眼睛眼看著快瞎了，就接了一單大生意，保證自己回去能見到看妻子。隨後，他迎來了全片第一場大混戰，也迎來了他的死亡。

採用「偷格加印」技術，《東邪西毒》中的打戲迅捷凌厲，但完全不是金庸式的招式優美，而是古龍式的一劍封喉。

臨出發前，盲劍客很不厚道地親了孤女，搞得她的雞蛋只剩下一個好的了。當然，他是想起了妻子，是在與桃花隔空訣別。

和慕容嫣一樣，他的妻子也愛上了黃藥師。看來，黃藥師就是穿越到1,000年前的旭仔。

另一個角色洪七出場了，他很有當殺手的天分，於是歐陽鋒包裝他，給他買了雙鞋，保證他能得到好價錢，自己也能有更多提成。他們還參觀盲劍客的屍體（連埋都不埋），了解注意事項。

影片的第三場群鬥戲，以洪七的大獲全勝而告終。不過，這時的他，居然做了一件特別爺們兒的事情。

為了給孤女報仇，他失去了一根手指，還得了重病。孤女去求歐陽鋒幫忙，這老兄愛理不理，暗示她可以提供點有價值的東西。

但是洪七還是義氣，他堅決要求孤女不要做傻事，他吃了一個雞蛋，這是交易，不用報恩。

妻子適時到來，陪他一起闖蕩江湖。誰說帶著女人，就不能闖蕩江湖呢？「如果你以後在江湖上聽說一個九指的英雄，那一定是我。」還真是豪氣。看到他帶著老婆離開，歐陽鋒內心的失落無以言表。

立春時節，歐陽鋒去了桃花島，發現那裡根本沒有桃花。

桃花，只是一個人的名字，這個人，愛的居然是歐陽鋒的熟人。

而她的丈夫，也死在了酒店前面。

而他，也明白了老朋友一年一來的緣由。

影片的最後，歐陽鋒最終還是喝下了醉生夢死酒，卻引出了最大的一個懸念。原來，這酒根本就是假的，而男一號的愛而不得，卻是真的。

歐陽鋒做什麼事都算計得失，他當然不會為了一個雞蛋去冒險，一籃子也不行。

他做人的邏輯是：如果你不想被拒絕，最好的辦法是拒絕別人。就因為這份高傲，他最愛的人成了他的嫂子。

大嫂明明愛的是他，明明只想等他說句話，他卻矜持得不開口。

大嫂明明一直在等他，明明想讓告訴他，可這傢伙也不開口，只喝酒。

原來，黃藥師也喜歡這位大嫂，這就悲劇了。

嫂子同樣是輸家，在她最好的年華，卻不能和心愛的人在一起。

張國榮在影片中的表現，似乎不如一人分飾多角的林青霞搶眼。導演並沒有為男一號安排令人血脈賁張的打戲，也沒有表情跨度極大，需要表現大悲大喜、精神分裂的情感戲。自始至終，他都是心眼太多、心思複雜、心機深重的一個陰險大叔、江湖混子，難讓人喜歡起來。相比之下，唯一能體現武俠精神的洪七，卻非常正向。

而在沒有劇本、每天都不知道演什麼的情況下，張國榮能始終維持這樣的水準。他精準地演出了與黃藥師一同飲酒時的謹慎，與慕容燕討價還

價時的冷靜，聽慕容嫣哭訴時的茫然，數落孤女時的刻薄，為洪七買鞋時的精明，阻止大嫂結婚時的粗暴，以及幡然悔悟時的果決。

1995年，張國榮憑這部影片獲得首屆香港電影評論學會大獎的最佳男主角，可以說是實至名歸。

第二年，這個獎項頒給了主演《西遊記大結局之仙履奇緣》的周星馳。兩大巨星因這個獎項而結緣，而兩部同在西北沙漠拍攝的電影，雖說主演沒有一個重合，其依然有著千絲萬縷的聯繫。

「當你不能夠再擁有的時候，唯一可以做的，就是令自己不要忘記。」在今天，這句影片中的經典臺詞，可以讓我們用來緬懷張國榮。

在評點《東邪西毒》時，著名影評人的灰老師說過，看王家衛電影看到鑽研劇情的份上，那真叫暴殄天物，煮鶴焚琴，煞透了風景。

這話當然非常有道理。但是在評點《金枝玉葉2》時，她又如是說：

「一部成功的電影，需要靠劇情、靠人物來打動人心，如果故事不能說服觀眾，再美的場景也是白費。」即便再推崇文藝片的金馬獎，依然將最佳電影獎項叫做「最佳劇情片」。可見在評審眼中，劇情並不是不重要。王家衛從來沒得過這個獎項，真的不是評審有偏見。

剪輯、布景、燈光、美術、服裝、道具等，當然重要，但是都必須依託於故事核心，是為劇情服務的。否則，皮之不存，毛將焉附？

當然，質疑王家衛所需要的勇氣肯定比批評陳可辛多。但是筆者還是小心翼翼地多說兩句：如果王家衛導演能更多地遵守電影創作的規律，先寫好劇本，做好分鏡，把劇情邏輯關係理順，他的作品一定會更加出色，拿下金馬獎甚至金棕櫚獎的機率，一定會提高的。

當年9月，《東邪西毒》劇組離開榆林返港。也就是說，劇組在榆林只待了3個月，但這部電影的拍攝週期，確實達到了兩年之久。

王家衛在後期製作的同時，還忙裡偷閒，用兩個月時間拍攝了一部《重慶森林》，展現出了很高效率。這是由兩個獨立故事組成的電影，由林青霞、金城武、梁朝偉和王菲主演。1994 年 7 月 14 日，電影在暑期檔先期上映。

同年 9 月 17 日，暑期檔已經宣告結束，學生們早已返回校園，《東邪西毒》才姍姍來遲。選擇這一天開映，證明了王家衛一開始就不想拼票房，只想拍出他自己心目中的「藝術片」。不巧的是，永盛大片《凌凌漆大戰金鎗客》也在同一天首映。王家衛和周星馳拚票房，就相當於周星馳和王家衛拚金像獎，被全程碾壓是必然的。

雖說陣容豪華得相當浪費，10 月 12 日下映時，《東邪西毒》票房區區 902 萬，僅比《重慶森林》的 768 萬略高。《凌凌漆大戰金鎗客》則以 3,752 萬列年度第三。

1994 年 12 月 10 日，第 31 屆金馬獎舉行頒獎典禮。《東邪西毒》的拍攝辛苦並沒有轉化成評審們的肯定，只獲得了 5 項提名，最佳劇情片、最佳導演和最佳男女主角提名都沒有它的份。最終，它也只贏得了最佳攝影（杜可風）和最佳剪輯（奚傑偉、譚家明）兩個技術獎項。

而《重慶森林》雖說有 9 個提名，卻只得到了最佳男主角一個獎盃。梁朝偉只演了半部電影，就首次榮獲金馬獎影帝。

1995 年，是世界電影誕生 100 週年。

2 月 17 日，在首屆「香港電影評論學會大獎」評選中，《東邪西毒》獲得最佳電影、最佳導演、最佳編劇和最佳男主角 4 項大獎，算是對整個劇組辛苦付出的承認。

4 月 23 日，第 14 屆金像獎頒獎禮在香港文化中心大劇院舉行。當時，《東邪西毒》和《重慶森林》均獲 9 項提名並列第一，大有包攬所有獎項的

勢頭。有好事者傳言，應該模仿劉鎮偉的《92黑玫瑰對黑玫瑰》，拍一部《95王家衛對王家衛》的紀錄片。不過，《東邪西毒》拍攝了一年多，卻沒有一人能夠入圍表演獎項。

當晚的頒獎禮，幾乎變成了澤東公司年會。可惜的是，和《重慶森林》一舉拿下最佳電影、最佳導演、最佳男主角（梁朝偉）和最佳剪輯（張叔平、鄺志良、奚傑偉）4項大獎，張國榮飾演的歐陽鋒一無所獲的成績相比。《東邪西毒》只得到了最佳攝影（杜可風）、最佳美術指導（張叔平）和最佳服裝造型設計（張叔平）3個技術獎項。

三、《春光乍洩》香港回歸前上演，不如我們從頭來過

1997年，作為世界第三大金融中心的香港，卻承受了開埠以來最為嚴重的金融危機。作為「非生活必需品」的觀影需求，自然是大大降低。加上美國大片的強勢衝擊，「東方好萊塢」的地位，已然是朝不保夕。所有的從業者，都面臨嚴峻的挑戰與抉擇。

由於將很大精力放在了全球演唱會和休假上，張國榮全年僅有一部影片上映。這就是當年5月30日開映的《春光乍洩》。

在王家衛執導的10部長片中，《春光乍洩》在社群媒體中的評分最高，是唯一一部達到9.0分的作品。張國榮在片中只是男二號，但是這部電影，卻被無數榮迷推崇。

在《重慶森林》、《東邪西毒》橫掃金像獎以後，王家衛的新作《墮落天使》反響平平。在1997的背景下，他大膽地把新電影《春光乍洩》定為同志題材。英文名《Happy Together》。

但是影片內容似乎與主題不符，整個過程喜多憂少。

1996 年 7 月 29 日，《春光乍洩》在蘭桂坊一家酒吧舉行了開鏡儀式。8 月 19 日，劇組出發前往阿根廷，初定的拍攝計劃只有三週。不過因為合作公司的費用等問題，直到 9 月 11 日，影片才正式開機。

王家衛曾解釋道：「阿根廷是能夠去到的距香港最遠的地方，充滿放逐的感覺與懷舊的情緒。」請注意這最後 13 個字。

在字幕表上，張國榮是「一番」，但是電影的畫外音，基本上都是梁朝偉來的。參照《阿飛正傳》和《東邪西毒》，誰擁有這樣的「話語權」，誰才是真正的男一號。

王家衛這麼做，也有自己的苦衷。10 月 3 日，張國榮飛回香港，出席「跨越 97 演唱會」的記者招待會，從此就長留香港。無奈之下，王家衛不得不急召張震救場。等到電影殺青，已經是 1997 年的事情了。

在阿根廷發生的一切，並沒有影響張國榮和梁朝偉的交情，事實上，他們的友誼維持到了 2003 年。

但是《春光乍洩》確實為梁朝偉帶來了好運，不光收穫了金像獎和金紫荊獎影帝，更從 2000 年開始，躋身香港一線明星之列。

梁朝偉屬於比較典型的「直男」，出演同性戀電影無疑是重大挑戰。

梁朝偉後來曾說：「當時拍攝時，我對同性戀愛角色存有疑慮、無信心，幸好有哥哥做對手，他很認真和投入，實在幫助我不少，有他鼓勵，我才能演繹出如此成功的角色。」

在阿根廷拍戲時，張國榮一度染上了阿米巴病毒，腹瀉不止。梁朝偉和他住在同一家酒店，對他也是非常照顧。無獨有偶，影片中確實有一段黎耀輝（梁朝偉飾）照顧何寶榮（張國榮飾）的戲份，相當溫馨。

《春光乍洩》的故事指哪說哪，隨心所欲，不太重視前因後果和起承轉合。當然，王家衛導演一貫如此，不這麼拍，反而彰顯不了他的風格。

影片一開始，何寶榮與黎耀輝在給護照蓋章時，鏡頭還是彩色的，之後畫面很快就成了黑白。隨著兩人情緒的變化，全片也在黑白與彩色之間反覆切換，王家衛的鏡頭風格就是大膽。

此後，兩人還有一番激情纏綿，這時候確實是很快樂地在一起，但是很快就有矛盾了。我們注意到，何寶榮左耳有耳釘，黎耀輝右耳上也有，這是他們的情侶標誌。

兩人如何相愛，之前有沒有異性伴侶，影片並沒有交代。兩人相約去阿根廷旅行。在去伊瓜蘇大瀑布的途中，他們迷了路，留在了布宜諾斯艾利斯。

一對戀人中，總得有一個理性、一個感性；一個直爽、一個糾結，這樣的情感才有意思吧。

《阿飛正傳》有座鐘，《東邪西毒》有鳥籠，《春光乍洩》則有非常酷的瀑布燈，很多粉絲都想買。這座燈，事實上也是維繫兩人感情的重要紐帶。

何寶榮的口頭禪是「不如我們從頭來過」，這也成為影片的經典代表。

他總是喜歡追求浪漫、刺激與變動，相比之下黎耀輝則保守、沉穩和內向。在迷路之後，他們很快分手了。戀愛中的人，分分合合其實都很正常。

不難看出，何寶榮的性格，似乎——我說的是似乎——更偏女性一些，而黎耀輝更偏直男一點。羅素先生不是說了嗎，多樣化是幸福之源。這樣的搭配，未嘗不是好事啊。

在異性戀中，根本不應該講求男女平等，而需要男人多包容體貼女性。但是如果是同性戀，就有必要追求絕對的平等了嗎？這是個見仁見智的問題。

在「同性戀之都」布宜諾斯艾利斯，黎耀輝當上了酒吧服務生，每天滿臉堆笑地迎接客人：「請進，歡迎，裡面坐裡面坐！」何寶榮則有輕鬆來錢的方式——跟白人廝混。他們有時也會碰上，卻要裝作不想再見的樣子，這麼較勁，其實也沒意思。

先想要分開的是何寶榮，想復合的還是他。黎耀輝雖說餘情未了，但也許是不想受更多傷害。面對何寶榮明晃晃的誘惑和挑逗，他頑強地說「不」。但黎耀輝沒有想到的是，一塊手錶，也能引發血案，更讓他的防線完全崩潰。

何寶榮偷了一位嫖客的上等手錶交給黎耀輝，結果挨了一頓打，不得不過來要錶。但是黎耀輝完全不同情他。然而，後來看到被打得沒有人形的何寶榮時，黎耀輝還是動了惻隱之心，讓他和自己住在了一起。

隨著時間流逝，兩人關係越來越親密，有何寶榮待在家裡，黎耀輝覺得特別踏實、特別滿足、特別幸福。為了替愛人報仇，黎耀輝甚至不惜痛打嫖客，丟掉工作。

他們一起晨練，一起看賽馬，一起在廚房共跳探戈，一起 happy together。

當然觀眾都知道，他們不可能這樣永遠甜蜜下去。黎耀輝再就業了，在一家餐廳當廚師，萬萬沒想到，他的感情生活，因一些小事徹底改變。

在餐廳打雜的帥哥張宛（張震飾），脫俗的氣質像青春版的何寶榮。他一個無意中幫黎耀輝接聽了電話的舉動，讓何寶榮有了誤會和戒心。

同樣，何寶榮幾次出去買菸和吃宵夜，卻打扮得跟接客一樣精緻，讓黎耀輝起了疑心，懷疑他又做起了老本行。兩人既敏感又脆弱。最後，憤怒的何寶榮還是離開了。

黎耀輝起初不待見張宛，卻慢慢發現他很像年輕時的何寶榮，更發現

他對女生似乎不感興趣，逐漸對這個小帥哥產生了不同尋常的感覺。

難道新的戀情又要上演？可是，張宛卻突然要離開餐廳，去往一個叫烏蘇里雅的地方，傳說那裡有個燈塔，失戀的人都喜歡去，可以把不開心的事情留下。可是張宛去那裡做什麼呢？他又沒有戀人。張宛讓黎耀輝錄一段聲音，可以帶到燈塔下。

臨走之時，兩人擁抱了一下，可也只能是至此為止。黎耀輝說他像「盲俠」，其實是在含蓄地示愛，可是張宛哪知自己像何寶榮。

張宛確實讓黎耀輝動心了。如果再多一點時間，他恐怕就要行動了。張宛走得真是時候，難道是他看出了苗頭？

何寶榮租下了當初黎耀輝住的房子，他就像變了一個人一樣，認真清掃房間，整理得井然有序，還買來幾條煙，像黎耀輝當初那樣擺好，還真有點像一個等待丈夫歸家的主婦。可惜，他再也等不到想念的人了。

黎耀輝來到了伊瓜蘇大瀑布下，看著壯觀的景色，不覺潸然淚下：「我覺得好難過。因為我始終認為，站在這瀑布下的應該是兩個人。」

轉眼到了1997年，張宛來到了烏蘇里雅，想幫黎耀輝將不開心留在這裡，可是隨身聽裡只有奇怪的聲音，似乎是他的哭泣聲。

2月20日，黎耀輝在回香港途中轉機臺北，在著名的遼寧街夜市，見到了張宛的家人，可惜他卻不在。黎耀輝就將張宛在烏蘇里雅的照片拿走了。「如果想見的話，起碼知道在哪裡可以找到他。」

終究，他們三人還是各走各的路。

世上愛情這麼多種，天長地久的愛值得羨慕，短暫的靈肉合一也值得珍惜。好的愛情，不應有絕對的標準。一段感情值不值得，當事人說了才算。

愛情裡最重要的，是兩人的觀念合拍。

有人渴望婚姻生活的甜蜜，有人認為感情不應該用那張紙來證明。

有人希望過上穩定的生活，有人欣賞隨遇而安的瀟灑。沒有對與錯，只有合適與否。

黎耀輝與何寶榮的分開是注定的，兩人的觀念根本就不合，而且也不是很願意遷就彼此。

後來，王家衛在談到《春光乍洩》的一些主題構思時說：「我自己也如同劇中的黎耀輝和何寶榮一對戀人，厭倦不斷地被問及到1997年7月1日後香港將變成如何？想離開香港，來到世界另一頭的阿根廷逃避現實，卻發現越想逃避，現實越發如影隨形地跟著自己，無論到哪兒，香港都存在。」

在影片裡，張國榮的戲份不多，卻奉獻出了極其華麗的表演，如果沒有他的參與，這部影片能夠得到多少關注度，真的是不好猜想。

汽車後座中點菸回眸的率性，滿臉是血地倒在黎耀輝懷中的脆弱，穿著橙黃夾克回眸一笑的風騷，影片尾聲時抱著毛毯痛哭不已的無助，都讓他詮釋得特別傳神。但是銀幕上的何寶榮與現實中的張國榮，性格氣質其實南轅北轍。

1997年12月13日，第34屆金馬獎舉行了頒獎禮。

之前，《春光乍洩》獲得了6項提名，當晚卻一無所獲。

1998年4月28日，第17屆金像獎頒獎禮在香港文化中心大劇院舉辦。《春光乍洩》贏得了9項提名，是最佳電影的大熱門，張國榮和梁朝偉雙雙入圍最佳男主角的5人名單。

可惜，3年前還能以兩部影片左右互搏的王家衛，此次也嘗到了被擊敗的滋味。《春光乍洩》最終只有梁朝偉摘得影帝，其餘一無所獲。陳果以50萬港幣拍攝的《香港製造》拿下了最佳電影和最佳導演，《宋家王朝》則獲得了5項大獎。

領獎時，梁朝偉特別感謝了「一個這麼好的對手張國榮」。他們以後再無合作，卻一直是好朋友。

1999年，關本華、李業華執導的紀錄片《攝氏零度‧春光再現》，記述了3年前拍攝《春光乍洩》時，臺前幕後很多不為所知的逸聞，讓我們看到了王家衛、張國榮、梁朝偉，以及所有工作人員的辛苦。

在商業片當道的香港影壇，王家衛以自己極具個性魅力的影像風格獨樹一幟，贏得了多個獎項，並以《春光乍洩》為華語電影人率先拿下了坎城影展最佳導演獎。而張國榮主演了王家衛的3部電影，見證了他執導風格的日臻成熟，也為自己留下了3個經典角色，為粉絲和影迷留下了太多珍貴回憶，兩人堪稱相互幫襯，彼此成全。

可惜，《春光乍瀉》之後，張、王二人再無合作。梁朝偉與王家衛的攜手，一再擦出神奇的火花。而作為香港明星，張國榮最重要的一部電影，卻是與中國導演合作完成的。

第八章
中國大陸拍片

一、《霸王別姬》人戲合一，詮釋「不瘋魔不成活」

如果要為張國榮選一部代表作的話，我想絕大部分榮迷不會猶豫，第一時間就會做出選擇。

這部電影，承載的榮譽實在太多。第 46 屆坎城國際電影節金棕櫚獎、第 51 屆美國電影電視金球獎最佳外語片獎、第 47 屆英國電影學院獎最佳外語片獎、第 15 屆韓國電影青龍獎最佳外語片獎、第 66 屆奧斯卡金像獎最佳外語片獎提名……

在社群媒體中排名前 250 部優秀電影中，它的評分一直高居第二，僅次於《刺激 1995》，穩居華語片第一。

它當然就是《霸王別姬》。影片中只有一個香港演員，此人卻是全片的靈魂。有他沒他，電影完全是兩個等級。

一千人眼中，有一千個哈姆雷特。個人認為，《霸王別姬》之所以能夠成為迄今為止最佳華語電影，恰恰在於它跳出了狹隘的愛情題材，將主要人物的愛恨糾結、離愁別緒融入中華民族長達半個多世紀的風雲變遷之中，彰顯了在強大的時代洪流中，螻蟻一般的個體，如何捍衛生命的尊嚴，如何堅守做人底線的故事。

值得強調的是，在陳凱歌拍出《霸王別姬》前後，另外兩位優秀導演張藝謀和田壯壯，同樣也完成了兩部歷史跨度長、富含人道主義的力作《活著》和《藍風箏》。在世界電影百年華誕之際，他們代表華語世界的電影人送上了一份厚重的禮物。

為了能讓陳凱歌執導，湯臣老闆徐楓前後等了將近 4 年。

《霸王別姬》是李碧華的代表作。早在 1981 年，在創作小說之時，她為香港電臺創作了兩集電視單元劇。導演羅啟銳選擇岳華出演段小樓，張

國榮出演程蝶衣，但是譚國基代表張國榮拒絕了邀約。1985 年，李碧華將《霸王別姬》劇本改編為長篇小說出版。

在《胭脂扣》大獲成功之後，嘉禾曾籌劃《霸王別姬》，計劃由張國榮、成龍和梅豔芳主演。但是成龍與張國榮都先後婉拒。湯臣影業老闆徐楓也非常喜歡這部作品，積極與李碧華聯繫。最終，湯臣拿到了小說改編權。

1988 年 5 月，徐楓參加第 41 屆坎城國際電影節，觀看了陳凱歌的參展作品《孩子王》，對其才華相當欣賞。這部影片獲得了當屆「教育貢獻獎」。

徐楓第一時間邀約陳凱歌面談，希望由他來執導《霸王別姬》。但是當時陳凱歌已經啟動了《邊走邊唱》專案，對《霸王別姬》也沒多大興趣。

據徐楓回憶說：「為了拍《霸王別姬》，跟他（陳凱歌）談了 200 多個小時。」

1990 年 4 月，在與李碧華溝通之後，陳凱歌邀請中國第一編劇蘆葦加入劇組，擔任聯合編劇。

1991 年 5 月 25 日，張國榮與陳凱歌這兩位當代電影史中的重量級人物，才得以首次會面。他們就拍攝細節進行了交流，達成了共識決定在次年 2 月開機。此後，陳凱歌也敲定了其他主演人選。他原本想親自出演段小樓，但是被老闆徐楓當場否決。

此後，比張國榮大 11 天的張豐毅，成為段小樓的扮演者，女一號菊仙則請到了女星鞏俐。因《編輯部的故事》火遍大江南北的葛優，出演男三號袁四爺。不難看出，這陣容已經是華語電影的頂配了。

但是湯臣與張國榮的合約遲遲未能確定。這位巨星希望合約內寫明「拍攝期限四個月」，以免影響其他工作，但是湯臣只願意口頭承諾。就在

此時，《末代皇帝》主演尊龍突然向湯臣示好，表達了強烈的參演意願。

11月10日，張國榮返港商談《家有囍事》的拍攝事宜。其間他向媒體表示，因遲遲無法達成合約，自己已經正式辭演《霸王別姬》。

但是作為國際巨星，尊龍的合約要求更加苛刻，讓湯臣相當猶豫。12月6日，第37屆亞太影展舉辦，影帝的最大熱門張國榮意外敗北。徐楓在與尊龍近距離接觸之後，發現他形象過於硬朗，並不適合演程蝶衣。而張國榮為《號外》雜誌拍攝的《奇雙會》青衣造型，令她非常欣賞。24日，因為合約細節問題，尊龍主動辭演《霸王別姬》，讓徐楓有了再度聯繫張國榮的機會。

此時的張國榮，已經是永高的「第一基本演員」，檔期已滿。徐楓、李碧華一直努力遊說張國榮，陳凱歌也兩次從北京飛往香港，和他商談合約細節。

從新藝城到永高，黃百鳴一直對張國榮的工作鼎力相助。經過協商，永高將基本合約生效時間推遲了半年，保證了張國榮北上拍攝的時間。湯臣也答應將四個月期限寫入正式合約。

1992年2月20日，永高舉辦了熱鬧的春茗會，為《家有囍事》橫掃春節檔慶功。席間張國榮對媒體正式宣布，他已經與湯臣簽約拍攝《霸王別姬》。

兜兜轉轉，張國榮終於成為《霸王別姬》的男一號。不得不說，這對他本人，以及湯臣和永高，甚至電影界，都是一個最明智的選擇。

2月24日，《霸王別姬》在北京開鏡。此時，張國榮還在休假，陳凱歌先拍攝兩位男主角的童年戲份。

3月2日，張國榮與李碧華飛往北京，與劇組會合。

陳凱歌安排程硯秋的徒弟張曼玲及其丈夫史燕生，為男一號指導京劇

身法。在極短的時間內，張國榮苦練基本功，取得的進步讓人覺得不可思議，以至於替身始終沒有派上用場。但是片中程蝶衣的唱腔，並不是張國榮的原聲。

張國榮的普通話已經講得相當好了，但是最終的成片，用的卻是演員楊立新的配音。對這樣的結果，榮迷們只能說遺憾了。當然，楊立新的配音也是非常精準，與張國榮的表演水乳交融，但是個人以為，還是用原聲更好。

港片的拍攝週期通常為一個月，而張國榮在《霸王別姬》劇組待滿了4個月，日程每天排得滿滿的。7月10日，張國榮才返回香港。

1993年1月1日，新年的第一天，《霸王別姬》成為東方院線的開業之作，19天票房915萬，這成績對文藝片來講已經相當不錯了。何況，如果不是為《花田囍事》讓路，它鐵定突破千萬大關。

《霸王別姬》的時間跨度長達半個多世紀，如同中國版的《阿甘正傳》和《亂世佳人》。

張國榮在片中是「本色出演」嗎？程蝶衣的性格偏執，「不瘋魔不成活」，與現實生活中朝氣蓬勃的張國榮其實大相逕庭。但是就相當自戀這一點來說，兩人又有共同之處。自戀從來不是個貶義詞，自戀和自信的差別，其實真的不大，自戀是需要資本的，而程蝶衣和張國榮要是不自戀，反而讓人覺得不正常。

程蝶衣痴迷京戲，人戲不分，以至於在現實生活中，性格氣質也多少帶上了女性特點。最後更以悲劇收場。但是張國榮對戲裡戲外，分得相當清楚。

影片以倒敘方式展開。「文革」結束之後，曾經的京城名角程蝶衣（張國榮飾）和段小樓（張豐毅飾）來到體育館走臺，上演了特別震撼的一幕。

主角程蝶衣和段小樓都用了三撥演員。童年程蝶衣（小豆子）的扮演者是馬國威。因為長得太過秀氣，一直被很多觀眾以為是個女孩子。

鏡頭切回到1929年的北平。小豆子天生六指，為了能讓兒子加入戲班，母親不得不狠心切掉了他多餘的手指。

在備受排擠中，小豆子與小石頭的友誼一步步成長起來。為了給小豆子劈叉減一塊磚，小石頭居然大冬天在外面跪了一夜，小豆子對他的感激，何止溢於言表。

少年程蝶衣由尹治飾演。後來在《梅蘭芳》中，他還做過黎明的替身。戲班裡沒有女孩，肯定得挑小豆子這樣的演旦角。他和小賴子偷跑出去看《霸王別姬》，小賴子羨慕名角的威風，他卻為自己的處境悲傷。先是放走他們的小石頭捱打，接著小豆子更是被痛打到難以形容。為了師弟，小石頭甚至想和師父動手。這一次，小賴子用自己的生命，結束了這場集體酷刑。

師父講解《霸王別姬》，卻讓小石頭分外感動。「人縱有萬般能耐，可終究敵不過天命。」

「那虞姬最後一次為霸王斟酒，最後一次為霸王舞劍，然後拔劍自刎，從一而終！……人，得自己成全自己！」

小豆子當時還不能成全自己，只能拚命地掌摑自己。

小豆子唱《思凡》一次又一次唱錯，小石頭恨鐵不成鋼，情急之下，用煙袋鍋猛搗他的小嘴，鮮血直流。

從此，小豆子居然再也不出錯了，並得到了表演《霸王別姬》的機會。

在張公公生日那天，小豆子穿上了虞姬的行頭，舉手投足分外嫵媚，唱功也無可挑剔。輪到霸王，就唱了一句。顯然，張公公滿意的只是虞姬。

在張公公府上，小石頭看上了一把寶劍，小豆子於是說：「師兄，我

準送你這把劍。」這把劍也成為影片最重要的線索之一。

可惜就在當晚,小豆子和張公公之間,發生了不可描述的事情。

母親用菜刀斬斷了他多餘的手指、師哥用菸袋鍋搗爛了他的嘴,張公公更是羞辱了他,這三大事件,直接導致了他的性別認知障礙。

從張公公府上出來,小豆子卻撿到並收養了一個孩子,表現更像一個母親。這孩子日後也是重要角色。

隨著由戲班大合照切換到師兄弟二人的小合照,他們兩個成年了,並成為北京梨園的名角程蝶衣和段小樓。當年對他們頤指氣使的那爺,如今成了伺候二位爺的經紀人(跟班)。不過蝶衣的舉止,已經明顯帶上了一些女性特徵。

京城戲霸袁四爺(葛優飾)看了程蝶衣的表演,驚為虞姬轉世,親自上門送禮,一心想結交。他看人眼光毒辣。段小樓是臺上楚霸王,臺下黃天霸。

相比之下,程蝶衣除了演戲和練聲,完全沒有別的愛好。除了他師哥,眼裡再沒有別人。臺上虞姬,臺下還是虞姬。到了這般人戲不分的境地,到底是好還是不好呢?

段小樓拒絕了袁四爺的邀約,來到花滿樓找菊仙。沒想到她被幾個嫖客惡意糾纏。為了解圍,段小樓居然謊稱今天兩人定親,不但喝了交杯酒,還玩了把當頭拍壺。

看到了菊仙的威脅,程蝶衣有些慌了。

「師兄,就讓你跟我,不,我跟你好好唱一輩子戲不行嗎?」他望著師兄,眼光裡唯有真誠。

「這不,這不小半輩子都唱過來了嗎?」看他這麼認真,師哥真的懵了。

「不行,說的是一輩子!」他幾乎是在吼了:「差一年、一個月、一

天、一個時辰,都不算一輩子!」

師兄當場懵了,半晌才說:「蝶衣,你可真是不瘋魔不成活啊。」

程蝶衣謝幕時,無數女孩子眼含熱淚歡呼,期待能和他靠得更近一點。這架勢,有點像演唱會上的張國榮,袁四爺更送來「風華絕代」的匾額。當年北平城的梅蘭芳,受歡迎程度也不過如此吧。

段小樓和菊仙兩人當晚定親,可把程蝶衣氣壞了。師哥讓他當證婚人,他卻說:「黃天霸和妓女的戲不會演,師父沒教過。」

程蝶衣來到袁府,卻一眼看到了當年在張公公府上遇到的寶劍。隨口說的一句話,師哥自己早忘了,他卻記了一輩子。

「漢兵已掠地,四面楚歌聲。君王意氣盡,賤妾何聊生?」月光之下,仗著酒勁,程蝶衣發洩著心中的悲憤,甚至抽出了那把真劍作勢自刎,袁四爺慌忙提醒時,程蝶衣的眼淚已經大顆大顆地落了下來。

一笑萬古春,一啼萬古愁。辛辛苦苦把劍拿了回來,師兄居然認不出來。失望之餘,他甩出了一句話:「從今以後,你唱你的,我唱我的。」

說這話時,張國榮是背對銀幕,我們卻能清晰地感到角色的悲憤與不甘。

果然,程蝶衣改唱《貴妃醉酒》了,沒有霸王,他依然分外妖嬈,傾倒眾生。而沒有虞姬,段小樓就差點意思了,功力不夠。片中這段平行用得非常巧妙,將情緒烘托得相當到位。

抗日熱潮中,程蝶衣絲毫不為所動,表演依然全情投入,顯然,就算現場沒有觀眾,或者把他關到監獄裡,架在火盆上,該怎麼表演,他還是怎麼表演。

小樓那邊卻出狀況了,因為日本人穿了戲服,小樓這次用茶壺不拍自己了,直接拍日本人,當然得被抓走了。在得到菊仙重回花滿樓的承諾之

後，程蝶衣去給日本人唱堂會，才把師哥放了出來。

被救出來的師哥不知感激，反而指責他的行為。菊仙非但沒有信守承諾，反而跟段小樓成親了。

師兄弟徹底鬧翻了。程蝶衣抽上了大煙，段小樓鬥上了蛐蛐，都放飛自我，徹底不唱戲了。

轉眼間日本投降，蝶衣因爲為日本人唱戲被抓走了，並有被定為漢奸罪的風險。

為了救師弟，段小樓只能去求自己看不上的袁四爺，對方當然要拿腔拿調，說：「霸王應該去救虞姬。」還要讓他當場走一遍霸王回營。結果是菊仙拿了那把寶劍出來，才算讓袁四爺老實了。

上一次程蝶衣救段小樓，菊仙違背了離開的承諾，這一次救程蝶衣，她讓丈夫寫下「分手信」，再不跟師弟同臺。看到信的程蝶衣心如死灰，在法庭上一心求死，可命運就是這麼無常，因有高官欣賞他的表演，他居然就死不了了。

日本投降了，這下能過上好日子了吧。不！程蝶衣喜歡上了大煙，眼看再抽下去，別人不用抽他嘴巴，他也得玩完了。陳凱歌導演的金魚布景用得很棒，還帶上了黛玉焚稿、晴雯撕扇的典故，營造了一種氛圍。

後來，師兄弟又一起做慰問演出，唱《霸王別姬》。程蝶衣被大煙搞壞了嗓子，唱破音了，把看戲的菊仙和那爺都驚呆了。可是觀眾們非但沒有發怒，反而熱情鼓掌，讓他們都非常感動。而袁四爺這樣的戲霸，終於在新社會被槍斃了。

程蝶衣的大煙癮越來越大，這在新社會當然不允許。沒辦法，段小樓只能強制他戒煙。發起病來的程蝶衣，簡直是一頭發狂的野獸，哪有半點虞姬的影子？他拎著棒子瘋狂地砸牆上的鏡框，段小樓在後面瘋狂攔

一、《霸王別姬》人戲合一，詮釋「不瘋魔不成活」

著，場面極其真實而慘烈。當時為拍好這一段，張國榮的手指被玻璃碎片削掉了一塊肉，他是流著血拍完的。這也為「不瘋魔不成活」做了最好的注腳。

「農夫與蛇」的故事，在新社會居然重演了一次，翅膀硬了的小四（程蝶衣徒弟），取代了程蝶衣演虞姬。「文革」來了，師兄弟不得不相互揭發，菊仙也被逼上吊。

最後，在師兄弟完成體育館走臺之後，程蝶衣幡然醒悟：自己是男兒郎，不是女嬌娥！

就在體育場內，他毅然拔出那把真劍，當場自刎。

英雄死於戰場，學者死於書桌，名伶死於舞臺，豈非最好的歸宿？《霸王別姬》的原著小說並沒有這段自殺戲，是張國榮和陳凱歌商量後加上的。

而程蝶衣的死，卻讓這個藝術形象真正實現了不朽。

電影的主題曲〈當愛已成往事〉適時響起。張國榮已徹底告別歌壇，因此，這首歌由李宗盛和林憶蓮合唱。

1993年5月24日，所有榮迷都不會忘記這個日子。

第46屆坎城影展頒獎禮隆重舉行。在最佳男主角評選中，原本大熱的張國榮，遺憾地敗給了英國的大衛‧休利斯（David Thewlis），未能成為首位華人坎城影帝。第二年，葛優憑《活著》中的福貴一角成功問鼎，填補了這項空白。

當晚的壓軸戲，當然是最佳影片的揭曉了。當評審會主席路易‧馬盧（Louis Malle）念出《鋼琴課》時，徐楓等人的失望之情溢於言表。不過，馬盧又唸了第二個片名，令很多人不敢相信自己的耳朵。

原來，這屆的最佳影片，居然是兩部並列。

《霸王別姬》為華語電影首次摘下了金棕櫚大獎，填補了歷史空白。

之前，張藝謀以《紅高粱》和《秋菊打官司》，分別摘取了柏林電影節金熊獎和威尼斯電影節金獅獎。這麼一來，中國國內導演就集齊了歐洲三大電影節最高獎項。

在陳凱歌執導《黃土地》和《大閱兵》時，張藝謀只是他的攝影師。但是自 1980 年代末以來，張藝謀佳作頻出，聲名鵲起，成為中國國內第一導演，這讓好勝心強的陳凱歌怎能不努力向前。這一次，拿下分量更重的金棕櫚大獎，對他來說當然是有著特別的意義。而對張國榮來說，顯然也站在了所有香港演員的最前列。

7 月 26 日，有「遠東第一影院」美譽的上海大光明影院門口，熱情的觀眾擠得滿滿的。厚達 12 毫米的玻璃門，在當天卻被輕易擠碎了，碎片嘩啦啦地落了一地。這是怎麼一回事呢？

答案只能是有張國榮在。

這一天，《霸王別姬》的上海首映式將在這裡舉辦。但是因為題材原因，影片不能過多宣傳，之後改成了「見面會」。讓人有意想不到的是，即將迎來 37 歲生日的張國榮，居然是生平首次踏上「東方明珠」的土地。

在北京，《霸王別姬》從 28 日開始公映。在見面會上，張國榮親自到場，受到了空前熱情的歡迎。因為不準宣傳，發行公司領導帶頭上街叫賣首映門票，一度被人認為是騙子。

因為不符合相關規定，《霸王別姬》別說報名參加金馬獎角逐，連在臺灣院線上映都成了奢望。看到民意強烈，幾家大企業聯手發起了「萬人支持《霸王別姬》上映簽名活動」。

臺灣相關部門在反覆論證，並核查影片投資來源之後，終於批准它公映。12 月 6 日「赴大陸拍片管理辦法修正案」正式實施，意味著《霸王別姬》在臺灣解禁。

12月8日,《霸王別姬》終於得以在徐楓的家鄉臺北首映,反響熱烈。

在 1993 年,如果只能選一部華語最佳電影,那一定是《霸王別姬》;如果選擇一位年度演員,那一定是張國榮。

北京,成為張國榮的福地。北京,也期待著他的下一次輝煌。

二、《夜半歌聲》悲情虐戀,打造東方《羅密歐與茱麗葉》

時間來到了 1995 年。《金玉滿堂》在春節檔拿下 3,112 萬之後,張國榮再次來到了北京。

2月23日,東方影業的年度巨作《夜半歌聲》在北京電影制片廠開鏡,由張國榮、吳倩蓮領銜主演,導演是執導《白髮魔女傳》的于仁泰。

《夜半歌聲》劇組為什麼要千里迢迢赴北京拍攝?只因這裡有亞洲最大的攝影棚,能夠搭出影片需要呈現的無比絢麗恢宏的舞臺。不能不說,于仁泰導演真是有錢任性,當然他的錢,都是黃百鳴出的。

拍片期間,張國榮加盟滾石唱片的合約達成,可謂雙喜臨門。

雖說全程在北京拍攝,《夜半歌聲》並未能同步在中國國內影院上映。影片翻拍自 1937 年馬徐維邦版同名黑白電影,男主角依然叫宋丹平,女主角則由李曉霞改為杜雲嫣。故事背景設定在抗戰全面爆發前的 1936 年。

張國榮不光是《夜半歌聲》的男一號,還擔任了影片的執行監製,更親自為三首插曲譜曲。

這三首歌,即〈夜半歌聲〉、〈深情相擁〉和〈一輩子失去了你〉,均收錄在了張國榮復出歌壇的首張專輯《寵愛》之中。其特別之處在於,它們均由張國榮親自譜曲,也是他為數不多的普通話歌,均沒有粵語版。

二、《夜半歌聲》悲情虐戀，打造東方《羅密歐與茱麗葉》

電影開始，青苗劇團住進了據說鬧鬼的殘破劇院，也帶出了一段陳年往事。

這座劇院曾經無比壯觀絢爛，它的設計者宋丹平（張國榮飾）也曾名震京城。10年之前，劇院突然毀於一旦，真是可惜。到底是天災，還是人禍？

心地純良之人韋青（黃磊飾）看出了戲院大火的蹊蹺，感受到了一些奇怪的聲音。唯有他對過去的事情充滿好奇，對宋丹平的傳奇充滿嚮往，這才能遇到馬大叔，聽他講述10年前的故事。

時間在兩個時段來回切換，劇場也在極盡奢華與破敗不堪中反覆轉場，營造出的強烈對比，令觀眾印象深刻，感慨良多。

1920年代的色彩斑斕精緻，美輪美奐；而1930年代的畫風卻是偏黃發暗，有金屬質感，就是為了烘托宋丹平與杜雲嫣的愛情悲劇。

這樣的一部電影，可以讓張國榮的音樂天賦盡情呈現，為影片增添別樣魅力，也讓這個角色注定難以超越。從一定程度上說，張國榮的個人氣質，與宋丹平還真有不少相似之處。大膽前衛，勇於創新，不拘俗套，被人誤解……

宋丹平是1920年代紅極一時的名伶，在北平的風頭之勁，也就程蝶衣能與之媲美。他建立起了壯觀恢宏的大劇院，演出的西洋式歌劇《羅密歐與茱麗葉》場場爆滿，觀眾們熱愛他、崇拜他，女孩們欣賞他、鍾情他，但是因為其表演大膽出位，一些保守的官僚卻討厭他、痛恨他。

而他和戀人的愛情故事，與《羅密歐與茱麗葉》一樣淒美。縱然經歷了重重摧殘，但是愛情卻遠比劇院更加堅固。

宋丹平與大地主杜法山的女兒杜雲嫣（吳倩蓮飾）真心相愛。月圓之夜，兩個年輕人情定終身，他承諾要為她演唱一輩子。

而杜家一心想讓女兒嫁給趙局長家的傻兒子，做利益交換。

杜雲嫣送信給宋丹平，相約私奔，可是情郎沒能及時看信。華麗的劇院，居然從此化為一片廢墟，殘垣斷壁。

人人都說宋丹平死了，可是杜雲嫣並不相信，因為她瘋了。父母離開了北平，把她一個人丟下。每到月圓之夜，劇院裡居然傳來奇怪的歌聲，人們當然有理由懷疑是鬧鬼，直到韋青的到來。

宋丹平被好心人救下了。他只能躲在劇院裡，每到月圓之時，按之前的約定唱歌給愛人聽。

能夠遇見宋丹平，是韋青的福氣，從此能得到他的指點，讓自己實現蛻變。能夠遇到韋青，也是宋丹平的幸運，他自己沒法做的事，由年輕人來完成。

韋青的嗓音與宋丹平相似，功力卻差了很多，表演〈一輩子失去了你〉時，高音始終唱不上去，幸好有宋丹平及時代唱，矇混過關。

青苗劇團的演出成功了。韋青努力練習，歌聲吸引了雲嫣。她將眼前的人當成了宋丹平，將眼前的破舊舞臺當成了昔日的絢麗劇院，甚至看到了無數人撐傘看宋丹平演唱的盛況。

韋青並不願繼續偽裝下去，宋丹平摘下風帽，露出了恐怖的疤痕。

原來，在劇院起火之前，趙局長讓手下先對宋丹平下毒手，原本無比帥氣的臉就這樣毀了。真是一半天使，一半魔鬼。

一個對相貌如對歌喉一般自負的男人，遭此打擊，恐怕是生不如死。能夠支撐10年，除了對雲嫣的愛，真的找不到別的理由。

但是面對愛，他又是何等不自信，不相信雲嫣能全心全意接受一個毀容的自己。他不敢見她，又不忍心遠離她，就一直藏在劇院裡，直到韋青的出現。

我曾經以為我自己，是這個世界上最幸福的人，我的音樂，我的建

築，我的愛情，直到那天晚上……我真的想到死，可是為了雲嫣，我不能啊。因為每到月圓之夜，她會到劇院來找我，聽我唱歌。只有我的歌聲才能安慰她。

塵封 10 年的真相，終於在眾目睽睽之下被公之於眾，逍遙 10 年的殺手，終於受到了應有的懲罰，分隔 10 年的戀人，終於可以團圓。

可惜，過往 10 年，兩人近在咫尺，卻錯過了太多時光，留下了太多遺憾。他們一個慘遭毀容，另一個雙目失明，不變的唯有彼此相愛的真心。沒有人會因父母兄妹的變醜或殘疾而與他們脫離關係，但是我們卻往往擔心最愛的人，因自己的容貌變化而產生嫌棄，這恐怕是極度不自信的想法。宋丹平交足了學費，浪費了本可與她一起度過的 10 年，還試圖讓韋青來替代自己給她唱歌。

但是真正的愛情，顯然經得起考驗。雲嫣被宋丹平的才華和容貌吸引，為他的性格與人品感動，歸根結柢，她愛的是一個活生生的人。無論他變成什麼樣子，她都會毫無保留地愛他，無論發生什麼事情，這份感情都不會改變。

宋丹平自己又何嘗不是這樣呢？他對自己沒有信心，就是對對方的否定。難怪影片尾聲，他要伏在她身上，深深自責：「我對不起妳！對不起妳……」

10 年前就答應為她寫的歌，10 年後終於寫成了。影片中，這當然是唱給她一個人聽的，但是銀幕下的我們，也有幸可以欣賞到。這正是影片的同名主題曲。張國榮清唱出來，甚至比唱片版更令人動容。

只有在夜深　我和你才能　敞開靈魂
去釋放天真　把溫柔的吻　在夜半時分　化成歌聲
偎依你心門

1982年在《檸檬可樂》中，張國榮就在影片的戲中戲中扮演羅密歐，臺上深情臺下渣。13年後，他得以再用戲中戲的形式詮釋這段偉大的愛情，致敬最偉大的戲劇家莎士比亞。而且這一次，臺上臺下，宋丹平都用情至深，減少了恐怖元素的《夜半歌聲》，它讓我們看到了愛情最美的模樣。

無論發生什麼事情、無論變成什麼樣子，彼此的愛都不會有任何改變。

張國榮演出了宋丹平毀容之前的意氣風發、躊躇滿志，也演出了毀容後的自卑絕望、厭世逃避。杜雲嫣的愛，給了他重新振作的勇氣；韋青的不滿與斥責，令他重新認識了自己；趙公子的無情，令他在絕境中奮起，實現了報仇。

無論怎樣，相愛的人總算在一起，儘管時間短暫，但是剎那的光輝，其實就是永恆。愛過、傷過、奮鬥過，此生不再有遺憾了。

7月8日，《夜半歌聲》在香港舉辦了盛大的首映禮。當晚氣氛非常熱烈，很多觀眾都帶著《寵愛》的唱片到場，以能得到偶像簽名為榮。少數幸運者，還真的得到了簽名，從而令唱片大大升值。

7月22日，《夜半歌聲》在東方院線正式開映。這個檔期選擇還是相當合理的。之前，周星馳的《回魂夜》已經放映16天，後繼乏力；而成龍的《霹靂火》兩週之後才上映。

但是事實證明，香港觀眾對這種苦情片，還不是特別接受。《夜半歌聲》8月24日下檔時，票房僅有1,329萬，名列年度第十五。而投資卻花出去了3,000多萬。但是一部電影的價值，並不一定完全靠票房來衡量。《夜半歌聲》顯然可以歸為張國榮十佳電影之列，他飾演的宋丹平，當然也是留名影史的經典形象。

于仁泰把黃百鳴的家底揮霍得夠嗆，自己卻因與張國榮合作的兩部

視效華麗、場面宏大的作品，得到了好萊塢的青睞，先後執導了《鬼娃新娘》(Bride of Chucky)、《毒家交易》(The 51st State) 和《佛萊迪大戰傑森之開膛破肚》(Freddy vs. Jason) 等，成為僅次於吳宇森，在好萊塢拍片量居第二的香港導演。

1995 年，張國榮一改前兩年的「高效」，全年僅有《金玉滿堂》、《夜半歌聲》兩部電影上映。這是因為，他將大部分時間，都花在另一部與中國導演合作的電影上了。

三、《風月》再度牽手鞏俐，演活民國「無腳鳥」

《霸王別姬》可以視為陳凱歌和張國榮一生中最重要的代表作。這部影片不光收穫了包括金球和金棕櫚在內的若干獎項，還在全球贏得了近 3,000 萬美元票房。在 1990 年代，能做到這一點的華語片，原本只有成龍的功夫電影。

因此，徐楓對與陳凱歌和張國榮的合作非常滿意，雙方的新專案《風月》，很快緊鑼密鼓地啟動了。

1994 年 8 月 9 日，當《金枝玉葉》正在香港暑期檔一騎絕塵之時，《風月》在宏村鎮正式開拍。男主角當然非張國榮莫屬，女主角幾經挑選、變化，終確定為鞏俐。

11 月 28 日，陳凱歌的父親、著名電影人陳懷皚去世，陳凱歌不得不停下手中的工作。等鞏俐完成上一個工作，直到次年 4 月，《風月》才重新開機。

《霸王別姬》中的一對「情敵」，此次成了情侶。

此時的鞏俐已接近30歲。她的代表作之一就是扮演少婦的《大紅燈籠高高掛》，按的灰老師的話說，鞏俐「一直有著濃重的少婦氣質，外形高大渾圓，實在缺乏江南少女的味道，幸虧是演技超群勉強補足」。其實，剛剛主演了《陽光燦爛的日子》的寧靜，是更好的人選，至少少女感要強得多。

5月24日，《風月》終於殺青。不過直到次年5月9日，影片才得以在香港上映。而在中國大陸，這部影片最終未能公映，讓湯臣損失慘重。

影片的故事背景是1920年代。男主角叫郁忠良（張國榮飾），女主角叫如意（鞏俐飾），這樣的名字安排，實在太有諷刺意味——男的從頭到腳都壞得流水，女的生活根本就不如意。

同《霸王別姬》類似，《風月》依然從男主角小時候講起。在全程陰暗憂鬱的鏡頭之下，陳凱歌似乎拍攝了一部民國版《阿飛正傳》，但是更加慘烈、更加讓人心寒。

《風月》攝影杜可風，美術指導張叔平，男一號張國榮，劇情破碎晦澀。再加上粵語配音，不知情的人，還以為導演是王家衛呢。當然，影片中並沒有作為王氏電影代表的反覆畫外音。

忠良是江南龐家大少奶奶郁秀儀（何賽飛飾）的弟弟，整日受到姐夫的壓迫，不得已逃往北平。影片伊始，就埋下了個重要的伏筆，直到最後才揭開。

如意則是龐府的大小姐，因為從小沾染了鴉片，被景家退親。雖說錦衣玉食，卻有著深重的生活陰影，真的需要一場甜甜的戀愛來拯救不開心。

張國榮在第13分鐘才登場。他神采飛揚、神氣活現，出現在一個又一個女人面前，熟練地親她們的嘴，撫她們的胸，挑逗她們的原始慾望。隨後，必定是幾個打手一擁而上，罩住他們的臉（防止女人們看出他們是

一夥兒的），然後就是各種花式敲詐。

「×太太，妳看是妳打電話給妳的先生，還是我們打？」

而做這種事情的團夥，上海話裡專門有一個詞——拆白黨。負責人是大大（謝添飾）。

有一位少婦，讓他魂牽夢縈，只因人家太漂亮。這就是天香裡女人（周潔飾）。要論性感嫵媚，她能輕鬆地令女一號黯然失色，周潔雖說沒有在片中展現舞技，跟張國榮卻有一段纏綿悱惻的激情戲份。

龐家老爺故去，大少爺又早成了植物人，只能讓大小姐如意掌家。大大讓忠良回去看姐姐，並將大小姐帶到上海來玩，顯然是不安好心。

龐家老人們從外面找了個帥哥端午（林建華飾）來輔佐如意，實則是監視。情竇初開的如意，對來自大都市、風度翩翩的忠良一見傾心，甚至願意為他做任何事情。而端午卻悄悄喜歡上了如意。

可回到龐家大宅的忠良，回想起少年時代的事情，又怎麼可能開心？他在十里洋場見過大世面，看小鎮的大小姐如意當然免不了覺得土氣。但是她的純真質樸，卻是忠良長久以來特別渴望的。

在深宅大院長大，如意卻渴望自由、渴望了解外面的世界。她遣散了龐家的姨太太們，她們卻根本不想離開。可見，金絲鳥就是喜歡精緻的籠子。

忠良以為自己已經壞透了，其實也殘存著一點良知。兩人的初次見面，杜可風用了長鏡頭。

鏡頭切過如意緊張的臉龐，她已經被忠良吸引住了。

如意讓端午找忠良，教她騎腳踏車。他傲慢地說：「人人都是龐府的僕人嗎？」但還是去了。

「我能不能親你一下？」

鏡頭只是切到了遠景。他拿到了一只耳環。這通常是得手之後的信物。可是她卻含情脈脈地跑過來了，向他的手裡塞東西。

是另一只耳環。難道，這不是交出自己的心嗎？

這樣帶著鄉土氣息，純樸得令人不忍傷害的女孩，擾得他心亂如麻。

他自己也曾如此善良，可歲月改變了一切，讓他六親不認，只認得錢。

他不想帶她回上海了，這樣勢必會害了她。

為了能變得更有魅力，如意不惜把「第一次」交給端午。

當如意主動過來「獻身」時，忠良一度強烈抵制，狠狠地將她推開。但是聽她講出實情之後，兩人終於不顧一切地愛了一回。

做這個行業，動什麼也不能動感情，這等於是毀了自己的前程，甚至是自己的生命。

忠良活得再光鮮，也不過是大大的一枚棋子。

忠良明明一直生活在上海，卻說自己在北京。他明明說要帶如意離開，卻還是放鴿子了。

他又回到了燈紅酒綠的花花世界，卻再也不是從前的「小謝」了。正如大大所說，一個修仙的動了凡心，就無法回頭了。

忠良主動提出，要收拾了天香裡女人，不過只是為了麻痺自己。

這一次，他摘下了女人的耳環，要行動了。

兩人激烈擁吻，可是就在對面樓上，一雙傷心的眼睛，也在凝望著他們。

如意已經被大大接到上海，安排住在忠良相好的對面，讓她360度無死角觀看這場「直播仙人跳」。這當然是想讓她死心，更讓忠良「回頭是岸」。

「對不起妳，我對不起妳……」他的眼淚流下來了，這一次，他不是裝的，他真是為女人而哭，更是為自己而哭，為命運而哭。

女人終於明白了一切。

即便看到了忠良的本性，如意依然不死心，還要問同樣的蠢問題：「你愛我嗎？」把他搞得邊哭邊搖頭，這個不可一世的情聖，此時卻這般脆弱，不堪一擊。怪不得大大要說：「我的忠良，毀了！」而在這段戲份中，張國榮與鞏俐對於眼神和微表情的運用，可以說是發揮完美，沒有辜負陳凱歌的信任。

如意接受了景家少爺（吳大維飾）的求婚，準備做新娘子了。此時的忠良才後悔莫及，連忙對如意說「我愛妳」，可如意已經不愛他了。懺悔吧，曾經有一段真摯的愛情擺在他面前……

絕望抓狂的忠良，終於又像10年之前，做了一件最瘋狂的事情。

到了最後，一直隱藏的謎底終於揭開，姐夫正是被忠良毒成那樣的，如今，他又試圖加害如意。走到半路時，他幡然悔悟，拚命往回跑，穿過一道道門廊，最後定格的，是他的臉部大特寫，這眼神絕望、無奈、痛苦、內疚。導演有意省略了如意的鏡頭，但是一切都很明瞭了。

在準備上船時，忠良被一夥人槍殺。這個結局和《阿飛正傳》相當相似。這個民國無腳鳥，死在了想要落地之前，死在了動真情的時候。扭曲的時代造就了扭曲的人性，扭曲的人性又令這個時代更加不堪。能夠向這種醜惡宣戰的，可能就剩下愛情了。可惜，該愛的時候不敢愛，不能愛的時候卻放不下，忠良最後的悲劇是必然的。

1996年12月14日，第33屆金馬獎在臺北國父紀念館舉行頒獎典禮。自五年前的《阿飛正傳》的旭仔之後，張國榮憑《風月》中的忠良一角入圍最佳男主角，可惜敗給了主演《陽光燦爛的日子》的夏雨。

作為一部無論演員還是幕後人員都以中國大陸為主的影片，金像獎當然就別想了，香港票房也一塌糊塗，僅有236萬，不及投入的十分之一。相比《霸王別姬》在中國國內的火爆，《風月》卻沒有獲得公映資格。此後，徐楓也暫停了與陳凱歌的合作——賠不起啊。

在籌備新片《荊軻刺秦王》時，陳凱歌原本的計畫，是張國榮演秦始皇，姜文演荊軻。這個安排顯然會出乎很多人意料，卻體現出了陳凱歌的高明之處。

張國榮在現實生活中是個品味精緻的暖男，《霸王別姬》中的程蝶衣又影響太大，跟秦始皇的霸氣似乎有不少差距。但正是這種反差，才會給予人新鮮感覺。

看過《新上海灘》的觀眾自然會明白，張國榮不但能演好秦始皇，還能將自己的表演風格、對角色的理解融入角色之中，演出別樣的魅力。

張國榮也說過：「秦始皇18歲已有功勳，是屬於才智過人之輩，並非純武夫一名，劇情是著重秦始皇成長的心路歷程，對出演此角色甚感興趣。」

遺憾的是，因為檔期關係，張國榮並沒有出演這部電影。《荊軻刺秦王》於1998年上映時，李雪健出演秦始皇，張豐毅飾演荊軻，陳凱歌親自演呂不韋，鞏俐出演女一號趙姬。

《荊軻刺秦王》上映後票房慘淡，遠不如張國榮主演的另一部中國電影。

四、《紅色戀人》熱映，為香港電影人北上做先鋒

1997年，香港電影的發展面臨嚴峻挑戰。

如何擁抱12億人的大市場，顯然是香港影視從業者必須認真考慮的。

1998 年 1 月 5 日，張國榮再次出現在上海。這一次，他將主演一部特殊的電影，一部純中國投資、也將在中國影院上映的電影。這就是由葉大鷹執導，張國榮和梅婷主演的《紅色戀人》。

值得強調的是，這是張國榮主演的唯一一部真正意義上的中國片。陳凱歌執導的《霸王別姬》和《風月》，都是港資主要控制的合拍片，《夜半歌聲》則是非典型的港片。

《紅色戀人》的主控方，是中國大陸聲名顯赫的紫禁城影業。1997 年的平安夜，他們推出了由馮小剛執導，葛優、劉蓓主演的喜劇片《甲方乙方》，被媒體譽為中國大陸第一部真正意義上的賀歲片，上映之後收穫了 3,600 萬人民幣。大家別覺得少，在當時，中國大陸的年度總票房，還真的不如小小的香港。

而與《甲方乙方》不同的是，《紅色戀人》是一部正劇，主角是一位地下組織領袖靳（張國榮飾）。

香港一線巨星擔任主演，好萊塢編劇，大量的英文對白……《紅色戀人》在多方面做了可貴的嘗試，因為導演葉大鷹的特殊身分（葉挺之孫），影片的稽核過程也相當順利。

男主角靳並非普通人，而是留學法國，有著很高的文學和藝術修養。盤點了一下中國明星，葉大鷹一時居然沒有發現特別符合要求的。在朋友的推薦下，他得以和張國榮吃飯面談，沒想到後者爽快地答應了。這自然令葉導喜出望外。

顯然，我們也可將這部影片，看作張國榮為香港電影拓展路徑的試水之作。

「如果不能驕傲地活著，那麼我選擇死亡。」

這樣的臺詞，放在一部革命題材電影裡當然非常合適。但令人唏噓的

是，它似乎預示了張國榮自己的最終歸宿。

《紅色戀人》並非一部標準的諜戰片或者動作片，並沒有濃墨重彩地展現靳在上海打擊敵人的風采，而是用了大量的篇幅，展現了靳、女友秋秋（梅婷飾），以及美國醫生佩恩（托德·巴布科克 Todd Babcock 飾）之間，因為為靳治病而催生的各種愛恨情仇，更應該歸類於偏文藝的愛情片。

影片以老年佩恩的講述開啟。1936 年，他正值年輕帥氣，又是當醫生的，在租界很受歡迎，只要他願意，各種豔遇肯定不會少。但是佩恩眼光極高，不會輕易為誰動心。

一場滂沱大雨之中，有人正敲佩恩隔壁的門。他穿著睡衣出來，出現在眼前的是位年輕女性。她輕柔地摘下大衣上的帽子，露出一張清秀的臉龐，這正是女主角秋秋。見過大世面的佩恩，眼神也不免有些凌亂：這真愛來得也太快了吧。

當佩恩讓女人幫病人脫下外衣時，這位美女居然遲疑了一下。而解開病人衣服之後，佩恩又吃了一驚：他身上布滿了傷疤和彈孔。

經過診療，情況更加糟糕：病人身上還有沒有清理乾淨的彈片，導致了間歇性狂躁，以至於秋秋不得不將他綁起來。

在送別秋秋時，佩恩給她講述了靳病情的嚴重性，同時還自作聰明地宣布：「如果我的判斷和診斷一樣準確的話，這個人不是你丈夫。」

好嘛，一個年紀不大的小夥子，居然對男女之事洞若觀火。

正襯總比反襯更有力量。面對佩恩不加掩飾的猛烈追求，秋秋的芳心卻只為靳一人所跳動。正如《新上海灘》中，馮程程壓根就不喜歡丁力一樣。

相比之下，《夜半歌聲》中宋丹平的情敵趙公子，實在是太丟人了一些。

秋秋這麼美麗優雅的女孩，其實只是靳的「助手」。他的妻子安霞，為了保護他而犧牲了。而他自己，也因為腦部沒有取出的彈片，間歇性地發病。

秋秋年齡遠比靳小，只是被安排來照顧他的。而她的父親，卻是特務頭子皓明（陶澤如飾）。

靳和秋秋第一次見面就挺有戲劇性，當時，他正對著群眾發表演講。聲音洪亮、擲地有聲、寓意深重，配合張國榮的表情變化，效果非常感人。現場群眾的情緒也相當激昂。人群中的秋秋，自然看得分外激動，不知不覺之間，少女之心有了別樣的感覺。

她偷偷跑去見靳，沒想到他卻癱坐在椅子上：「不是說，不讓你們看見我這個樣子嗎？」剛才的器宇軒昂、氣定神閒全沒有了。突然，他扔給她一本書：「唸、唸啊！」

「太陽出來了，一隻鷹，從地面飛向天空，忽然、忽然在空中停住，彷彿凝固在藍天上……」

這段文字，既像他的催眠曲，又如鎮痛劑，反正聽了就好了。

因為頭顱裡有彈片，靳不定期地強烈發作，精神不太正常。不久，組織安排秋秋偽裝成靳的妻子，來到上海治病。

靳每次發病都會有幻覺，像做夢一樣，彷彿置身於另一個世界。有時候，他還想留在這夢裡。這是嚴重的癲癇，用佩恩醫生的話說，能活下來就是奇蹟了。

佩恩建議盡快做手術，但是手術也可能有變成植物人的風險。

影片刻意沒有安排動作槍戰戲，這正是高明之處。佩恩為靳做完檢查後，滂沱大雨中，皓明帶著手下包圍了現場，而靳和秋秋劫持了巡捕頭目克拉克。

皓明逼著佩恩跪在雨裡，向秋秋說「I Love You.（我愛你）」，企圖分化他們，但並沒有得逞。

　　秋秋不小心被皓明俘虜，卻成功地殺死自己的父親，表明了與舊制度劃清界限的決心。她做了必死的準備，但是靳卻毅然用自己和她做了交換。

　　佩恩沒想到靳會來找自己，還講了他之前的經歷，他和安霞是如何認識、相愛的，愛人是如何犧牲的，以及他發病時，秋秋是如何照顧他的。

　　為了救他，秋秋大聲念那段文章，他毫無反應；她脫下他的外衣，用鹽搓他的脊背，可還是沒有作用；秋秋急了，她生起了火，解開了衣釦，果斷地俯下身去……這個劇情，明顯類似《人間道》中，傅清風為寧采臣暖身。

　　又是一場雨中戲，靳過來交換秋秋。他神態莊嚴，雨水無情地在臉龐上滑落，他不為所動。這個造型非常有震撼力。

　　他見到了穿著囚服、腹部明顯隆起的秋秋，他們擁抱在一起。他俯身聽嬰兒的反應，場面非常溫馨。

　　之前靳燒掉了舊房子，說明他要做出決斷；他倆忘情地接吻，說明已經彼此相愛。

　　這愛來得太遲，但也足夠了。他們，終於成為紅色戀人。

　　在影片的高潮部分，一邊是靳的壯烈犧牲，一邊是在產房，靳和秋秋的女兒出生，平行剪輯營造出的氛圍別樣淒美。

　　電影不能安排秋秋與佩恩相愛，只能讓女主角在難產中死去，佩恩成了她女兒的養父。

　　1949 年 5 月，在跳舞歡歌的戰士中，佩恩彷彿看到了穿著軍裝的靳和秋秋。他們的笑容是那樣真切，他們的舞姿是那樣輕盈。

他如是說：

當我面對這漫天的紅色，面對這一張張喜悅的笑臉時，我理解了靳和秋秋的所作所為。

他們將愛獻給了理想，革命的勝利，使他們的精神長存。

生於1975年的梅婷，在影片拍攝時還不滿23歲，卻有著與年齡不符的成熟與優雅，旗袍穿在她身上，越發顯得端莊優雅、大氣從容。看了這部影片，我們難免不想到《新上海灘》，想到寧靜。

一年多的時間裡，張國榮兩次來到上海，出演了兩部民國片，並與兩位比自己小得多的中國女星飾演情侶。

《新上海灘》和《紅色戀人》都是兩男一女的愛情戲。男二號都年輕帥氣，追求浪漫且又人品過硬，都對女主角展開了狂熱追求，且一心一意。但是女孩的芳心，從來就沒有動搖過，都對男一號不離不棄，生死與共，從不把男二號當備胎，一點不給他們機會。

顯然，這樣的女孩，完美得很不真實，寄託著兩個導演對女性真善美的一切訴求。

寧靜與梅婷，都是1970後出生的中國女星中的佼佼者。相比之下，梅婷的氣質更加恬靜，容貌也更為清秀，但是演技方面，則是寧靜更為細膩和扎實。她們年紀輕輕，就能與張國榮這樣現象級的巨星搭戲，真可謂是人生贏家，讓觀眾和同行都羨慕不已。而這兩部電影，自然也成為她們最美好的回憶之一。

2月初，在完成拍攝後，張國榮飛往柏林，擔任第48屆柏林國際電影節評審。他成為在歐洲三大電影節擔任評審的首位亞洲男演員。在柏林，即便不介紹他是《霸王別姬》男一號，僅憑形象氣質，就令很多影迷尖叫了。

在《紅色戀人》見面會上，熱情的觀眾一個勁兒地向張國榮發問，把

梅婷和陶澤如晾到一邊。張國榮不失時機地提醒：「大家不要總問我，我們劇組的人都很出色，你們應該多問問他們。」隨後，張國榮安排演他女兒的葉丹丹，朗讀葉挺將軍的著名詩作《囚歌》，還紳士地抱過梅婷手中的花束，方便她回答問題。

生平第一部電影就與張國榮搭檔，讓梅婷實現了「出道即巔峰」，獲得了開羅電影節最佳女主角。

從《霸王別姬》到《紅色戀人》，6年時間裡，張國榮留下了4部全程在中國大陸拍攝的影片。看他的作品，一般都是要選粵語，才能保證原汁原味。但是這4部電影，普通話才是張國榮的原聲，聽粵語版反而缺少味道。

巧合的是，這4部電影的故事背景，居然都是民國或以民國為主。這說明，張國榮的貴族氣質，更適合那個有獨特魅力的時代，他也能輕鬆演繹出年代感。

2003年CEPA[20]協議簽署之後，滿足條件的中國大陸和香港合拍的電影，將享受中國國產片待遇，可以在中國國內院線公映。這對於新世紀以來一直苦苦掙扎的香港電影人，無疑是雪中送炭。

如果張國榮還在的話，以他在中國大陸的人氣與影響力、以他的務實作風，他當然會拍攝出更多更優秀的合拍片，也會挖掘培養更多有潛力的新人，他的人生後半程，完全會是另一個模樣。對此，筆者只能說，太可惜了。

不過，讓廣大歌迷開心的是，他1995年做出的重要決定。

---

[20] 2003年6月29日，中國《內地與香港關於建立更緊密經貿關係的安排》正式簽署，此協定簡稱CEPA。

第九章
力求卓越

一、回歸歌壇,他還是當仁不讓的天王巨星

1989 年之前,張國榮的事業重心在歌壇。從一定程度上說,拍電影只是副業。1990 年開始之後的 7 年,則是他在影壇最為輝煌的歲月。

張國榮是真心實意的告別歌壇。此後將近 6 年裡,他不發唱片、不開演唱會,甚至連各種歌手頒獎禮都不出席,令無數歌迷大呼失望。1992 年之後,四大天王強勢崛起,香港歌壇一片繁榮,臺灣唱片市場更是被香港歌手徹底攻克。但越是這樣,歌迷們越是懷念 1980 年代。

1995 年 6 月 9 日,無數榮迷翹首期盼的一天終於來到。

經過慎重選擇,張國榮終於選定了自己新的合作方,正式決定復出歌壇。

這一天的臺北西華飯店,成為華語娛樂圈最為矚目的地點。「張國榮加盟滾石唱片亞洲記者會」圓滿舉辦。作為華語原創音樂的一面旗幟,滾石與張國榮的攜手,當然有理由被視作天作之合。

張國榮與滾石的合約期為 3 年,每年發行一張唱片,每張唱片拍攝 3 個 MV,不上電視,不做宣傳,不角逐和接受獎項。

7 月 7 日,張國榮在滾石的首張唱片《寵愛》全球同步發行,在港臺兩地都引發了搶購熱潮。製作速度何以如此之快呢?

其實,這張專輯並沒有新歌,只是收錄了這位巨星 6 部經典電影中的 10 首膾炙人口、傳唱度很高的歌曲。唱片封套上赫然寫著「戲王張國榮最寵愛的 6 部從影代表作,歌王張國榮最值得你寵愛的 10 首主題曲」。

這文案似乎顯得有點招搖,不符合中華民族謙虛的傳統美德。但是相比成龍、周星馳和李連杰的類型單一,能夠駕馭各種類型、詮釋各種形象、票房成績直追他們幾位的張國榮,說是「戲王」算不上誇大其詞。至

於「歌王」，除了譚詠麟的粉絲，其他人也不會有什麼意見。

《寵愛》上市之後，全亞洲的年度銷量突破 200 萬張，香港超過六白金，位居 IFPI 香港分會公布的全年唱片銷量榜榜首。但是張國榮早已看淡了銷量，更不會去角逐任何獎項，他只要唱得開心。

在當時僅有 4,500 餘萬居民的韓國，《寵愛》的銷量突破了 50 萬張，創造了華語唱片在當地的銷量紀錄。專輯的 10 首歌是：

01 〈A Thousand Dreams of You〉(s)
02 〈深情相擁〉(《夜半歌聲》)
03 〈夜半歌聲〉(《夜半歌聲》)
04 〈今生今世〉(《金枝玉葉》)
05 〈當愛已成往事〉(《霸王別姬》)
06 〈一輩子失去了你〉(《夜半歌聲》)
07 〈追〉(《金枝玉葉》)
08 〈眉來眼去〉(《金枝玉葉》)
09 〈紅顏白髮〉(《白髮魔女傳》)
10 〈何去何從之阿飛正傳〉(《阿飛正傳》)

其中，《金枝玉葉》和《夜半歌聲》均有 3 首歌曲入選，可見張國榮對這兩部電影的偏愛。而對唱歌曲〈深情相擁〉和〈眉來眼去〉，合作者都是臺灣女歌手辛曉琪，她也是張國榮在滾石的同事。

剛剛加入滾石的辛曉琪，對於同張國榮這樣的大明星合作，壓力自然很大，生怕一不小心就令對方不滿。但後來她發現，自己的擔心純屬多餘。

辛曉琪不懂粵語。在錄製〈眉來眼去〉時，張國榮一字一句地教她粵語發音與咬字，非常耐心，完全就像大哥哥照顧小妹妹一樣。

張國榮對辛曉琪的才華非常欣賞，在「跨越97演唱會」時，還特意邀請她助唱，並答應為她的個人演唱會擔任嘉賓。

張國榮一向信守諾言，但是這一次，他卻罕見地「失約」了。為什麼呢？

這一年，已經是2006。這一天，是7月3日。

當晚，在唱完〈Memory〉，秀了一把英文時，辛曉琪突然表情非常嚴肅，一字一句地說：「曾經有一位我的好朋友，他答應過我，只要是我開個人的演唱會，他一定會到場為我加油打氣。所以，我今天，仍然把特別來賓的位子……留給他。」說著說著，她幾乎當場流下了眼淚，這是怎麼了？

熟悉的配樂緩緩響起，螢幕上出現了一張盛世美顏，現場掌聲雷動，天籟般的男聲，將現場氣氛推向了高潮。可惜，他只能以這樣的方式到場。

而辛曉琪自己，也一度哽咽，幾乎唱不下去。所有觀眾則集體鼓掌，鼓勵她堅持唱完，很多人也不由自主地流下了眼淚。

張國榮已經離開了人間，卻又像繼續陪伴在大家身邊，成為我們生活中的一部分。

11月26日，在媒體的高度關注下，張國榮發行了7年來的全新粵語專輯《紅》，專輯由滾石發行，但是張國榮擁有完全的製作權，林夕承包了全部詞作，而張國榮則為〈紅〉、〈有心人〉和〈意猶未盡〉作曲。

在唱片市場不景氣之時，《紅》上市兩週就賣了12萬張。

1996年的「雙十二」（12月12日），對張國榮和他的歌迷來講，有著特殊意義。在闊別紅館將近7年之後，他再度站在了這個舞臺上，讓一萬兩千多名現場觀眾，明白了什麼叫「風再起時」。

張國榮已過了 40 歲生日，但是歲月的刻刀，並未在臉上留下太多痕跡。相比告別演唱會時，他完全沒有顯老，略瘦了一些，也沒有那種中年的油膩感。不難想像，為了維持這樣的皮膚和身材，他默默地付出了多少精力。

熟悉的〈風再起時〉再度響起，張國榮穿著白色大衣，舉著面具，從中央舞臺上慢慢升起來。7 年之後，他的唱功更加純熟，颱風更加沉穩，當然，現場設備也有明顯進步。他不僅演唱了很多之前就讓歌迷耳熟能詳的老歌，如〈愛慕〉、〈側面〉、〈儂本多情〉，更全新演繹了近年的電影金曲，如〈是這樣的〉、《當愛已成往事》、〈紅顏白髮〉，還與莫文蔚和辛曉琪對唱情歌，舒淇則為〈熱辣辣〉伴舞。

在演唱〈紅〉時，張國榮穿上了紅色高跟鞋，與男性伴舞來了一段相當大膽的舞蹈，引發觀眾陣陣尖叫，但是也遭到了鄭經翰等樂評人的批評，指責張國榮搞「三級演出」。作為回應，之後，在張國榮演唱〈紅〉之前，紅館現場廣播提醒 16 歲以下觀眾由家長陪同觀看，這自然引發了觀眾的哄堂大笑。

1996 年 12 月 31 日，張國榮在紅館與上萬觀眾一起「陪你倒數」，迎接新年的到來。儘管再過 3 年就是新千禧了。但是在很多港人心目中，97 的意義更加重要。

當晚，梅艷芳也作為表演嘉賓現身，陪同大家見證這個重要日子。她演唱了自己的成名曲〈夢伴〉，並與張國榮合唱〈緣分〉，點燃了現場氣氛。真是緣分啊，除了梅艷芳，在紅館，恐怕沒誰能和他有這樣的默契了。

1997 年 1 月 4 日，在 24 場演唱會的最後一場，張國榮借演唱鄧麗君經典名曲〈月亮代表我的心〉的契機，公開了自己的情感狀況。

1 月 23 日，在圓滿完成了「跨越 97 演唱會」之後，張國榮飛往東京，

開啟了自己的世界巡迴演唱會。

雖說早已名揚亞洲，但是這居然是他首次在日本開唱。張國榮的多首曲目翻唱日本歌，山口百惠是他的偶像，〈風再起時〉讓他一舉成名，來到日本，他自然不敢有任何大意。

東京是亞洲流行音樂勝地，市民自然見多識廣，但是張國榮的到來，同樣引發了歌迷的瘋狂追捧。他成為首個在東京國際會議中心A廳演唱的華人歌星，5,000張門票一經發售，立即就被哄搶一空。隨後，他又前往新加坡，所到之處氣氛非常熱烈。

2月11日，張國榮在廣東肇慶開始了巡演。1980年代，張國榮已經紅透東南亞，可在退出歌壇之前，他都沒在中國國內辦過個人演唱會，也沒有上過春晚。但是這次在中國開唱，歌迷反應非常強烈。

之後，張國榮的足跡，又踏過了佛山、汕頭和中山等地。因一些意外，廣州演唱會暫時取消。

美國、加拿大、臺灣、英國、澳洲和日本，也都是張國榮世界巡回唱會的目的地。6月13日，他終於回到了廣州，在能夠容納6萬觀眾的天河體育場，在羊城居民心目中的勝地「天體」開唱。

當天天氣很不好，雨下個不停，幾萬名歌迷就站在雨裡聽完了演唱，沒有人提前離開，現場氣氛相當熱烈，也讓張國榮非常感動，也好幾次走進雨中，陪著觀眾一起淋雨。15日，演唱會圓滿結束。

7月1日，張國榮出現在北京工人體育場，與劉歡、林子祥、鞏俐、那英和譚晶等一起合唱〈團聚〉。張國榮的儒雅外表和紳士風度，令年輕的譚晶印象深刻，難以忘懷。

1998年5月6日，在與滾石的3年約滿之後，張國榮決定再續一年，並推出了全新專輯《Printemps》。但是很顯然，走主流路線的滾石，和張

國榮的創作理念，差別是越來越大了。

在拍完《紅色戀人》之後，張國榮的新電影，選擇了與日本投資方合作。

二、《星月童話》浪漫入骨，生命中有什麼比愛更精采？

在日本，張國榮是極少數特別受歡迎的香港明星之一。可是說起去日本拍電影，一直到世紀末，才有機會實現。

1998年7月18日，中日合拍電影《星月童話》舉辦開機記者會。監製襧嘉珍，導演李仁港，動作導演甄子丹，張國榮將出演男主角，一人分飾兩角，女主角是在日本人氣很高的新星常盤貴子，這是她首次參演電影。

常盤貴子生於1972年，比張國榮小16歲。她當時已經有多部電視劇作品，一度被譽為「日劇女王」。常盤貴子一心渴望出演大銀幕作品，最想合作的男星就是張國榮。這部日資主控的電影，讓她的夢想變成了現實。

在拍攝過程中，常盤貴子曾因為壓力過大腸胃不適應，張國榮經常用中藥煲湯帶給她喝，讓這位姑娘分外開心。

《星月童話》劇組在日本拍攝外景時，經常會吸引大量的影迷圍觀，顯然其中多數為女性。日本女孩總是以溫婉內斂聞名世界，但是到場的張國榮影迷，其熱情卻讓劇組有些吃驚。李仁港起初還以為，是常盤貴子在國內人氣太高，粉絲眾多。後來才發現，大部分女孩都是來看張國榮的。

在香港電影不景氣的大背景下，《星月童話》能夠最終殺青，顯然與張國榮的影響力是分不開的。

第九章　力求卓越

1999年2月13日，距春節僅剩3天，距情人節一天，3部愛情片很應景，也很默契地同時開映，為全港市民，特別是年輕人送上新春祝福。

在嘉禾院線，成龍新片的《玻璃樽》強勢首映，而周星馳則推出了自導自演的、有自傳性質的《喜劇之王》。這已是他們連續9年亮相春節檔了。

過去7年，敢和成、周二人正面較量的片商有且只有一個，就是黃百鳴。他的底氣，當然來自張國榮。不過《九星報喜》之後，張國榮明確表示不拍這類喜劇片了，黃老闆還能玩下去嗎？

答案是：能。黃百鳴也是真能，直接將劉德華請來主演《愛情夢幻號》，女主角是日星石田光。劉德華上一次亮相春節檔，已是8年前的《整蠱專家》了。顯然，黃百鳴希望劉天王能擔起昔日張國榮的職責。

不過，即便到了20世紀最後一年，劉德華的票房號召力，還是遠遠遜色於成、周二位大神。《愛情夢幻號》票房僅889萬，刷新了東方影業春節檔的最差紀錄——這個時候，不知道黃百鳴有沒有想念老同袍張國榮。

當然，由於香港電影市場大下滑，成龍和周星馳的影片也都沒過3,000萬。《喜劇之王》以2,985萬力壓《玻璃樽》的2,754萬，最終取得全年第一。

而張國榮，則是9年來首次缺席春節檔，讓無數影迷相當懷念。其實，在前一年的《紅色戀人》首映禮上，張國榮談到即將拍攝的新片時，說是計劃在新年上映。他指的當然就是《星月童話》。不過，出品方美亞最終沒有勇氣選擇春節檔。

轉眼，時間來到了4月1日，《星月童話》於復活節檔正式開映。

影片的開篇，是個美好卻略顯俗套的愛情故事。斯文帥氣的三澤達也（張國榮飾），清純可愛的瞳（常盤貴子飾），和所有日本文藝片中的情侶

一樣登對。他們已經歷了甜蜜的熱戀，正準備步入婚姻殿堂。達也在香港一家酒店擔任總經理，為了和未婚夫一起去香港，瞳還在努力學習中文。

都說張國榮是個語言天才，普通話、粵語和英語隨意切換，在這部電影裡，他飾演的達也，全程講的都是日語。我們當然以為會有專人配音，但是據常盤貴子本人證實，這些臺詞都是張國榮自己講的。

「瞳，我們結婚，請嫁給我。」這是最質樸也最深情的情話。

可就在瞳即將披上婚紗之時，慘劇卻發生了。達也驅車帶她出遊，在路上遭遇了不幸。

即使到了這種生死關頭，達也首先想到的，還是未婚妻的安危。

最後，達也遇難了。

為了完成他的遺願，瞳一個人來到了香港。我們當然有理由相信，有浪漫的事情要發生。但是很多人應該不會想到，接下來會是那樣一個故事。

瞳來到了海逸酒店，參觀了達也生前的辦公室。她拉起捲簾窗，外面就是一片蔚藍的大海。她拿了未婚夫的工作牌，惆悵地從電梯走出，正好看到一個中年男人，不覺立刻怔住了。

—— 這怎麼可能？

愛人真的復活了嗎，還是另一個平行空間的達也？是自己眼花了嗎，還是身處夢中並不自知？

他也發現她了，快步上前：「我等你很久了。」然後就熟練地擁她入懷，低聲說道：「別說話！」也許是為了堵住她的嘴，他乾脆狠狠地吻了起來。

這是人鬼情未了的華語版嗎？並不是。這只是一個長相酷似達也，但是精神氣質完全不同的男人。他的頭髮挑染成時尚的金色，皮膚更黑，還

第九章 力求卓越

有密密麻麻的鬍渣，粗獷強悍，與達也的文質彬彬反差明顯。

他只能是另外一個人，警方臥底石家寶。

之前的鏡頭使用了平行剪輯，介紹了兩人各自的行動。瞳整理了達也的遺物，乘電梯下樓，而家寶在與黑幫老大接頭之後，卻被警方盯上了。為了不露出馬腳，他見到一位漂亮女士之後，突然急中生智，來了個007附身，與瞳來了上述一幕。

這個處理方式並不高明，但兩位明星詮釋得倒是浪漫纏綿。他是逢場作戲，她卻是假戲真做，信以為真。過於激動之下，女孩居然暈厥了過去。

後來，家寶和瞳說清情況時，他才明白，自己被當成「替代品」了。

家寶餘怒未消地出去打麻將，看來李仁港對張國榮的業餘愛好很熟悉。但是再次回到家裡，眼前的一切，卻讓自己大吃一驚，也對姑娘頓時心生好感。

地面已經打掃得乾乾淨淨，床鋪收拾得井然有序，就連扔成一堆的打火機，也被擺放得整整齊齊。原來，這個如天使一般美麗的女孩，也如此細心和能幹。

很快，就是金爺和捷哥的交易了，家寶已經通知了上司，但是飛虎隊不知什麼原因卻介入了，子彈橫飛之下，兩邊的黑幫成員紛紛倒下。沒有人認識家寶，他中了槍，只能跳樓逃跑。

這段槍戰戲的陣勢相當大，似乎應該在高潮戲份中才對。一部電影，要將情感糾葛與臥底辦案很好地融合起來，其實並不是太容易的事情。受傷的家寶奮力跳下樓，艱難地站起來，驅車想逃回家。

家寶和毒品一道失蹤，成為頭號嫌疑犯。一個為警局出生入死的臥底，卻落得這般下場。顯然，是有人想拿他當替罪羊，但究竟是誰呢？

影片並非燒腦的偵探片，大老闆很快浮出水面，就是他一直信賴的阿東（廖啟智飾）。但是在此之前，他必須逃脫警方的追捕。

瞳正準備出門，卻聽到了敲門聲。她開啟門，看到的居然是神志不清的他。「沒事的……我把這個交給你。」是她上次遺落的八音盒。這麼強壯的男人，也有這麼脆弱的時候。你覺得他粗枝大葉，人家卻有細心的一面。隨即，他就昏倒在了她面前。

家寶從沉睡中睜開雙眼，朦朦朧朧地看到一個悉心呵護他的俏麗身影。

而瞳一直傾訴的對象，其實也不是眼前這位糙漢，而是人在天國的那位帥哥。但是，誰在意呢？更重要的是，兩個都曾為情所傷的人，有沒有勇氣與決心，再投入地愛一回？再全情地瘋一次？再毫無保留地交出自己？

一見鍾情，相守終生，這是無數人期盼的愛情童話。《星月童話》中的緣分並不圓滿，但是也許更引人回味與思索。如果說家寶之前的形似，讓瞳印象深刻的話，昏睡中對戀人的柔情表白，更讓她相信，這是一個可以依靠的男人。而眼前這位女孩的優雅溫存，似乎更讓家寶無力抗拒。但是，他這樣一個莽夫，真的能變成文質彬彬的達也嗎？

家寶不想成為達也的備胎，更不想傷害這麼善良的女孩。

「你看清楚，我不是你的未婚夫，聽我說，回日本吧。」可抵不上姑娘的回應：「讓我做夢，一次；你做達也，一天。拜託……」家寶面露難色，最終還是答應了。雖說兩人有語言隔閡，但是優秀演員之間，一定會有默契。

他們一起去看了場電影，在卡通片《花木蘭》劇照前，一陣煙霧飄過，恍若回到從前。她看著他英俊的臉龐，不覺神情恍惚：「陪我喝杯咖啡，好嗎？」他們按照達也早先的安排，來到了海邊餐廳，坐到了訂好的

臺位上。所有的服務人員都蒙在鼓裡，祝福他們新婚愉快，送上了新婚蛋糕，還將鮮花交給家寶，讓他親手交給愛人。

瞳強忍悲傷想切好蛋糕，卻發現自己做不到。等他送花時，回憶的閘門瞬間開啟，她再也無法掩飾，撲在家寶懷裡放聲痛哭，他不好說什麼，只能默默承受。

兩人都心照不宣，不想早早分手。他們像真正的情侶一般，去遊玩、去購物、去打電動遊戲，把獎品分給孩子們。可是就在這時，畫風突然急轉，從日式愛情文藝片，又變回了港式動作片。在他的住所，經過一番纏鬥，兩人擺脫了警察，逃往深圳。

接下來的場景，更像一場童話了——片名不是告訴你了嗎？我們被庸常的生活折磨了太久，不願、不敢、不屑相信生活中有奇蹟，但是張國榮和常盤貴子的精采表演，讓我們開始相信。平心而論，影片的故事情節設計得有些刻意和牽強，但是有什麼關係呢？

一個剛剛與你相識的女孩，願意和你亡命天涯，這難道不是真愛，難道還是拿你當「替身」或「備胎」？逃到深圳，四下找不到她時，家寶眼神中的焦慮、無奈與絕望出賣了他自己，證明他已經無法自拔了。

終於，看到了，她來了。「家寶！」她柔聲呼喚。

「妳去了哪裡？」

「去簽證。」家寶熟練地牽住她的小手，深情凝視她清秀的面龐，溫柔地吻著她的額頭，似乎有千言萬語想要表達，隨即緊緊攬她入懷。在佳人的驚恐眼神中，他肆無忌憚地吻她，似乎整個世界都不存在，只有他們兩人。

拍吻戲非常考驗演員的水準，也對攝影、打光提出了很高要求。一不小心，就可能讓觀眾覺得隨意甚至猥瑣，而這場確定兩人關係的熱吻戲，

卻拍得浪漫唯美，配合輕柔的配樂，也帶給觀眾持久的欣慰與感動。這吻中，有感激、有迷戀、有珍惜，也有對全世界的宣示：這就是值得我用生命捍衛的寶貝。

家寶帶瞳去見前女友的姐姐（楊紫瓊飾），事實上就像我們帶女友見家長，非常認真地把她介紹給最親的人，是對她最高規格的尊重。

六年前，楊紫瓊辭演《白髮魔女傳》，成就了林青霞和張國榮的永恆經典。這一次，她在影片中詮釋了一個成熟穩重、關心後輩的大姐，她的文戲功力之扎實，可能也令很多人相當意外。

大姐和瞳親密互動的戲份，讓觀眾倍感溫馨，自然也為電影增添了太多魅力。而她對家寶的交代，更讓人感動和欽佩。

「你為什麼對我這麼好？」

「我喜歡你，行嗎？」這話一出，他已經完全愛上她了，就等她的回應。

也許李仁港希望影片有更多波折，也許不想這麼快就結束。因此，他們兩人還是在雨中分手了。但是，她留下的小禮物，其實已經說明了一切。

為了還自己清白，家寶獨闖警局，終於揪出了真凶。這場動作大戲從頭到尾密不透風，將家寶的陽剛之氣展現得淋漓盡致。他眼神中充滿殺氣，出手快捷凶狠，讓人很難想像石家寶和何寶榮是由同一個人飾演的。而老戲骨廖啟智的演技也堪稱炸裂，將一個初看老實忠厚，實則暗藏殺機，失意時垂頭喪氣，得意時忘乎所以的大反派，詮釋得真實震撼。

家寶不想再做臥底，他希望做回一個普通人，一個不需要愛人日夜擔心的普通人。看著她留下的筆記本，那一張張認真拍下的照片，一句句用心寫下的贈言，他如何不感動，如何不期盼呢。

你去了哪裡，我等了你很久。

很喜歡這句臺詞，更喜歡影片的結局安排。看到家寶最後笑得那麼開心，就知道愛情真的可以創造一切奇蹟。如果你也曾為愛所傷，如果你不敢全力再愛一次，如果你不相信愛情會屬於你，那麼，這部治癒系的影片，這部凝結了張國榮和常盤貴子太多心血的作品，值得推薦給你。

5月5日，《星月童話》在香港下檔，票房557萬，相當慘淡，對不起所有工作人員的付出。常盤貴子想與張國榮再度合作的願望，當然也就落空了。不過，兩人就此成為好朋友，常盤貴子每到香港，總要約張國榮一起吃飯，把他視為可以交心的大哥哥，直到那場悲劇的發生。

轉眼來到2000年。在新千年的第一年，劉德華即將迎來自己的100部電影。為此，他名下的天幕影業聯合中國星，一道出品了拳賽電影《阿虎》，同樣由李仁港執導，同樣邀請常盤貴子出演女主角。

這部影片在聖誕檔上映之後，取得了2,200萬佳績，高居年度第三。不過20年之後，《星月童話》已成影史經典，能記住《阿虎》的，也算得上資深影迷了。

在這一年裡，一直沒有孩子的張國榮，卻在銀幕上當起了父親。

三、用《流星語》為港片探索新路，大銀幕上做父親

細心的榮迷統計過，從《烈火青春》開始，張國榮在整整24年的銀幕生涯中，居然不聲不響地出演了17個孩子的父親。顯然，這些孩子中要麼是嬰兒（如《縱橫四海》中的3個小搗蛋），要麼還沒出生（如《烈火青春》中女友肚子裡的孩子）。

但是在一部電影中，這個一輩子都沒有結婚的男人，卻是扎扎實實地做了一回父親，還是個相當落魄的失敗老爸。

在亞洲金融風暴影響下，20世紀末的香港電影市場長期低迷。為了「救市」，爾冬陞、王家衛、許鞍華和張艾嘉等20位導演發起「創意聯盟」，倡導製作低成本高品質的電影。

參與該計劃的導演張之亮，準備模仿卓別林的《尋子遇仙記》，拍一部展現父子親情的電影《藕頭芒》。但是他在選擇角色時，卻遇到了重重困難。

在被很多明星拒絕之後，經爾冬陞介紹，張之亮抱著試試看的態度找到了張國榮。沒想到，這位身價至少600萬的天王巨星，居然很爽快地答應了，並象徵性地以一元片酬出演，力挺本土電影復甦。之後，影片片名改為了更為通俗的《流星語》。

張國榮不光參演，還首次擔任了影片的出品人，劇本構思、場景設定和演員選擇等諸多事宜，都是他和張之亮共同完成的。11年前在《殺之戀》中客串演出的名模琦琦，此次成為影片女主角。她為能和張國榮合作而興奮不已。而狄龍和吳家麗兩位在金馬獎斬獲影帝、影后的實力演員，以及劉德華多年力捧的金像獎影帝林家棟，也都欣然加盟了這部低成本電影。

平心而論，《流星語》並不是一部優秀的作品，但是對廣大榮迷來說，卻是一部最特別的電影。這是一生沒有結婚、沒能留下後代的他，少有的一部在大銀幕上生動展現父親形象的角色的電影。（《煙飛煙滅》不是院線電影）。

《流星語》一開始，交叉剪輯就將氣氛渲染得相當緊張。在亞洲金融風暴的大背景下，一邊是股票經紀李兆榮（張國榮飾）面對媒體侃侃而談，雲淡風輕地說什麼香港前途一片光明；另一邊是他忙裡偷閒與女友（沈傲君飾）調情，又狠狠不堪地指揮手下（林家棟飾）操作。

隨後，身心俱疲的阿榮在遊輪上休息時，居然聽到了嬰兒的哭聲。不

知道是哪家父母丟棄的，也太狠心了吧！阿榮本想將孩子放在路邊，讓有能力之人認領。可惜，老天都不成全他。看著孩子被大雨猛淋，阿榮只好跑出去將嬰兒抱回，從此光榮地「未婚成父」。

影片的巧妙之處，就是沒有展現阿榮如何費心費力地拉扯這個嬰兒，怎麼給他餵奶，怎麼哄他入睡，得病了怎麼送他就醫……而是直接一筆帶過，直接跳到了孩子4歲時，留下太多空白，讓我們自由想像。

曾經手握數億資金的阿榮，如今帶著撿來的孩子明仔（葉靖嵐飾），住進了堪稱貧民區的春風里。每天，阿榮以夾克配短褲的奇葩裝束示人，完全不因自己老土而自卑，也根本不去為明仔找媽——找也找不到，何必呢。他蹬著破二八單車，穿行在大街小巷中，靠勞動賺錢，活得那叫一個自得其樂。

阿榮的單車後座上，還綁了個小孩椅。有時，阿榮帶著明仔一起幹活，有時把他扔在家裡。這對父子之間沒有正形，互相以「阿榮」、「明哥」相稱，一派歡樂祥和的氣氛。那份骨子裡的依戀之情，卻是一點也不掩飾。

要知道葉靖嵐拍戲時還不滿4歲，哪裡懂什麼表演？為了幫他入戲，張國榮整天就在片場陪著他。

顯然是受阿榮影響，明仔也是個樂天派，洗澡時都拿著玩具對講機和養父玩遊戲，還知道幫他接招工電話，真是「窮人的孩子早當家」。

人住貧民區，阿榮卻有與身分不符的愛好。他置辦了一架上等的天文望遠鏡，放在自家天臺上。而明仔經常就在旁邊，幫他按摩什麼的。

免費為老人做健康服務的蘭姐（吳家麗飾），經常請明仔和阿榮去家裡喝糖水，難道是喜歡這位落難公子？當然不是，她只是讓阿榮幫忙幹活。

片警龍警官（狄龍飾）經常來找蘭姐的麻煩，不讓她無償擺攤，又說她的家具堵塞防火通道。其實，他有著自己的小心思，蘭姐肯定也能看出來，要不然，從貓眼看到他之後，就不會緊張得手捋頭髮了。

而且，這樣的日子，不可能長久。

有一天，明仔在電視上看到一位身材高挑的漂亮女人，他居然伸手去摸她的臉，似乎與人家有種神祕的緣分。

她正是明仔的生母少君（琦琦飾），當年被丈夫拋棄後，因為無力撫養明仔，她就狠心將孩子放到遊艇上。如今，她事業成功了，積極從事慈善事業，但是無論怎麼做，似乎也很難洗刷內心的愧疚。

後來，阿榮幹活時帶著明仔，一不小心，孩子就跑遠了，正好跑到少君的豪華遊艇上。唉，完全不遵守「不讓孩子離開視線」的規則啊。當年，明仔正是在遊艇上被遺棄的；4 年之後，奇妙的輪迴又開始了。

少君喜歡上了這孩子，明仔也很喜歡這位「大姐姐」。明仔回來時帶了很多禮物，還有阿榮看了多次也不敢買的帆船模型。看到孩子那樣高興，當爹的真的有點傷自尊。

阿明拿著帆船出去玩，卻被鄰居孩子搶奪。他不得不躲到貨車下，差點釀成慘禍。好心的鄰居希望幫阿榮申請補助金，結果讓福利官發現了明仔是領養的，且不符合領養條件，雙方起了衝突。阿榮讓明仔躲到蘭姐那裡，病重的蘭姐讓明仔去找阿榮，把龍警官帶來。可是龍警官卻帶了阿榮去錄口供。

阿榮回到家中見到明仔，可是福利官帶著警察上門捉他們，說他拐賣人口。

少君從上海趕回，看到了出生證明，知道了事情真相。

重病的蘭姐無人照顧，就這樣離世了。面對蘭姐的遺體，龍警官先

第九章 力求卓越

是一本正經地向警局彙報，隨後卻趴在櫃子上痛哭不已。明明已經有默契了，如果他再勇敢一點，兩人肯定早就在一起了，豈會有這樣的事情發生？

這一年狄龍已經53歲，曾經何等輝煌的邵氏一哥、金馬獎影帝，卻願意出演這樣的小角色，與金馬獎影后吳家麗上演了一齣未遂黃昏戀，讓人相當感傷。在次年的第19屆金像獎頒獎禮上，兩人雙雙斬獲最佳男女配角。

為了明仔的未來，阿榮儘管有千般不捨，還是讓孩子回到了生母身邊。這種安排雖說太「主旋律」，但一定是最好的方式。

阿榮和少君之間也沒有愛的火花出現，可能導演覺得太俗套了吧。

少君對孩子心存愧疚，想讓阿榮繼續帶孩子。可是他說：「4年前妳丟下他，也許是有藉口，現在妳再丟下他，真的就沒人信了。我是跟明仔生活了4年，但始終不是他的父親。明仔和妳一起生活的話，會很幸福的。妳可以的。」

阿榮繼續鬍子拉碴，但是穿上了長褲，他精心為明仔做了艘帆船模型，將它送給了少君。孩子要告別破舊的社區，住進上等公寓，過上體面的生活。但是這4年的時光，注定是兩人的美好回憶。

伴隨著張國榮〈小明星〉的歌聲響起，明仔回頭撲進阿榮懷裡，場面非常溫馨，把少君都看流淚了。銀幕前的觀眾，想必也掏出了紙巾。

肩負著為香港電影探索新路的《流星語》，10月14日在香港開映。但是35天後只收233萬，列年度第三十五。這個起初雄心勃勃的「創意聯盟」，只拍成了這麼一部電影，然後就維持不下去了。

整個香港電影圈的一、二線明星中，只有張國榮能夠不計片酬來擔任主演。這當然是他的人品使然，同時他確實也不差錢。這件事也提醒我

們：積蓄足夠多，能做更多的事，幫更多的人。

當然，張國榮也不可能放棄自己的電影追求。

四、《鎗王》中自願演反派，癲狂式演技成就經典

有人說，新的一年，總會給人帶來新的希望。

新千年的象徵性意義，當然是怎麼高估也不過分的。在看文章的你，還記得陪自己度過新千年的人嗎？

不過，新千年為香港電影帶來的失落與惆悵，絕對要大於收穫與開心。

這一年的春節檔，成龍與周星馳兩位領跑了整個1990年代的巨星同時缺席。1月28日，嘉禾由梁朝偉、鄭伊健主演的《東京攻略》率先上映。請注意，梁朝偉是一番。

第二天，東方影業以謝霆鋒、蘇有朋主演的《大贏家》對戰。2月3日，劉德華、鄭伊健主演的《決戰紫禁之巔》，作為永盛年度巨作殺入檔期。寰亞則推出由郭富城、吳彥祖主演的《西元2000》。

讓人意想不到的是，就在這一天，皮克斯動畫《玩具總動員2》也同步上映。更讓人不可思議的是，明星雲集的《決戰紫禁之巔》和《東京攻略》，都根本不是這部卡通片的對手。

香港電影的天，真的是徹底變了。最終，《玩具總動員2》以3,573萬下檔，為西片首次贏下春節檔冠軍；《東京攻略》入帳2,819萬，在港產片中領跑。

《決戰紫禁之巔》票房2,133萬。《西元2000》成績為1,370萬。《大贏家》僅獲1,003萬，成了大輸家。黃百鳴此後連續8年沒有參與賀歲片市

場，直到 2009 年以《家有囍事 2009》拿下香港年度冠軍。

此時的張國榮，只想拍一些高品質的作品，不願重複自己，更想向導演轉型，對票房已不怎麼看重了。因此，他接片越來越慎重，產量也越來越低了。

一位出色的演員，一定希望拓寬自己的戲路，留下各種類型的經典角色，而不是被觀眾歸入一個類型。

絕大部分影片中，第一主角都不是反派，這當然是業界慣例。但是在張國榮主演的 50 餘部影片中，還真有那麼一部，男一號是個真正意義上的反派 —— 旭仔和忠良不算是。因此，這部電影也得到了影迷的格外青睞。

1999 年 11 月，由爾冬陞監製、羅志良導演的《鎗王》正式開鏡，兩屆香港射擊冠軍張民光擔任影片技術顧問，並飾演總叫囂「高手站在背後的壓力」的刑警 Joe。

影片採用港片常見的「雙雄」模式，一個是警察，一個是變態殺手。開拍前，爾冬陞讓張國榮來挑選角色，他選哪個，戲份當然就偏重哪個。果不其然，張國榮選擇了表演難度更大、可塑性更強的殺手，也正因為這個選擇，才使得《鎗王》成為港片經典，成為一直被人模仿、永遠難以超越的標竿。

與張國榮搭戲的，是資深戲骨方中信。這位相貌酷似李察・吉爾（Richard Gere）、演技精湛的明星，一直鬱鬱不得志，被迫長期出演某種類型片，難得爾冬陞欣賞他。

《鎗王》見證了方中信的高光時刻，苗警官也成為他的別名。4 年之後，張國榮已不在人間，方中信在《旺角黑夜》中繼續出演苗警官，和男一號吳彥祖雙雙提名第 24 屆金像獎影帝。

生於 1979 年的黃卓玲，與大自己 23 歲的張國榮飾演一對情侶，卻完全沒有叔姪戀的感覺。

5 月 27 日，《鎗王》正式在嘉禾院線上映。6 月 29 日，影片以 735 萬下檔，列年度第二十。

在片中，彭亦行（Rick，張國榮飾）是一位 IPSC（實用射擊）比賽高手，又擅長改裝槍。他的絕活是 double tap（快速兩連發），即在最短時間內打出兩槍，彈孔留在同一點上，形成一個近似「8」字。女友麗怡（黃卓玲飾）介紹朋友 Vincent（谷德昭飾）過來學槍。Rick 原本不想理他，礙於她的情面還是答應了。

在一次實彈射擊比賽中，Rick 與高級警司苗志舜（方中信飾）鬥得難解難分。就在即將迎來決戰時，一心尋死的余警官闖入比賽場，濫殺無辜。認識他的苗志舜遲遲未能開槍，為了保護麗怡，Rick 無奈之下擊斃了余警官。

3 年之後，香港發生了一起惡意凶殺案。四名 G4 特務（隸屬香港警隊刑事及保安處的「要員保護組」）慘死，汙點證人奄奄一息。凶手的手法極其殘忍老練。在一番調查之後，苗警官將 Rick 列為重要嫌疑人。

為了逼 Rick 露出原形，警方搜查他的住處，發現了很多氣槍，但是均未到 2 焦耳（不構成私藏槍支）。但是 Joe 卻擅自改槍想栽贓 Rick。麗怡扛下所有罪名之後，警方卻希望以她為誘餌，逼 Rick 上鉤。

苗警官設下天羅地網，準備在 Rick 接走女友時下手。但是事態的發展，顯然出乎他的意料，這場遲到了 3 年的決戰，終以更為慘烈的形式呈現了出來。

《鎗王》劇情有很多問題，注定了它不會是一部特別優秀的影片。但是張國榮與方中信的表演，卻大大提升了影片的水準，特別是飾演變態殺

第九章 力求卓越

手的張國榮，讓我們看到了一個人的演技可以好到什麼程度，可以如何提升電影品質。

有別於《英雄本色》一類浪漫槍戰片中子彈永遠打不完、演員開槍如同跳舞的風格，《鎗王》中主要角色的射擊場面，展現得非常專業和真實。

動作指導郭振鋒與張國榮合作了多年，並客串了《殺之戀》和《夜半歌聲》。說實話，這兩部電影的打戲實在不怎麼樣，過於刻意。但是在《鎗王》中，郭振鋒卻交出了漂亮的答卷。他的動作設計與張國榮的極其投入的反差式演技完美融合，讓這部影片成為新世紀槍戰片的經典。再加上鄺志良的剪輯、金培達的配樂，一起將緊張慘烈的氣氛一直維持到了最後。

開局的射擊比賽戲份，Rick 與苗警官動作沉穩、神情專注，時而快速奔跑，時而臥倒射擊，讓比賽充滿了儀式感。這時的 Rick，怎麼看也不像壞人。

兩人戰成平手，需要加賽。可是就在這時候，余警官搶戲了，他提著槍四處掃射，濫殺無辜。維持現場的刑警 Joe 本應制服他，可是他沒這麼做；苗警官本可以出手，可他也沒有動。Rick 原本也不想行動，可余警官卻將槍對準了麗怡，他不能不出手。乾脆俐落的快速兩連發留在了餘警官腦門上，讓 Rick 體會到了殺人的快感。

四名 G4 特務的死，影片並沒有呈現事態經過，只是透過警察的驗屍，展現了殺手的專業。導演完全無意拍成懸疑片，誰都知道是 Rick 做的。

苗警官按規定釋放了 Rick，但是 Joe 私改了麗怡的槍，從而有理由拘捕她。這讓 Rick 分外惱怒。

隨後，就有一場鬧市追逐戲份。Rick 坐車回家，警察的車在後面跟隨。車內的 Rick 神色疲憊、沒有精神。半路下車之後，他卻拿出了達維

德‧貝勒（David Belle）的跑酷手段竄上高架狂奔，又猛地跳下，甩掉了跟隨的警員，卻幾乎被一輛貨櫃車撞翻。場面相當驚險。

接著，全片第一場真正的大戰開始了。四名警員跟蹤到槍會，四下沒發現人。猛回頭，Rick 已站在他們身後。Rick 僅用個冷峻的眼神，就能把人嚇一哆嗦。槍聲響起，外邊的大批警察紛紛衝了進去。

Rick 提著帶瞄準鏡的自製改裝槍，一打一個準。密集的火力，讓所有警察根本不敢應戰，強大的氣場，令對手不斷慘叫。而他雲淡風輕的開槍動作，輕鬆得就像擰開一瓶罐頭。

彈殼劈里啪啦掉了一地，受傷的警員滿世界亂爬，受驚的唯一女警，捂住耳朵大聲尖叫。趕過來幫忙的苗警官，都被碎玻璃劃傷了脖子。這一次 Rick 並沒有殺人，回到住所，恍惚之中看到了女友。他把背包扔給她：「妳隨時可以走。」然後想轉身離開。

女友卻快步擋在他面前，看著他的眼睛，認真地說：「別讓我走，你幹什麼都可以，我不會成為你的負累！」

聽到這話，Rick 不是感動，不是把她擁入懷裡，而是冷冷地威脅她：「別想阻止我，妳阻止我的話，我會殺妳！」可女友還是不顧一切地吻住了他。

有這麼好的女友，再做蠢事明智嗎？

一個人待在冰冷的屋子裡，Rick 的情緒越發失控，居然模仿射擊比賽：「Are you ready？」「Ready！」（「準備好了嗎？」「準備好了！」）他對著鏡子練習拔槍，快如閃電，還微笑著比劃：「啪，啪⋯⋯」連續射擊。轉眼間，他就情緒失控，發出讓人毛骨悚然的笑聲，用槍抵著鏡子，如同頂著一個警察：「我幫你啊！」

隨後，Rick 又猛踹洗手臺出氣，更是一下子把洗手臺整個拔起，狠狠

第九章 力求卓越

摔在地上。他坐在馬桶上歇斯底里地狂叫，又倒在地上抽搐嘔吐，令人不忍直視。鏡頭一閃，是屋外抱頭痛哭的麗怡。

這段鏡頭到底是 Rick 的想像還是回憶，還真不好說，重要的是，他的精神確實已經有了嚴重問題，猜想心理醫生也有心無力了。

連金主都殺，可見 Rick 瘋到什麼程度了。見到苗警官時，他卻異常沉穩，嚇唬說：「明天中午 12 點，就是最後期限，你一天不放她，我就一天殺一個警察！」囂張到這種地步，借用馮小剛的名言：還有王法嗎，還有法律嗎？Rick 現出一副詭異的表情，手指地上：「啪，啪，你驚啦，我不驚。」搞得苗警官不知道如何應對。他突然又如投降一般舉起雙手，露出可怕的獰笑，又是那句「Are you ready？」

誰都知道，Rick 一定要殺 Joe，可這段戲的呈現，卻頗有些黑色幽默味道。Joe 回家拿藥，順便洗澡時，突然聽到電話響。為了證明自己不是省油的燈，他立即機警地端著槍，在房間裡四處搜尋，臉上的汗珠不斷滴落下來。恰到好處的配樂，將氣氛渲染得格外緊張。終於，槍響了，Joe 倒下了，Rick 現身了，還致敬了那句他整天掛在嘴上的「高手站在背後的壓力」。

Joe 一死，苗警官幾乎發狂，甚至想用麗怡逼 Rick 出來。好在當醫生的妻子及時勸阻，他才恢復了理智。

最終決戰就要來了，警方可以說陸海空全方位布局，衝鋒隊、飛虎隊都出來了，而 Rick 孤家寡人，連個幫凶都沒有，就憑自己一個人一把槍，逼得警方不得不按他的要求，準時釋放麗怡。

Rick 當然清楚，對方已經布置好了天羅地網，一不小心就會被狙擊手點殺。可是連防彈衣都沒穿的他，偏偏有自己的絕活。他帶著女友在商場不停穿梭，東跑西顛，還真的躲開了跟蹤，眼看就要成功出逃時，卻被一個胖子壞了大事。

2000年12月2日，該屆金馬獎在臺北國父紀念館舉行頒獎典禮。在李安《臥虎藏龍》和王家衛《花樣年華》的碾壓之下，《鎗王》還能入圍6個獎項，殊為不易，但是最終全部落敗。最為可惜的，當然就屬張國榮了。

　　入圍影帝的還有吳鎮宇（《鎗火》）、梁朝偉（《花樣年華》）和屈中恆（《純屬意外》）。最終獎項被吳鎮宇摘得。要知道《鎗火》是五人群戲電影，吳鎮宇的戲份還沒有黃秋生多，這個結局，讓很多人覺得真是「純屬意外」。

　　同樣是槍戰題材，張國榮可是從頭到尾演技線上，奉獻出了瘋狂式的演技，與他平日的儒雅形象，完全是判若兩人。而吳鎮宇飾演的阿來並無新意，還是他的楞頭青基本人設。至於梁朝偉，他在王家衛的7部電影中的性格氣質都差不多。

　　而憑藉《鎗火》，杜琪峰也戰勝了李安和王家衛，拿下了最佳導演獎項。最佳影片則頒給了《臥虎藏龍》。張國榮沒有合作過的一線大導演，也只有王晶和杜琪峰，具體原因不詳。

　　在次年的第20屆金像獎中，《鎗王》僅有最佳音響效果一項入圍。但是接下來，張國榮與一群老朋友又合作了。

五、《戀戰沖繩》戀愛大作戰，張國榮拍得輕鬆

　　自打1994年的《錦繡前程》之後，張國榮與陳嘉上再無合作。而拍完《重慶森林》之後，恢復了本名的王菲，6年之間沒有再接拍電影。

　　這一年，影壇大佬向華強組建了百年影業，號稱要拍攝一些能影響華語電影一百年的優秀影片。而公司的創業作，他希望由與自己合作過《藍江傳》的張國榮出演。導演陳嘉上與女主角王菲，也都希望與張國榮

Vincent 畢竟跟 Rick 學過槍，也更熟悉他的行為方式，不光及時向上司匯報了 Rick 的動向，還尾隨而來。可見，當初 Rick 不想教他是多麼明智。

Vincent 還想從後面擊斃 Rick，卻終究技遜一籌，反被發現的 Rick 當場殺死。也許是想起了往事，也許是記恨女友，Rick 突然喪失了理智，對著已死的 Vincent 射個不停，讓女友幾近崩潰。

她把 Vincent 介紹給他，原本是想讓他交個警察朋友，卻沒想到終究害了他，這就是宿命。

Rick 已經瘋了，還想對 Vincent 的屍體補槍，麗怡哭喊著想阻止他，他甚至都想殺掉她。一對恩愛情侶，最終走到這一地步，實在讓人唏噓。儘管被警察偷襲中了一槍，Rick 依然憑藉強大實力，接連幹掉了幾個警察。曾經毆打過他的阿金，更是被他打爆頭。

最終，只有苗志舜才能阻止 Rick 繼續大開殺戒了。兩人也終於完成了他們三年前沒有打完的決賽。這場生死較量，居然很有儀式感，讓人想到了《英雄本色Ⅱ》中子傑與小莊的對決，以及《新上海灘》中，許文強與丁力的火併。「Are you ready？」Rick 面帶嘲諷地大喊。槍聲響了，兩人雙雙倒地。

憑藉妻子之前的指點，苗志舜乖乖躺著，從而保住了性命。而桀驁不馴的 Rick 為了證明自己是贏家，頑強地站起身來，不可思議地出了戲院。不過，這也是他在人間走的最後幾步。作為一個反派，他跟蹌倒下的身影，居然還能令人同情。

張國榮飾演的角色，即便殺人如麻，壞得令人痛恨，但是有一點卻難能可貴：他對女友真是好，真是忠實，真是全心全意。

憑這個角色，張國榮被提名了第 37 屆金馬獎最佳男主角。

合作。

　　2000 年 5 月 20 日，一個特別溫馨的日子，《戀戰沖繩》在沖繩正式開鏡。當然，張國榮不會知道世界上有網路情人節這回事的。他能知道的是，在錯失《重慶森林》之後，自己再不會錯失與王大美女的合作了。

　　電影陣容相當豪華，張國榮、梁家輝、王菲和黎姿的組合，完全就是一部商業大片的配置。劇組的氣氛也一直非常融洽，大家不拍戲的時候就逛街遊玩，盡情領略沖繩美景。

　　獲悉張國榮來到沖繩拍片的消息，大批日本本土的影迷自然湧到這裡。在影片拍攝期間，總是有很多男生女生一路跟隨。但是這些人都非常禮貌，絕對不會影響到劇組的工作進度。影片不到一個月，就宣告殺青了。

　　在國語辭典裡，「戀戰」指的是「過久地和敵人廝殺而不願撤離」。在文學作品中，往往有「無心戀戰」、「不能戀戰」之類的說法。但是顯然，這部電影表達的是另外一種意思。

　　風景如畫、氣候宜人的沖繩，不光是旅遊熱鬧目的地，更是創造浪漫的絕佳場所。香港警員羅宏達（梁家輝飾）帶著女友 Sandy（黎姿飾）及女友的女友 Cookie（車婉婉飾）來沖繩度假，在機場無意中遇到了出逃的 Jenny（王菲飾）。從此，他就對這位女生有了特別的感覺。

　　Jenny 和當地黑幫老大佐藤（加藤雅也飾）本是一對恩愛情侶，但是不知道什麼原因，她捲了佐藤一筆鉅款消失了。

　　國際大盜唐傑（張國榮飾）弄到了一本有關佐藤內幕消息的日記本，本想好好敲詐一下這哥們兒，但是人家拿不出錢來，你不得等下去嗎？要說這唐傑不光能偷男人的筆記本，還能偷女人的芳心，但是自從撞見 Jenny 之後，卻發現自己的心不見了。

五、《戀戰沖繩》戀愛大作戰，張國榮拍得輕鬆

第九章 力求卓越

羅宏達一心想升職，當認出唐傑之後，居然想誘騙他在當地作案並順勢抓捕，以達到自己升官發財的目的。在偷窺美國軍機一直無法實現時，他們準備對琉球銀行下手，並潛入銀行隔壁的民居安裝炸彈。就在他們忙個不停的時候，Sandy 一不小心，卻找到了自己的真命天子⋯⋯

時隔 6 年，陳嘉上與張國榮、梁家輝再度聯手。張國榮雖說是男主角，但是無論戲份設定和個人表現，似乎並不如男二號梁家輝搶眼。當然，作為後者的好友，張國榮也不會計較這些。

影片中，陳嘉上設計了兩條三角戀，一邊是唐傑和羅宏達共同喜歡 Jenny，另一邊是 Sandy 在羅宏達和佐藤間的選擇。

羅宏達職位卑微、相貌欠佳，不知道交了什麼好運，能交到 Sandy 這樣的女神。但他卻和那些「不知妻美」的頂級富豪一樣，根本不把女友當回事。阿達完全不清楚，Sandy 能留在他身邊，不是他有什麼特別魅力，而只是他運氣實在太好，恰巧趕上了這麼好（看）的姑娘愛自己。

阿達和 Cookie 也很不對付，在機場商店發現她偷東西，立即出來制止，一副多管閒事的樣子，絲毫不顧及女友的感受。

同樣在機場，Jenny 攜著鉅款被黑幫盯上了，她就躲在了羅宏達身後。而當著女友的面，這位小警察就將陌生女人帶上了車，還和她坐在一起。更可怕的是，阿達從此對這個女人有了特別的感覺。

阿達後面還有大冒險。他一直想破個大案，成為真正的警察。

自《英雄本色 II》之後，張國榮已經十多年未穿警服了，這一次陳嘉上幫他完成了心願。但是唐傑做的事情，顯然更像《縱橫四海》中的阿占。不過，他費盡力氣偷的，居然只是個筆記本，這難道不是搞笑嗎？對了，喜劇片嘛。

這個筆記本並不簡單，它記錄著佐藤所有的風流韻事。如果被警方公

布於眾，那佐藤鐵定得被仇家大卸八塊了。因此，唐傑開價 20 萬美元，真的一點都不多。

唐傑和 Jenny 的第一面，根本不是什麼「金風玉露一相逢」。當時，這傢伙正準備甩掉一夜風流之後的正經女孩，卻被 Jenny 撞見了，眼看這樣的渣男「提上褲子就不認人」，Jenny 遂將羅宏達的名片揉成一團砸過去，嘴裡還罵著「下賤」。

吃了虧的唐傑並沒有發作，反而對這個身材高挑的女孩有了好感。問世間情為何物，真是一物降一物！唐傑就這麼被降住了。當得知她在萬座沙灘小店上班時，就裝成顧客過去套近乎。

Jenny 這麼冷豔的姑娘，是個男人都得近情情怯，唐傑也沒有了旭仔的張狂，不敢單刀直入地搭訕。這並不丟臉，不是嗎？於是，他就不動聲色地走到唱機前，放了一首〈The Great Pretender〉。歌曲讓兩人找到了共鳴，找到了默契，居然讓她無意中踱個步，都能踱到他身邊。

第二天，唐傑帶著搭檔阿寶（谷德昭飾）又來了，結果 Jenny 被老闆娘叫走，令他相當失望。情敵阿達已經知道了唐傑的真面目，遂冒充國際大盜蘇沃，慫恿兩人去嘉手納美軍基地偷軍機房系統的電腦，然後將他們一舉抓獲。這麼一來，他不就可以立下大功，轉型當上刑警了嗎？

但是這兩個大盜豈能讓他牽著鼻子走。唐傑建議還是別偷電腦了，改搶銀行不香嗎？這銀行不在別處，就在 Jenny 住處的隔壁。他們建議由阿達負責把她引開，他們負責裝炸藥。

阿達恨不能馬上和 Jenny 過上幸福生活，還能不答應嗎？他哪裡知道，這只是唐傑的一個圈套。

阿達名正言順地約 Jenny 吃西班牙菜，並趁機挑撥，而 Jenny 的回答，差點讓他一口老血噴了出來：

第九章 力求卓越

「但是你不會覺得，那種壞壞的男人比較有吸引力嗎？」

阿傑得知兩人約會當然醋意大發，跑過來夾槍帶棒地挖苦心上人：「能跟自己喜歡的人一起吃飯，當然開心啦，恭喜妳啦⋯⋯」話音未落，就被 Jenny 拉進衣帽間內，只看到衣服架子的輕微晃動，片刻，Jenny 神采飛揚地走了出來，阿傑則半天沒回過味。

「有情可要戀愛，然後就去遠行。唯有戀得短暫，才能愛得永恆。」這是李敖的詩句，也是阿達送給 Sandy 的分手信，更是一語成讖，預言了 Sandy 的未來。

Sandy 可以裝作雲淡風輕，但是失戀的痛苦卻是實實在在的，即使男朋友是這樣一個自作聰明、自不量力、自作多情的普通人，可畢竟付出了真心，她豈能不難過。

佐藤和 Sandy，兩顆同樣受傷的心貼在了一起，決定也玩一個大冒險。而影片的結局，既充滿了黑色幽默味道，也是皆大歡喜，導演不停地派發狗糧，把單身狗們虐得哭都沒地方了。

不過，陳嘉上就是這麼「任性」，他就想拍出一部與眾不同的電影，既沒有床戲和激烈的動作場面，也沒有特別誇張搞怪的無厘頭戲碼，整體程式輕鬆娛樂，配合沖繩美景和浪漫的音樂，確實讓很多人看得賞心悅目，也會使另一部分人覺得平淡無聊。

最後，唐傑為了 Jenny 的安危，居然主動送出了日記，放棄了酬金，一副浪子變情聖的奇怪做派。你可以說陳嘉上這是在討好社會主流價值觀，但是誰說人就不能改變呢？兩人的最後會面，也設計得別有詩意，隨著輕柔的音樂，他們兩個各種曖昧就是不靠近，讓我們浮想聯翩。張國榮抽菸回眸的鏡頭真的帥爆了，同時也讓我們感覺非常溫暖。

張國榮在銀幕上詮釋了太多放浪不羈的情場殺手，但是在現實生活

中，他對真愛的渴求，與我們普通人並無二致。即便我們永遠碰不到 Jenny 或 Sandy 那樣的女神，但是只要能和一個普通女孩相知相守，相互溫暖、彼此扶持，這一生也就不會有任何遺憾了。

7 月 28 日，《戀戰沖繩》在暑期檔開映，8 月 30 日收 1,062 萬，列年度第十四，成為張國榮自《色情男女》之後，票房最高的一部電影。這也是他最後一次亮相暑期檔。檔期冠軍是劉德華、鄭秀文主演的《孤男寡女》。

張國榮自己也很清楚，《戀戰沖繩》這樣的作品既不能成為票房熱門，又不能入圍金像獎最佳影片，但是見證了他與諸多電影人的友誼。在自己後半程的職業道路上，他們還要與自己多多合作。

後來的事大家都知道了。因而，這部作品也有著特別的意義。當然，它還並不是張國榮主演的最後一部大銀幕作品。

2001 年，在忙完了 43 場世界巡迴演唱會之後，張國榮決定放自己一個長假，好好休息一下。自 1980 年以來，他每年都有新片上映，在這一年中斷了。

這一年，張國榮只參演了一部新片。但是這部影片，卻對他，對他所有的影迷，都有特別重要的意義。

六、《異度空間》站上天臺，入戲快，出戲也快

2001 年 10 月 5 日，星皓出品的《異度空間》正式開機，由爾冬陞監製、羅志良執導，張國榮再度與兩位老朋友合作。

2002 年電影拍攝完成時，已經是農曆馬年。24 年前，他第一次參與

第九章 力求卓越

拍片，而那一年，女主角林嘉欣剛剛出生。

2002 年的春節檔，張國榮的老搭檔谷德昭執導了愛情喜劇《嫁個有錢人》，片名似乎極度勢利，但內容還是相當浪漫和正向的。鄭秀文和任賢齊的組合，讓人想到了張國榮和袁詠儀。2,169 萬的票房居然拿下了檔期冠軍，並一直領跑到了 12 月，才被兩部超級大片《無間道》和《英雄》超過。

不難看出，春節檔已經倒退回 20 年前的水平了。劉德華、古天樂主演的《嚦咕嚦咕新年財》，票房 1,921 萬。

在投拍《異度空間》之前，星皓原本想邀請爾冬陞執導《三少爺的劍》，這是他演員時代的成名作。初定竹野內豐出演三少爺，張國榮出演燕十三，女主角為章子怡。但是因一些原因影片最終流產。不過張國榮終究還是為星皓留下了一部佳作。

星皓對《異度空間》非常看重，不惜重金在紅磡海底隧道布置巨幅海報。因張國榮和林嘉欣的造型過於恐怖，一些市民遂向香港影視局、娛樂事務處及海底隧道管理公司投訴，但是海報並沒有被下架。

進入新世紀以來，張國榮已很少接受媒體採訪。但是鑒於之前的幾部影片市場表現不佳，這一次，他罕見地為影片賣力宣傳，接受多家媒體的專訪，更是每換一家媒體就更換一套套裝，便於對方有獨家照片可發。如此貼心之舉，自然獲得了不少好評。

3 月 27 日，影片在奧海城舉行盛大的首映禮。星皓對觀眾的熱情有些低估，事先發出了 1,600 多張影票，但是現場僅 1,300 個座位，片方以為很多人不會來。他們沒想到市民熱情如此之高，很多人只能站著觀影。星皓高層當機立斷，宣布正式開映後，一張首映票可以在 23 家電影院換取兩張正場票。

六、《異度空間》站上天臺,入戲快,出戲也快

2002 年 3 月 28 日。《異度空間》在復活節檔隆重上映。這已經是羅志良第三度執導張國榮主演的電影了。

電影開頭的平行剪輯,運用得相當精準。一邊是氣質清新脫俗,卻自卑又敏感的劇本翻譯章昕(林嘉欣飾),總是疑神疑鬼,搬了幾次家也不得安寧。在走廊裡,她能莫名其妙地看到人影出沒。隨便泡個澡,都能聽到奇怪的聲音,看到恐怖的場景。

另一邊,是風度翩翩的心理醫師羅本良(張國榮飾)。在擁有幾百人的大教室中,沉穩自信的他,對著聽眾侃侃而談,證明世間根本就沒有鬼,只是人自己的「心中有鬼」。

拍片時的張國榮已滿 45 歲,標準的人到中年,卻完全顛覆了我們對「大叔」的理解,絲毫沒有油膩感。在影片中,我們幾乎感覺不到一個超級明星用其身分帶來的加成,只是一位對自身領域非常自信、舉手投足相當儒雅、一言一行盡顯專業的優秀心理醫師。看得出來,張國榮必定為此做過很多功課,不然也不可能詮釋得如此到位。

在香港,心理醫師是高級金領,收入是普通人的數 10 倍。章昕的表姐夫,就是羅本良的同事兼好友陳偉中(李子雄飾)。他自然要介紹兩人認識,但首次約會的方式有些特別:讓羅本良為章小姐做心理診斷。

作為一個受過高等教育的女孩,章昕卻堅持說自己能看到鬼,這是騙鬼呢?她的語氣既自信又自我,對診療很牴觸,甚至坦言是為了應付差事:「要不是表姐逼我,我根本不來。」顯然,這根本不是一種願意配合治療的態度,與她外表的柔弱、拘謹形成了鮮明的反差。不能不說,林嘉欣也是注定要以表演為生的女孩,表情、氣質都處理得相當到位。

面對這樣頑固又這般可愛的病人,做醫生的當然要循循善誘,以德服人了。

第九章　力求卓越

　　人很多時候是很脆弱的，遇到不開心的事，日積月累就會形成心結。就算你想告訴家人或是朋友，他們未必懂得開解你。所以人最重要的是學會一件事，就是要懂得調息自己和愛護自己。

　　這句話值得列印下來，貼在自家洗臉池的鏡子上，每天早上都用它來提醒自己。這句話，也可以視為電影的主旨思想。可是少女手腕上的一道道疤痕，還是令這位經驗豐富的醫師吃驚不小：這顯然是割腕自殺留下的。

　　她開啟羅本良留下的袋子，首先是一張卡片：「你要吃的藥，小心有副作用。」隨後的一幕更加誇張，鏡頭中出現了很可愛的糖果盒子。姑娘緊鎖的眉頭也綻開了。

　　看到這裡，大家就應該明白，《異度空間》肯定不算是標準的恐怖片或推理片，而是一部治癒系的愛情片。這藥能有什麼副作用呢？八成是讓吃藥的人愛上送藥的人吧。愛情才是這世上最無藥可醫的絕症。

　　房東的妻子和兒子在泥石流中遇難，他還經常在門口擺上兩雙鞋子，這是對死去親人的一種緬懷方式，當然無可厚非。但是敏感的章昕聽到這些，整個人都變得不好了。一次下雨中，她居然真的看見了那對母子，渾身滿是泥漿地跑到她的房間，場面非常恐怖。她不得不向羅本良求助。而在她洗手間的鏡子上，居然有歪歪扭扭的幾個大字「我一定會來找你的」。

　　到底是真實的鬼影，還是章昕的幻覺？到底是有人要加害她，還是一場惡作劇？很快，真相就浮出了水面。

　　兩人的接觸過程中，章昕對羅本良有了好感，泳池戲拍得很溫馨，林嘉欣滿滿的少女感，張國榮的泳姿也非常漂亮，身材更是沒的說。

　　但是出於醫師的原則，他一直躲避，直到她做出極端的事情。

　　章昕父母離婚，自小失去保護，任何事情都要靠自己爭取。處理感情

方面很失敗，讓每一個男朋友都感覺辛苦。她的思想影響到自己的言行，導致了所謂的見鬼和自殺。

如果改變不了這個世界，只能嘗試去接受而不是逃避，做回真實的自己。羅本良鼓勵章昕開啟心結，可是諷刺的是，他自己也有潛藏心結。

他不止一次夢到一個小女孩，血淋淋地站在面前，對著他獰笑。有一次半夜開車時，因看到了女孩在車上獰笑，差點出了車禍。

他在泳池游泳，卻看見水下不遠處，小女孩揮著流血的手臂，出現在他面前。嚇得他猛地跳出泳池，東躲西藏，令工作人員也大吃一驚。

大白天的醫院裡，人來人往一片和諧。羅本良卻蜷縮在椅子上，渾身哆嗦，一字一句在筆記型電腦上敲著：「全是幻覺，不是真的，是章昕影響了我，不能讓任何人知道……」還像做賊似的四處觀望。這種絕望的眼神，這種無助的姿態，著實令人痛心。隨後，他居然又電擊自己。這玩得實在太大了。

章昕擺脫了心魔，而羅本良卻陷入了麻煩之中。但是他還是勇敢地邁出了第一步，向早已對他有好感的姑娘丟擲了橄欖枝：「我沒有朋友，你可否做我的朋友？」靦腆而真切的笑容，如同情竇初開的高中生，讓女孩子看了怎能不動心？而章昕卻頑皮地回應：「你是不是想約我上街？」

生命中沒有什麼比愛更精采。痊癒之後的章昕，真是既漂亮又親和，有這樣的女友，哪個男人還會覺得不幸福呢？可是當一對傷心的父母襲擊了羅本良之後，他的另一道空間才算徹底開啟。

從此，他開始沒完沒了地夢遊，這讓女友非常擔心和痛心。他就像被鬼附身一樣喜怒無常，一遍又一遍地整理東西，對身邊的章昕渾然不覺，場面十分恐怖。

不得已，章昕告訴了姐夫，令兩人的關係走到了分手的邊緣。

第九章　力求卓越

　　謎底逐漸揭開。原來，那個小女孩是曾經真實存在過的，她叫小漁。上中學時，羅本良和小漁有過一場熱戀，他們曾經特別甜蜜，後來卻有了矛盾。小漁剪斷了手臂血管，從天臺一躍而下。

　　遇到章昕之後，表面上看是「角色互換」，實際上是自己實在藏不住了。而小漁父母的襲擊，更讓他的心魔被徹底激發，走向了精神分裂的邊緣。

　　就在章昕準備搬走的前一晚，更可怕的一幕上演了。她一睜開眼，居然看到了淚流滿面的羅本良：「妳為什麼要這麼做，為什麼要這麼狠毒？」

　　章昕呆住了，以為男友是在花式挽留自己。但很快，羅本良卻又說：「為什麼妳死了還要跟著我，我不可以跟妳在一起，我真的不可以和妳在一起。求妳放過我，妳放過我，不要跟著我……」說這番話時，他的眼神呆滯，臉部肌肉都在微微抽動，真的就像一個有嚴重精神障礙的患者。

　　看著心愛的男人如此虛弱無助，章昕也非常難受，還沒想好安慰的話語，羅本良的眼神卻慢慢變得凶惡起來，咬牙切齒地說：「我偏要這輩子跟著你，你無論如何都脫不了身。」轉眼間又突然獰笑：「你無論如何都脫不了身！」把章昕嚇得趕緊捂住了臉。

　　羅本良的幻覺越來越強烈。當章昕不顧一切地摟住他、安慰他時，他卻看到小漁從地上站起，惡狠狠地撲將過來。這時候的他，情緒完全失控，奪路而逃。游泳池裡，地鐵站旁，天橋上，無論他跑到哪裡，小漁都緊緊相隨。他絕望中砸碎門玻璃的場景，又呼應了小漁跳樓的場面。最終，羅本良被逼到了天臺上。圍欄有一塊已經空缺，似乎就是讓他往下跳的。

　　這時候的羅本良，儘管滿臉是汗，卻笑了出來：「妳終於令我到這裡來了……我們以前一起開心過，痛苦過，我兩樣都會記得。不會再像以前那樣，什麼都忘記了。我陪妳死。」

不過，導演並不打算拍一場悲劇，羅本良並沒有掉下天臺。

而影片上映僅一年多，張國榮自己，卻從文華東方酒店24層一躍而下。

影片的最後，羅本良與章昕在天臺上深情依偎的鏡頭，讓我們見證了愛情的偉大與美好。男女主角均因愛情陷入魔怔，卻均由愛情得到拯救。失去愛情可以產生最可怕的毀滅力量，獲得愛情可以獲最有效的療癒力量。這樣一部有不少荒誕鏡頭的恐怖片，本質上依然是一部愛情電影。雖說劇情設定有很多突兀之處，但是張國榮恰到好處的表演，卻讓觀眾一直深陷其中。

這部電影的特殊之處，還在於它是張國榮生前最後一部作品。很多人認為，正是拍這部影片時，男主角入戲太深，從而患上憂鬱症。這種說法未免太不負責，也嚴重低估了張國榮的職業素養。他入戲很快，出戲也很快，怎麼可能走不出來？

2002年，張國榮僅有這麼一部院線電影上映，也沒有接拍其他作品。可是這樣一部心血之作，最終只收穫了325萬票房，連張國榮的基本片酬都不夠。20年前，他第一部「擔正」的影片《檸檬可樂》也在復活節上映，還拿下了522萬。20年的風雨打拚，換來的竟然是這樣的結果。

就在影片上映之後，張國榮的健康狀況開始惡化，失眠、胃酸倒流等現象越來越嚴重。筆者不好妄加猜測，但是這兩件事，恐怕真的不是純粹的巧合。

此後，張國榮暫時不打算接新片，他的主要精力，放在了籌備自己執導的大銀幕處女作上。

第九章 力求卓越

第十章
導演之夢

一、《日落巴黎》景美人靚，跨國三角戀令人反思

俗話說，不想當廚師的裁縫不是好司機。那麼問題來了：優秀的演員，一定要成為出色的導演嗎？

答案顯然是否定的。全世界有太多才華橫溢的演員，從來沒有執導過任何作品，一輩子也壓根沒有動當導演的念頭。這顯然不影響他們的偉大。

很多時候，並不是演而優則導，而是演而劣則導。有些演員，正因為演藝生涯不夠成功，外形存在硬傷或演技有天然短板，他們才審時度勢，果斷向導演職業轉變。

1973年，18歲的周潤發考進了TVB第3屆藝員培訓班，開始了自己的演藝生涯。他的同學中，既有吳孟達和任達華這樣日後的戲骨，又有一位特殊學員——林嶺東。

相比周潤發等人，林嶺東外形不夠出色，跑了一段時間龍套之後就轉到幕後，為大導演王天林擔任製片助理，最終自己也成為優秀的導演。杜琪峰和關錦鵬則是第4屆和第5屆學員，也都早早轉型成功了。

胡金銓、李修賢、爾冬陞和曾志偉等人，都在演員時代取得了一定成就，但是演技上多少都有短板，無法成為一線明星。他們透過不斷努力，都完成了從演員到導演的轉變。

超級明星做導演的，在香港得屬成龍和周星馳。

成龍是演員出身，自《師弟出馬》打破香港紀錄之後，有十多年自導自演。但是到了1990年代，因為有了唐季禮等優秀導演的協助，他反而放棄了親自執導。但只要是他主演的電影，都會打上明顯的龍式喜劇風格，導演相當程度上成為執行導演。

主持人出身的周星馳，則是一步一個腳印，從外圍演員更新成了超一線明星。從 1993 年的《唐伯虎點秋香》開始，他已經成為事實上的導演。此後，周星馳擁有了自己的電影公司，更是出品人、監製、導演和主演一擔挑。

而張國榮，卻頗有點「起了個大早，趕了個晚集」的尷尬。

早在 1982 年，在接受媒體採訪時，他就希望成為導演。

1989 年的音樂片《日落巴黎》他深度參與，事實上可以看作張國榮作品。

1990 年告別歌壇時，嘉禾曾邀請他執導並主演一部電影，但是雙方的合作最終並未達成。否則，這位巨星的導演夢，在 1990 年代初就實現了。

在 1990 年代早期和中期，張國榮作為「一成雙周」之後最有票房號召力的超級明星，片約多得應對不過來，想專心做導演肯定不現實。不過，在一些作品中，他也會忙裡偷閒，客串一把執行導演，向著全能電影人的方向發展。

1992 年，在拍攝《霸王別姬》時，陳凱歌就視張國榮為副導演。1995 年，在《夜半歌聲》中，張國榮擔任了執行監製。

1996 年，在《色情男女》劇組，張國榮擔任了第二組導演。1999 年，在主演《流星語》時，張國榮擔任了出品人。

與張國榮合作過兩部《金枝玉葉》的陳可辛如是說：「哥哥曾表示過想做導演的，但這些年來推卻了很多機會，我想他是太完美主義了。如果能有機會和充足的時間，我相信他一定能成為一名很好的導演。我想，也許是我們的銀幕太小，還有我們的心胸不夠闊，去容納像張國榮這樣的一個人。」

不同於普通演員，張國榮還是華語歌壇的天王巨星，他出了多張專

輯，當然也製作了很多 MV。在拍攝中，張國榮的想法往往起主導作用。這對他導演能力的提升顯然是個很好的鍛鍊，也因此受益匪淺。

勇於嘗試、勇於突破、勇於與眾不同。這在普遍不鼓勵普通人出頭的東方社會，往往被視為不被人待見的「出頭鳥」行為。但是對已經有了很大話語權的張國榮來說，操作難度並沒有那麼大。

1985 年，已經紅得路人皆知的張國榮，向無線電視提出創意，拍攝一部用自己歌曲串聯起來的音樂電影，這就是《驚情》。

張國榮主演的 40 多部電影均不是穿越題材，而《驚情》填補了這個空白，講述的是歌星 Leslie 在別墅中發現了一件魔幻西裝，穿上之後就會回到 1930 年代的老上海，並邂逅了美麗可愛的少女小蝶（李麗珍飾）。〈Monica〉、〈一片痴〉、〈儂本多情〉、〈H2O〉、〈藍色憂鬱〉、〈少女心事〉、〈柔情蜜意〉、〈只怕不再遇上〉等歌曲，都巧妙地植入影片之中。

40 分鐘的《驚情》，在 TVB 播出之後受到了熱烈歡迎，也幫助張國榮進一步鞏固了他在香港樂壇「一人之下，萬人之上」的巨星地位。

到了 1989 年，張國榮已經是無人匹敵的王者。在告別歌壇之前，他準備再次拍攝一部更加優秀的音樂電影，似乎是想為 10 年的樂壇打拚做個總結。

這年 3 月，《日落巴黎》劇組飛到巴黎。影片的陣容相當豪華，男主角張國榮，女主角張曼玉和鍾楚紅。他們三人在片中的角色，均為本人的英文名，這不失為省力又吸粉的辦法。

值得一提的是，在上年年末的《流金歲月》中，鍾楚紅和張曼玉就飾演了一對「情敵」朱鎖鎖和蔣南孫。這一次，兩位女神要將她們的對撕現場，從香港校園拓展到花都夜店嗎？

此時的張曼玉年僅 24 歲，鍾楚紅已過了 29 歲生日，但是兩人站在一

起，還真分不清誰更年輕。

吳宇森擔任了影片的導演兼顧問，還客串了 Maggie（張曼玉飾）的舅舅。

張國榮則全面參與到了編導工作中，有些戲份甚至就是自己拍攝的，但是他並不想打上「張國榮作品」的標籤，也不需要這樣的名頭來證明什麼。《日落巴黎》最終播出時，導演為蕭潮順，編劇是許凱菱和梁國斌。

影片一開場，在女友 Maggie 的鋼琴伴奏下，四位身段優美的女孩，正嫺熟地排練舞蹈。一會兒，Leslie（張國榮飾）過來了，他非常專業地指點四人的舞蹈技巧，英氣逼人。稍後，Leslie 就收到了一封錄取通知書，他將赴巴黎深造三年。

所有人都替 Leslie 開心，但是 Maggie 卻相當失落。

在巴黎，Leslie 當然對女友念念不忘，有時間就給她寫信，噓寒問暖。但是一次偶然，卻改變了他的人生軌跡。

在流浪畫家聚集的小丘廣場，Leslie 邂逅了一位與白人爭搶位置的漂亮東方女孩，她的不俗氣質，令他印象深刻。

這位名叫 Cherie（鐘楚紅飾）的姑娘，是巴黎無數無名畫家中的一個。但是她卻有著驚人的美貌與渾然天成的氣質，上天如此悉心地造就了她，肯定不希望她平凡一輩子。

品味相投的兩人相見恨晚，聊得十分投機。在巴黎這個充滿浪漫氣息的城市，彼此傾慕，也是非常自然的事情了。他們同坐遊船穿行於塞納河，兩岸的風光再美，在佳人面前也得黯然失色。他們信步在巴黎聖母院前，將自己變成流動的風景。他們在自由市場上選購水果，默契得如同青梅竹馬的伴侶。

然而，兩人都知道，彼此之間的感情不會有結果，於是雙雙選擇發乎

情止於禮。某日，Leslie 在無意之中發現了 Cherie 所畫的厚厚一沓自己的肖像，並深受感動。

她送他回家，轉身欲走，他的唇已經貼了上來，他的吻已經落了下來，她的人，也只能欲拒還迎……這段鏡頭之美，並不輸於《殺之戀》。

早上醒來，看到幸福酣睡的她，Leslie 內心五味雜陳，都透過歌曲〈烈火燈蛾〉流露了出來。對 Cherie 的感激，對自己的自責，對 Maggie 的愧疚，都在折磨著這個大男孩。

當他體貼地為 Cherie 買回早餐，推門進來，眼前的一幕卻將他嚇呆了：Maggie 變魔術似的變了出來，Cherie 可還在房子裡啊。

Maggie 趕到巴黎看男友了。兩人同樣出遊，面對同樣的巴黎美景，卻完全沒有心境。女人的直覺告訴 Maggie，一切沒有那麼簡單。男人的責任提醒 Leslie，必須做個決斷。一曲〈情感的刺〉，確實也非常符合他的心境。

Maggie 說起閨蜜結婚的事情，顯然是想等他表態。見他沒有反應，只能鼓足勇氣說：「不如我們結婚吧。」對女孩子來說，要親口說出這句話是一件非常沒有面子的事情。

可惜 Leslie 既不感激，也不慚愧，甚至也不領情，居然還鐵青著臉拒絕：「我來了巴黎後才發現，原來人可以有多種的生活方式，我現在暫時還沒找到適合自己的那種。」說這話時，鏡頭並沒有給他面部特寫，對準的只是側臉。當時，Leslie 都動了分手念頭了，還結婚？

Maggie 的詫異、失落和不解寫滿臉上，看起來特別讓人同情。兩人不歡而散，似乎誰也不願讓步。

但是劇情突然又急轉直下。原來 Maggie 得了腦癌，只有幾個月生命了。那 Maggie 這樣做算不算自私呢？

Maggie 並沒有告訴 Leslie，反而說給了情敵。

善良的 Cherie 勸 Leslie 早點和女友結婚。但是後者卻很有主見，縱然背對著她，也能感覺到對 Cherie 的關愛：「妳只懂得為她著想，有沒有為自己想過？」他猛地轉頭：「妳真的當我是普通朋友？」Cherie 怔住了：「不是啊，我把你當作很好的朋友⋯⋯」前面三個字才是真話。換成是你，你會怎麼做？

Leslie 一把攬住 Cherie，看著她的美目，一字一句，擲地有聲：「不要再欺騙自己了，好嗎？」隨後輕撫她的秀髮。瞬間就讓 Cherie 完全失去抵抗。

隨後，Leslie 馬上跟 Maggie 提分手。真霸氣、真囂張、真絕情！Cherie 心中雖說不免愧疚，但甜蜜是一定的。

Leslie 到底算不算渣男？如果說他辜負了 Maggie 算渣，那辜負了 Cherie，反倒成了模範男人了？男人選擇更適合自己、與自己更有心靈默契的新伴侶，真的應該去浸豬籠？在這部置景優美、歌聲悅耳的音樂電影中，張國榮卻大膽地提出了一些很嚴肅的生活問題。

在 Maggie 症狀發作時，Leslie 無比愧疚，決定和她結婚，也只能犧牲 Cherie 了。但是就在婚紗店，最關鍵的時刻，劇情又大反轉，真相浮出了水面。

在〈從零開始〉的歌聲中，憂鬱的張國榮，似乎也真的要從零開始。

Will you remember me　就算是不得已　如若愛我　盼你可以給我試一次

來日你我再度相見　仍是舊日動人笑面

給我紅熱眼光一遍　一千遍　還望說聲不變　不改變

影片最後以 Leslie 在艾菲爾鐵塔下的孤獨身影結束，開放式結局任由觀眾遐想。這樣一部 70 分鐘的音樂電影，絕對不是 MV 全集，基本上講

述了一個完整的三角戀故事。人靚歌美，畫風清新，還能給我們以太多觸動和反思。就連旭仔都不能簡單地歸類為渣男，何況 Leslie？只能說，緣分需要好好珍惜，真情需要認真維護。

其中，張國榮不光是主演和主唱，有吳宇森的指點，他還在劇情鋪排、場景選擇和構圖打光上投入了很大精力，希望為將來獨立執導院線電影打基礎。即便告別了歌壇，片約依然多得讓他不好應付，導演之旅只能一拖再拖。

到了 1990 年代，張國榮實現了表演生涯的重大突破，對於電影流程更加了如指掌，隨著年齡的增長，他對導演職位的期望也越來越大。

1999 年的最後一天，不光可以迎來新世紀，還將迎來一個新的千年。這麼重要的時刻，找什麼樣的人「陪你倒數」呢？

二、《左右情緣》再續花都，年下戀能否進行到底？

1999 年 2 月 28 日，張國榮出席了東方影業在香港南華會舉辦的春茗會。在與黃百鳴等老友交流時，他透露了自己執導新片的打算：「我希望自己終有一天能做導演。在我心目中，導演是整部電影的靈魂，我也希望自己做一個靈魂人物。」

這年 5 月，張國榮與滾石唱片合約期滿，經慎重考慮，他選擇與環球唱片簽發行約。他有自己的音樂公司，唱片製作完全由自己把控。當然，這也是建立在自身強大影響力的基礎上的。放眼整個華語流行樂壇，敢這麼做的歌手寥寥無幾。

此時，環球已經收購了寶麗金，張、譚二人兜兜轉轉這麼多年，現在成了同門。很快，一部見證兩人友誼的音樂電影出現了。

二、《左右情緣》再續花都，年下戀能否進行到底？

9月，應無線電視臺邀請，張國榮一行飛往巴黎，拍攝音樂電影《左右情緣》。他留學英倫6年，卻對花都情有獨鍾。兩部院線電影《偶然》、《縱橫四海》及音樂電影《日落巴黎》，大量戲份均在這座世界名城拍攝。

《左右情緣》的拍攝，顯然是為了配合新專輯《陪你倒數》的發行。這部長達70分鐘的音樂電影，其實只收錄了6首新歌：〈同道中人〉、〈左右手〉、〈春夏秋冬〉、〈心跳呼吸正常〉、〈小明星〉和〈陪你倒數〉。而且，音樂不再是影片的核心，只有〈同道中人〉和〈春夏秋冬〉是完整演唱的，而其他4首，簡直就如同院線電影中的配樂一樣。

按照投資方的規定，《左右情緣》的職員表中，只能列出電視臺工作人員名單。因此，在TVB上映時，這部影片無法打上「張國榮導演」的字樣。事實上，大家都知道，張國榮才是真正的監製、編劇和導演。

1990年代早中期的張國榮，處於電影表演的巔峰，多數一線女星與他都有過合作，錯過的只有張敏和邱淑貞。

香港影壇陽盛陰衰，女星難以充分展示演技。像邱淑貞這樣能遊刃有餘地駕馭多種類型的，顯然不是很多。李連杰多部大片，均由她出演女一號。周潤發打破香港華語片紀錄的《賭神2》中，她一襲紅裙、口叼紙牌的形象，可以說性感到了極致。而《左右情緣》，則是她的息影之作。

就在當年春節，張柏芝和周星馳搭檔，主演了星輝海外的《喜劇之王》並一鳴驚人，讓全香港見識到了她的靚麗容貌與不俗演技。

1999年9月下旬，張國榮一行飛往巴黎，拍攝《左右情緣》的法國外景。

開場的旁白，是張學友念出的：「每個人都有一對手，左手和右手……」說了半天，無非是強調，人是願意追求新鮮感的，對左右手的選擇是這樣，對待愛情可能也會這樣。

第十章 導演之夢

《左右情緣》的劇情也不複雜，可以說是《日落巴黎》第二季，同樣是一個在香港有女友的帥哥，來巴黎後，卻與當地的美女畫家有了感情，並導致兩位女性產生衝突，自己也被迫做出抉擇的故事。但是過程與結局，區別還是很大的。

這一次，張國榮飾演銀行家 Sam。女友 Carol（邱淑貞飾）經營一家畫廊，原本要到巴黎約見畫家陳建中，但是因事務纏身無法出行。Sam 遂替妻出行。而 Carol 則委託人在巴黎的表妹 Jane（張柏芝飾）接待他。

Sam 剛到巴黎時，沒有聯繫上 Jane，只能在市區閒逛。這一次，張國榮沒有特別中意地標建築，而是深入到酒吧、超市、音像店之中，並將鏡頭對準普通的上班族、年輕情侶、老年夫婦。讓我們看到一個更有煙火氣的花都。

香港這邊，Carol 和好友打著麻將，參演者是吳君如、李蕙敏和曾志偉。

第一次出鏡的 Jane，穿著一身偏中性的制服套裝，梳著馬尾辮，根本就沒有化妝，卻依然青春無敵。

過了幾天，在小丘廣場，Sam 為 Jane 看攤時，居然順手為一位女性的父親畫了肖像，展現出了良好的藝術修養，這令 Jane 大為吃驚。在她眼中，銀行家都是唯利是圖、不學無術，哪裡想到，他還有這麼兩下子！

兩人一起去找陳建中，沒想到人家要一個星期之後才回來。沒辦法，Sam 只能留在巴黎等候，從而也就有了更多與 Jane 相處的機會。

這簡直是老天有意成就的緣分。張國榮與張柏芝都姓張，都屬猴，年齡相差 24 歲，在過去那是標準的一代人差距，但是兩人演情侶，一點不違和。

33 歲的張國榮帥氣幹練，43 歲的他，更多了一分成熟與自信，但是

跟油膩大叔完全沾不上邊。因此，少女對他由起初的不屑，到之後的佩服，再到最終的情不自已，還是非常符合邏輯的。

伴隨著深情舒緩的〈春夏秋冬〉，他們一起開著跑車兜風，一起在古堡外騎著單車，一起坐著遊艇遠行，他們肩並肩坐在草地上，又用拍立得記錄下快樂瞬間。他只當是姐夫和表妹的親密相處，她的心中卻有了更多想法。

《日落巴黎》中，Cherie 曾為 Leslie 畫下一大沓素描，令他非常感動。這一次，Jane 也悉心為他畫下了一幅畫。提醒著我們一定會發生什麼。

高潮戲份裡，看得更是讓人臉紅心跳。Sam 躲進圖書館，靠在書架上糾結。Jane 卻趕了過來，就著前邊的問題「那你會不會一段時間鍾情兩個人呢」，毫不客氣地攤牌：「你還沒回答我！」

Sam 緊張得聲音都顫了：「妳做什麼啊？」

「你心跳都快了……我也是。」然後，他的臉上，就留下了來巴黎之後的初吻。作為男人，你好意思發火嗎？

此後的交叉剪輯，更展現了張國榮的導演功力。

朦朧的鏡頭下，Jane 把 Sam 擠到牆角。此時 Carol 終於不打麻將，改打越洋長途了，當然也不可能打通。

這段戲份營造出的氛圍，已經完全不輸院線電影了。有人說，張國榮是華語電影的「情慾戲之王」，這當然不是諷刺，而是真心讚許。

「不好……對不起。」他還不至於落荒而逃，只是強裝鎮定地離開。但是眼神裡依然有愧疚。是因之前自己的行為，令女孩有了誤會嗎？

Jane 還算理性，雖說被他拒絕很沒面子，但還是幫他聯繫到了陳建中，完成了使命。Sam 當然要感激，但萬萬沒想到的是──三星期之後，Jane 居然殺到了香港。她送給 Carol 一個日記本，讓表姐交給 Sam。

她約 Sam 出來，送他一條名貴領帶，還要他陪自己在香港遊玩。

在朋友提醒下，Carol 打電話問 Jane 動向，她果然在說謊。

伴隨著急促的配樂，張國榮使用了一個長鏡頭。怒不可遏的 Carol 穿過一道道門，來到臥室，拉開床頭櫃，取出日記本。

日記本上，畫的全是 Jane 和 Sam 的各種甜蜜相伴，親密無間。憤怒之下，她一邊哭，一邊費力地去撕畫本。邱淑貞將一個受傷女人的絕望、無助與心酸，演繹得極其精采。但是張國榮的導演功力同樣過關。

Carol 和 Jane 的決裂，至少還保持著表面禮貌。對 Sam 可就不用客套了，甚至直接抽了他兩個耳光。伴隨著〈左右手〉，是 Carol 的各種悲傷，Sam 的各種惆悵。梅豔芳還出場亮相了 3 秒鐘，出演他的鄰居。

但是到了最後，〈陪你倒數〉歌聲響起，Sam 終於做出了自己的選擇。其實，無論他怎麼選，都要傷害其中一人；但是誰都不選，好像更沒有擔當。但相比 10 年前的「衝動」，這一次男一號卻回歸了「理性」。

10 月 8 日，TVB 為《左右情緣》舉辦了盛大的首映禮。10 日影片正式播出後，可謂好評如潮。有媒體評論說：「故事有頭有尾，結構扎實，劇情能引起共鳴，並有一定戲劇性，算是近年音樂特輯中最值得看的一齣。」

13 日，張國榮的全新專輯《陪你倒數》震撼上市，十多天便成為白金唱片。《左右情緣》的拉動作用相當明顯，而張國榮展現出來的作品把控能力雖說無人讚揚，但是他自己肯定相當高興。

第二年，他就有了真正的導演作品。

三、《煙飛煙滅》全程把控，見證個寶寶誕生

在世紀交替之際，張國榮的影壇成績差強人意，歌壇表現卻極其成功。1月21日，在紅館舉行的香港電臺十大中文金曲頒獎典禮上，張國榮從陳寶珠手中領到了代表樂壇最高榮譽的金針獎並作壓軸演出。上一屆的這個大獎，頒給了他的好友梅豔芳。

3月2日，張國榮「老夫聊發少年狂」，在香港會展中心舉辦了一場現場音樂會。就這麼一場，恕不加唱。這種無伴舞、樂隊現場伴奏的演唱會，特別考驗歌手實力，而張國榮現場表演非常成功，讓有幸進場的觀眾，如同過節一般從頭興奮到尾。

7月1日，環球唱片發行了包括12首歌曲的《大熱》專輯。這名字真沒有白叫，唱片發行之後在香港引發了搶購熱潮，長期高居樂迷搶購榜榜首，讓四大天王的粉絲非常眼紅。

7月31日，張國榮開啟了他生平最後一次，也可能是最重要的紅館「熱‧情」演唱會。

這一次，他請來了尚－保羅‧高緹耶（Jean Paul Gaultier）做服裝設計，整體臺風前衛大膽，讓喜愛他的歌迷為之瘋狂，也讓原本就看不慣他的人更加鬧心。其中最為經典的，莫過於結束前穿著白色睡衣，用普通話演唱〈我〉了。

這首歌，既唱出了他的心聲，更成為無數人的最愛。

I Am What I Am
我永遠都愛這樣的我
快樂是 快樂的方式不止一種
最榮幸是 誰都是造物者的光榮

第十章 導演之夢

> 不用閃躲　為我喜歡的生活而活
>
> 不用粉墨　就站在光明的角落
>
> 我就是我　是顏色不一樣的煙火
>
> 天空海闊　要做最堅強的泡沫
>
> 我喜歡我　讓薔薇開出一種結果
>
> 孤獨的沙漠裡　一樣盛放的赤裸裸

這一年，他還實現了另一項突破，為TVB執導了一部電視電影。

有些人認為，抽菸是慢性自殺。

另一些人覺得，抽菸是耍帥扮酷。

在更多人眼中，抽菸是社交應酬的需要。

許多觀眾表示，哥哥抽起菸來那叫一個帥。在《阿飛正傳》、《霸王別姬》和《春光乍洩》等影片中，那些帥爆了的抽菸鏡頭，顯然對助力影片成為經典做出了貢獻。如果不是怕帶壞小朋友，筆者都想剪個專輯出來。

在現實生活中，他經常也是菸不離手，只抽「白萬」（萬寶路）。

對歌星來說，抽菸肯定多少影響嗓子，而且抽菸必然影響健康。到了40歲的時候，張國榮終於痛定思痛，開始戒菸。

新千年伊始，香港電臺第二臺、香港吸菸與健康委員會找到張國榮，希望由他來主演一部反吸菸的公益電影。對於這類事情，張國榮從不打折扣，爽快地答應了，還決定親自執導。9月15日，《煙飛煙滅》正式開拍。

雖說只是一部短片，但因為是張國榮執導的第一部作品，一向嚴謹的他，似乎有點「認真過頭了」。其本人擔任編劇和導演，張之亮出任監製，為他保駕護航。而4位主演，則是張國榮、梅豔芳、莫文蔚和王力宏，這完全是用院線大片的配置來拍一部短片，生動詮釋了什麼叫「降維打擊」嘛。

影片中隨便出現的配角，可能都是大咖。陳冠希和容祖兒出演女主角公司的藝人，毛舜筠和梁詠琪扮演醫生，谷德昭演神父。

在片中，Lawrence（張國榮飾）和 Gladys（梅艷芳飾）是一對混跡娛樂圈的恩愛夫妻。老公是業內著名的攝影師，擁有專業影樓，合作的都是知名藝人；老婆則是幹練的藝人總監，極有威望。夫妻倆珠聯璧合，相互幫襯。

在過去的 4 部院線電影中，張國榮與梅艷芳的角色，都是有緣無分，無法結為伴侶。這一次，他們終於在片中當上了夫妻，還有了愛的結晶 Chris（葉靖嵐飾）。

不過，兩人都因工作繁忙，無法像普通人一樣陪伴兒子。他們有一個共同愛好——抽菸。正所謂開心時抽，鬱悶時也抽，上班時抽，回家後也抽。還經常一起吞雲吐霧，緩解工作壓力。

Chris 突然病倒，被迫住院治療。兒子的惡疾居然由父母親的生活習慣間接造成，這實在令他們極度自責，也令觀眾深感震驚與失落。而且，Chris 的病情越來越糟……

電影一開場，就是一個大特寫。半張臉出現在銀幕中，怡然自得地吞雲吐霧。鏡頭拉遠，原來正是 Gladys。她先是叫來一個男藝人（陳冠希飾），為他描繪了光明前程，令這個小青年連連點頭稱是。接著，她又叫來一個女藝人（容祖兒飾），毫不客氣地訓了一頓。寥寥幾個鏡頭，就將這位總監的專業、權威與強勢詮釋得活靈活現，當然也將她嗜菸如命的習慣揭示了出來。

鏡頭一轉，展現的是 Lawrence 的日常工作，他在為一位名模（琦琦飾）拍照。琦琦的一身黑色西裝非常酷，但是手中的雪茄，顯然很有深意，明顯還是提醒觀眾，吸菸有害健康。影片中的張國榮，刻意留起絡腮鬍子，隱藏起顏值，讓自己的形象接近一個普通的中年大叔。

兩位主角的表演無可挑剔，而張國榮對攝影、打光和配樂的考究，作為一名新人導演，也確實做得相當不錯。另外，還有對年輕情侶的設定，作為男女主角那對夫妻的對比存在。

　　夫妻倆對孩子的關愛是沒說的。在為 Chris 搔背時，Lawrence 看到了瘀青，立即找保母來確認；他們擠時間帶孩子出遊，但是少不了當著孩子的面抽菸。

　　終於，Chris 被確診為血癌。這當然不是因二手菸導致的，但是父母長期吸菸，確實在一定程度上誘發了孩子的病變，怎能不令他們深深自責、無比懊悔呢？

　　他們想為 Chris 做骨髓移植，但是血型不匹配。在拍攝 Lawrence 抽血的戲份中，為了追求真實，張國榮居然真的抽了自己一管血。在兒子化療之後，夫妻倆穿著防護服守在病床邊，為他講故事。

　　終於，到了 Chris 生命垂危之時。搶救過程的開始，張國榮使用了手提鏡頭，將形勢的危急充分詮釋了出來。隨後，就是夫妻倆在玻璃窗外無比焦急地守候。隨著 Gladys 昏倒在地，急救也以失敗告終了。張國榮伏在外甥肩上痛哭的鏡頭，將一位父親的失落、自責與懺悔，表現得令人動容。

　　孩子下葬的時候，伴隨著低沉的音樂，小棺材緩緩放下，Lawrence 夫婦默默地撒下一杯土，做最後的告別，這個仰拍鏡頭用得特別得體，烘托現場的悲涼氣氛。伴隨著張國榮親自演唱的主題曲〈沒有煙，只有花〉，正片也就至此結束。接下來，是幾位明星談吸菸的體會。

　　張國榮和梅豔芳都沒有結過婚，卻要出演小孩子的父母，當然是對演技的挑戰。這麼多年來，很多觀眾期望他們能在大銀幕上演夫妻，但是《煙飛煙滅》卻成了絕唱。

這樣一部短片中，不難看出一些張國榮能成為一名優秀電影導演的潛力。

首先，是他掌控全域性的專業。

在張國榮的精心安排之下，《煙飛煙滅》的拍攝工作井然有序。他不會搞無劇本拍攝，更不會朝令夕改、反覆折騰演員。影片用5天時間就拍攝完成了。每天拍6場戲，12小時，準時開工收工，不造成演員的困擾。

但是最辛苦的，始終是作為導演的他。每天收工後，張國榮都會趕到次日拍攝場地進行勘察，確定拍攝程式與機位擺放，不至於讓演員枯坐傻等、浪費時間。

拍片期間，老朋友梅豔芳「一如既往」地天天遲到，還說自己是肚子疼。張國榮當然得調整拍攝任務來遷就她，還開玩笑說：「妳再說肚子疼，我就送妳兩盒花塔糖吃。」梅豔芳當然也不生氣，還是很好地完成了戲份。

擔任監製的張之亮，事實上變得非常清閒。他後來回憶道：「他（張國榮）絕對是個好導演，由現場擺機位，到控制演員演戲，都駕輕就熟。起先我希望幫助他，跟他討論分鏡拍攝的工作，結果他輕易搞定，慢慢地我覺得，讓他知道我在就足夠了，實際的拍攝工作，全由他打理。」所謂一筆寫不出兩個張字，張之亮這番話未必沒有客套成分，但是大體上也是符合事實的。

老搭檔黃百鳴則說：「《煙飛煙滅》很好。如果他有機會當導演，一定是個很成功的導演。他可以給其他人信心。很多人在現場看到他都是很尊重他的、聽他的。儘管這是個短片，但已可以看出導演的技巧，畫面都是很有水平的。……再合作一定讓他當導演。只當導演也好，既當導演又演也好。」

可惜，黃、張這對黃金搭檔自《九星報喜》之後再無合作。

張國榮5天能拍完一部40分鐘短片，那兩個月完成一部院線電影，顯然也不是多大問題。在運鏡處理上，他做得比較克制，並沒有用快速剪輯或偷格加印等來炫技，作為一部公益短片，其實也用不著。

其次，是他在香港演藝圈的動員能力。

《煙飛煙滅》是公益短片，演員都是無片酬的。但是很多明星都欣然參演，並將與張國榮合作看成是自己的榮幸。他們之中，既有梅艷芳、毛舜筠這樣的老戲骨，又有梁詠琪、莫文蔚這樣的大忙人，還有一些當時的未來之星。顯然，張國榮如果要籌備一部院線電影，希望加盟的明星也會絡繹不絕。

9月26日，香港電臺在尖沙咀海運中心舉辦了盛大的首映禮，到場嘉賓也是星光熠熠，體現出對這部短片的重視。張國榮更是自陳，這是他的「第一個baby（寶寶）」。顯然，如果他投拍首部劇情長片時，也肯定不用擔心得不到媒體關注。

《煙飛煙滅》播出之後，收到了不錯的反響，令更多人意識到了抽菸的危害。當然，筆者個人認為，作為一部公益短片，結局真的不必要設計得這麼有悲劇色彩，甚至有了「恐嚇」市民的嫌疑。其實，改成孩子經過好心人的骨髓移植而痊癒，一家人開開心心去參加年輕一代的婚禮，不也相當正向，可能也更加溫馨嗎？

對於張國榮來說，《煙飛煙滅》只是小試牛刀，他有著更高的追求。

在生命中的最後兩年，他把最主要的精力都放在了一部院線電影的籌備上。

對這部作品，他可以說是傾盡所有。

四、《偷心》未完成，留下太多遺憾

組建一個高效團隊，拍攝一部雅俗共賞的優秀電影，在票房與口碑兩方面都經得住考驗，一直是張國榮努力的目標。

45 歲的他，依然有著 35 歲一般的精緻容顏。但是必須說，沒有人能真正抵擋住歲月的摧殘。

退居幕後，充當導演和監製，當然可以延長藝術生命。為了實現導演夢想，張國榮與唐鶴德合辦了影音製作公司 Dream League（夢想聯盟）。

香港影市日趨下滑，張國榮敏銳地意識到華語片的未來在中國大陸，在 12 億觀眾那裡。水準一般的《紅色戀人》，居然是 1998 年中國國內票房第三，這怎能不給他帶來信心與希望？

他構思的處女作，講述的是一個發生在沿海城市青島的故事。

兩男一女的愛情，是很多商業電影都使用過的套路。張國榮主演的《縱橫四海》、《新上海灘》、《紅色戀人》，譚詠麟的《雙城故事》等，都是這種套路。

按照張國榮的設想，故事發生在 1940、1950 年代。女主角是一位氣質脫俗的大家閨秀，母親則嚴厲且守舊。樓上搬來了一位年輕鋼琴家，舉手投足之間，都流露出令花季少女無法抗拒的魅力。她被他吸引，兩人迅速墜入愛河，如膠似漆……母親卻堅決反對，要姑娘嫁給古板的表哥，而她的心上人，卻突然沒有了蹤跡……

不難看出，這個男主角，有著年輕時期張國榮一些角色的影子，而木訥的表哥，似乎又符合劉青雲的氣質。故事能否特別抓人，關鍵在於怎麼拍。一不小心，別人就會拿來與《阿飛正傳》相比。

但是，萬事開頭難，有了一才有二。這部電影如果能順利拍攝、成功

上映的話，對張國榮人生的後半程，將會有著非常積極的促進作用。

為了防止劇情洩漏，他對外只稱為「L作品」。2002年1月，張國榮拜訪了《新龍門客棧》、《煙雨紅船》的編劇何冀平，講述了自己的大體構思，希望她能為影片創作一個劇本。

何冀平後來回憶道：「⋯⋯他說：『何老師，故事是妳，劇本也是妳。』我心裡猛然一熱。做了這麼多年編劇，還真從來沒有遇到過一個這樣『往出讓』的導演。我說：『故事是你的啊。』」

不計較名利，只關心結果。這正是張國榮一直以來堅守的習慣。這種做法會讓他贏得不少尊敬，也會帶來更多的麻煩。這種大度會讓他結交更多的朋友，也會受到更多的算計。

憑藉自己在電影圈累積的人脈，張國榮很快確定了一個堪稱「頂級配備」的幕後團隊人選。美術指導區丁平，剪接張叔平，服裝指導和田惠美，配樂邁克爾‧加拉佐（Michael Lazzo），攝影指導李屏賓。上述每一個名字，都在亞洲電影史上留下過精采記錄。而他們每一個人，都被張國榮的人格魅力與工作效率深深吸引，願意加入到劇組中來。

因為電影是個中國故事，張國榮希望男女主角都不用香港明星。2002年1月，他再度飛抵北京，邀請寧靜出演女一號。對於能與張國榮再度合作，這位大美女當然求之不得，對他的專業素養，自然也是非常信得過。因此，寧靜根本不計較片酬，義無反顧地加入進來。她還介紹張國榮與姜文認識。兩人也商談了合作的可行性。

張國榮心儀的男主角，是主演《藍宇》的胡軍及資深演員陳道明。胡軍很快就答應下來了，但是陳道明表示，要看到劇本才能確定。因此，張國榮團隊也加快了劇本創作過程。搞無劇本拍攝？那根本不可能。

2月，在接受日本《Pop Asia》雜誌專訪時，張國榮侃侃而談：

為什麼我想成為一個導演？因為演員可以感受別人的命運，但導演決定他們的命運。所以我想嘗試對方的角色。導演決定有關電影的一切事情。如果這部電影得到好評或是獲得獎項，導演是最開心的。

　　導演對一部戲和他的工作人員負全責。其實拍一部電影並不只是為了開心那麼簡單。作為一個導演，我希望我的工作人員享受工作。我希望所有的工作人員從這部戲中得到滿足，並且我們的工作能成為一段美好的回憶。

　　對於我來說，如果觀眾感到快樂，並且珍視這個作品，我就會感受到最大的快樂。所以我想做導演。

　　在電影方面，我把這部戲當作唯一的機會，不要提下一部會怎麼樣，那只是借口。我們必須全心投入這次的工作。

　　好的導演應該向演員和工作人員解釋清楚故事的來龍去脈。一個好的導演同時也是一個故事家。如果演員或是工作人員不認可這個故事，我們就沒法合作。如果有關的人說「還有一些問題」，我不會開拍。因為觀眾也會看出同樣的問題。

　　但請不要說張國榮要拍一部藝術片云云。我知道我的電影可能是部商業片。根據我的經驗，我覺得即使是商業片也應該有藝術性。我希望商業與藝術並重。所以我不說我要拍藝術片。如果一個導演這麼講的話，我覺得他不能算是一個偉大的導演。

　　當然我對自己的第一部作品有很高期望。故事講得很清晰，很容易理解。我會透過畫面表達我的思想。我想把我內心的感情和故事表述給觀眾。

　　總之，我想告訴你，我不同於其他導演。我按我的方式行事。也就是說，我會把我自己奉獻給新片。我知道自己會被與其他導演相比較，但這

是一部百分之百的張國榮電影。我盡全力去拍一部好戲。

2002年3月8日，某家港媒洩露了《偷心》的工作進展和劇情概要，甚至提及了要到青島選景的事情。張國榮獲悉後非常不滿，果斷推翻了之前的工作計劃。

此後，他親臨青島考察採風，發現這裡已經不適合拍攝，不得不推翻劇本，重新改寫。

顯然，這必定是某些工作環節出現了紕漏。張國榮一直將《偷心》當成自己的第一個孩子，未能順利拍攝，其心情可想而知。

3月下旬，張國榮被診斷出患有憂鬱症。

這部電影，承載了他太多希望、太多理想、太多情懷，這樣的結果，他怎麼能甘心。

3月25日，張國榮出席張艾嘉《想飛》的首映式。自1985年的《求愛反斗星》之後，兩人再無合作。這一次，張艾嘉公開表示，即將開拍的《20 30 40》中，將由哥哥執導自己出演的「40」部分。顯然，她對張國榮的導演水平很有信心。

在香港電影幾乎一蹶不振時，暑期檔周星馳的《少林足球》用6,074萬的驚人票房，為所有從業者帶來了信心與希望。

2002年4月21日，第21屆金像獎頒獎禮在香港文化中心大劇院舉行。張國榮上年沒有新片上映，但是組委會怎能不邀請他出席？還一定要他擔任頒獎嘉賓。

張國榮和張敏儀頒發的，是大會新設立的「傑出青年導演獎」，要求得主年齡不超過40歲。當時的張國榮，應該是「強打精神」。一心想當導演的他還打趣說，自己是沒機會拿這個獎了。而周星馳在6月就即將年滿40歲，媒體猜測這是評審會給他的「安慰獎」或「封口費」。畢竟兩部文藝

片《男人四十》和《藍宇》才像種子選手的模樣。

但是之後的頒獎過程，卻出乎了所有人的意料。《少林足球》愣是拿下了 7 項大獎，成為當晚最大贏家。許鞍華的《男人四十》只拿到 3 個獎項。除林嘉欣外，只有岸西獲得最佳編劇，提名影帝影后的張學友與梅豔芳也雙雙落敗。去年獲得 4 項金馬獎的《藍宇》，更是「空手而回」。

之前從影 13 年，在金像獎進帳為零的周星馳，當晚卻承包了最佳電影、最佳導演和最佳男主角 3 個最重要獎項，《少林足球》則成為自《英雄本色》之後，第二部拿下最佳電影的去年票房冠軍。

10 年前，與張國榮一同主演《家有囍事》時，周星馳還只是個演員。10 年後，他已經完成了前者一直想做卻未能做到的事情。在《少林足球》劇組，周星馳集出品人、監製、編劇、導演和男一號於一身。放眼全香港甚至全球影壇，能夠這麼做還做得這麼好的，顯然並不是太多。

張國榮是個好強的人，周星馳的優異表現自然能激勵他在執導之路上加快步伐。但誰也沒有想到的是，這居然是張國榮最後一次出席金像獎頒獎禮。

5 月 1 日，張國榮出現在了老朋友徐楓家中。《風月》票房慘淡，那之後，他們已 6 年再無合作，李碧華非常希望促成將《我家的女人》搬上大銀幕的合作事宜，她打算親自做編劇，張國榮執導，徐楓承諾湯臣會出資，張國榮則傾向於由張柏芝出演女一號。而男主角顯然不能由自己再演，得換年輕人了。

當晚，兩位女性很快看出，張國榮的健康有問題。按李碧華的說法，徐楓有憂鬱症經驗。當時張國榮的身體狀況已相當不樂觀，嚴重失眠，胃酸倒流，甚至出現幻覺。

因為病情惡化，張國榮不得不停止了專輯《Crossover》的錄製。

四、《偷心》未完成，留下太多遺憾

但是到了 7 月 20 日，環球還是發行了這張只有 5 首歌的唱片。不過讓人欣慰的是，7 月 29 日，鮑德熹執導、楊紫瓊主演的《天脈傳奇》在香港舉行首映禮，張國榮應邀參加，當晚的他談笑風生，已經看不出多少被病痛折磨的痕跡。

10 月 16 日，第 39 屆金馬獎公布入圍名單。張國榮以《異度空間》第五次入選最佳男主角，被認為是影帝的大熱門。但是就在這月，《偷心》的中國合作方負責人，卻因經濟問題被捕。這個專案只能無限期擱置了。這對張國榮的打擊，可以說非常嚴重。

11 月，張國榮病情加重，試圖服用安眠藥自殺，幸好被及時發現，搶救了過來。這種情況下，他只能缺席金馬頒獎禮。

11 月 16 日，該屆金馬獎在高雄市中正文化中心舉行頒獎典禮。出乎很多人意料的是，最佳男主角頒給了主演《三更之回家》的黎明。他因此成為「四大天王」中的首個金馬獎影帝。

從 1991 年開始，張國榮以《阿飛正傳》、《風月》、《春光乍洩》、《鎗王》和《異度空間》五次提名金馬獎最佳男主角，均以失利告終，被認為是金馬獎的最大遺憾。他多次飛抵臺灣擔任頒獎嘉賓，卻只領過一次獎，就是 1993 年以〈紅顏白髮〉獲得最佳電影歌曲。此後他又以《夜半歌聲》、《有心人》兩獲提名，但均落選。

轉眼，時間來到了 2003 年。

1 月 17 日，第 25 屆中文金曲頒獎禮在紅館舉行。因為正值 25 週年，評審會特別頒發了「金曲銀禧榮譽大獎」。鄭少秋、梅艷芳、葉倩文、劉德華、譚詠麟、Beyond 和張國榮均受邀出席，並領取了獎盃。

當晚的張國榮一身黑色西裝，神采飛揚，完全沒有被病痛折磨的跡象。最後，所有獲獎歌手一齊高唱彰顯香港人努力奮鬥、團結打拚精神的

〈獅子山下〉,氣氛相當溫馨。

這年春節是2月1日。春節檔上映的有鄭伊健的《千機變》、梁朝偉的《行運超人》和古天樂的《百年好合》等影片,都反響一般。成、周、張「三國殺」已經成過去式。無數香港觀眾也期待,在大銀幕上再度看到張國榮的身影。

3月20日,香港媒體最後一次拍下了張國榮生前的鏡頭,他和唐鶴德一起去看《鋼琴家》。

3月26日,張國榮和沈殿霞相約在半島酒店喝下午茶,看到他不太開心,肥姐還語重心長地勸慰了一番。

3月31日,張國榮約陳潔靈等人在家打麻將,當晚他贏了1萬多,心情應該不差。

張國榮即使再怎麼被病痛折磨,給人的印象還是非常精神陽光的。誰又能想到,就在第二天,發生了那樣的事情呢?

4月1日,愚人節。

傍晚6點43分,張國榮從文華東方酒店24樓健身中心天臺一躍而下,隨後被送往香港瑪麗醫院。

當晚7時06分,醫院宣布搶救無效。一代巨星,就這樣告別了人間。

當時,行動網路還處於雛形,手機的主要功能還是打電話,資訊的傳播遠不如今天這般方便。因此,當張國榮自殺的消息傳出時,很多人的本能反應,必然是:哪個無聊的網站,又編新聞騙流量了?

但是最終,這個噩耗被證實,令無數人心碎不已。

4月6日,在「SARS」病毒的肆虐和全港哀悼張國榮的憂傷氛圍中,第22屆金像獎頒獎禮如期舉辦,現場觀眾和嘉賓大都戴著口罩出席。

現場主持曾志偉過往都以搞笑形象示人,此次卻罕見地嚴肅,更是泣

不成聲，他表達了對張國榮的深切思念。隨後，成軍10年的「四大天王」罕見地集體亮相，清唱了《英雄本色》主題曲〈當年情〉。

張國榮已不在人間，但還是入圍了最佳男主角的五人名單，與《無間道》的雙男主角梁朝偉、劉德華，上年金馬獎影帝黎明，以及主演《雙瞳》的梁家輝並列。

無數榮迷翹首期盼張國榮12年後再拿影帝，作為對逝者的最好紀念。可是頒獎結果無疑令他們更不開心。梁朝偉憑藉《無間道》陳永仁一角勝出。

而張國榮從1983年開始，先後以《烈火青春》、《英雄本色Ⅱ》、《胭脂扣》、《阿飛正傳》、《金枝玉葉》、《色情男女》、《春光乍洩》、《異度空間》8次入選最佳男主角，僅在1991年以《阿飛正傳》中的旭仔一角勝出，還沒有到場領獎。

4月8日，數萬名傷心欲絕的粉絲聚集在香港殯儀館外，只為能看偶像最後一眼。徐克、周潤發、周華健和王菲等眾多明星也不約而同地前來送別。

張國榮的遺書，全文是這樣的：

Depression，多謝各位朋友，多謝麥列菲菲教授。這一年很辛苦，不能再忍受。多謝唐先生，多謝家人，多謝肥姐。我一生未做壞事，為何這樣？

Depression可以譯為沮喪、消沉，也可以譯為「憂鬱症」。到底哪個更準確？當事人已經不在了，我們也得不到標準答案。但是無數的榮迷堅信，哥哥這樣堅強樂觀、心有陽光的人，不會因為事業遇到瓶頸、心情沮喪就選擇撒手人寰，情變更是無稽之談。顯然，過於嚴重的生理性憂鬱症，令他實在堅持不下去了。

這也是張國榮大姐張綠萍在媒體前一再強調的。

張國榮心心念念執導的首部電影，最終還是未能完成。他此生最大的遺憾，想必是沒有一部自己導演的院線作品。

如果有一天，《偷心》可以成功拍攝，必定是對亡靈的最大慰藉。

四、《偷心》未完成，留下太多遺憾

第十章　導演之夢

後記
做不了張國榮，也要做好的自己

2003年的4月1日，是我永遠無法忘記的日子。

誰都知道這一天是愚人節，當天，我坐在從武漢開往西安的火車裡。

就在那幾天，SARS大規模暴發的消息也傳開了。不過當時我清楚地記得，車上還基本上沒有採取什麼隔離措施，沒有強制戴口罩。

晚上8點多時，一則消息在車廂內不脛而走，如同平地裡的一聲驚雷。

很多人不願相信，第一反應是媒體惡搞。很多人不置可否，只是繼續忙自己的事。很多人不能接受，感慨命運實在無常。

張國榮跳樓自殺了！

但是之後傳來的更多消息，證實了事件的真實性。這位天王巨星，真的就那樣一躍而下，告別人間了，離他47歲生日，只有5個多月。離第22屆金像獎頒獎禮，只有一個星期。

這個年齡其實一點也不老。只要張國榮願意，他至少還可以再演20年電影，創造更多經典角色。他還可將事業重心放在幕後，成為一名優秀的出品人、監製和導演。可惜，一切都不能繼續了。

別看張國榮是天王巨星，他也有自己的苦惱。

30歲之前，他長期生活在陳百強和譚詠麟的陰影之下。

自《英雄本色》之後，他主演的電影，沒有拿過一次香港年度冠軍。

他想做《倩女幽魂》音樂劇，卻一直不能如願。

後記 做不了張國榮，也要做好的自己

他26歲時就想做導演，到去世之時，還沒有一部自導的長片可以在影院上映。

他8次金像獎最佳男主角提名，只獲勝了1次；5次金馬獎影帝提名，全部落敗。

我們只能看到無數粉絲的狂熱追捧，卻無法明白他不被人真正理解的寂寞；

我們只能看到他盛名之下的舉重若輕，卻不清楚他多年以來被狗仔隊騷擾的不勝煩心；

我們只能看到他表面的光鮮，卻難以明白他在背後付出的心血；

我們只能看到無數同行對他的讚譽，卻不太知道他如何幫助他人、提攜後輩。

這樣一個巨星，值得認真研究，用心書寫；

這樣一位傳奇人物，值得反覆謳歌，永遠懷念。

比我們優秀的人總是比我們還勤奮，這是很正常的現象。普通人的付出，以失敗和失望告終，也是常有之事。殘酷的現實，是否注定了我們就一定要「屈服」？恐怕不是。

張國榮也曾有過長期的挫折與徬徨，他的逆襲，當然也絕對是小機率事件，就像那些奧運冠軍一樣。但是如果沒有改變命運的野心，他只能任由命運擺布和摧殘。無論怎樣，既沒有人脈又沒有天賦的普通人，唯有在自己最擅長的領域努力不輟、痛下苦功，才有創造奇蹟、鹹魚翻身的可能。這正是張國榮帶給我們的啟示。

至於花多大精力拓展人脈，則是個見仁見智的問題。「你若盛開，清風自來」沒有錯，但是更為開放的心胸和更加主動的姿態，當然也是有必要的。

2003 年秋天，當「SARS」終於告一段落時，很多人信誓旦旦地宣布，這輩子不會有第二次再長時間戴口罩了，當然，也別指望這輩子能戴著口罩接吻，尋找別樣浪漫了。

然而，2020 年伊始，大家都知道發生了什麼。這一次，我們戴口罩的時間更長，對生活的影響更大。遲遲摘不了的口罩、遲遲滅不了的疫情，還有遲遲無法完全恢復正常的電影市場，讓我更加懷念張國榮。

這一年，在寫了 10 年影評，出版了 10 餘本書之後，我終於萌生了為張國榮做傳的想法。對我這樣的「直男」來說，顯然屬於「走出舒適區」。

張國榮主演過的所有影片我都看過多遍。但是回想起來，留給我最深印象的，是在大學讀書時，在 800 人大教室看的那十幾場電影。

把最好的文科大學當成了錄影廳，既是我的「任性」，又是我的宿命。但是如果沒有那段經歷，我很可能就無法成為影評人，更不會有這本書的出爐。

我不太相信「一切都是最好的安排」，但是也不會認為自己最為不幸。

筆者並非張國榮粉絲，也不好意思稱其為「哥哥」，但是就對他的尊重與懷念而言，我和每一位真正的榮迷也差不了太多。我欣賞他的表演才華與演唱功力，理解他的價值取向與性觀念，欽佩他的人格魅力與處世態度，更希望能像他一樣努力上進，讓生命中多一些精采，少幾分遺憾。

做不了張國榮，也要做最好的你自己。這句話與各位讀者共勉。

2023 年，是張國榮去世 20 週年。同時，還是他最重要代表作《霸王別姬》、賀歲喜劇《花田囍事》、《東成西就》、古裝武俠《白髮魔女傳》上映 30 週年，這些影片成為永恆經典，在各大影片平台有著極高播放率。

張國榮塑造的角色會不斷被提起、被緬懷、被模仿。我也希望用一本電影傳記，作為送給廣大榮迷的禮物，與更多朋友交流溝通，以紀念永遠

逝去的香港電影黃金時代，也緬懷本人永遠失去的青春年華。

26萬字的原稿，我差不多用了一整年才最終完成。這是我10年寫作生涯中，寫得最艱難、最痛苦的一本書，甚至有「入戲太深」的趨勢。但是張國榮的電影帶給我的那些歡樂和感動、警醒與思考，激勵我一直堅持下來，堅持到了作品的出版。

有榮迷曾這樣形容張國榮：與他的才華相比，他的容貌不值一提；與他的人品相比，他的才華不值一提。我肯定是認同這句話的。但是我也知道，過於強調張國榮的人品，其實沒太大必要，甚至違背他的本心。助人為快樂之本，肯定不應追求回報的。

因此，本書集中對張國榮電影生涯的描述分析，對他幫襯同行、提攜後輩的事情涉及較少，特此申明，也請讀者理解。

最後，我要特別感謝廣大讀者的厚愛與支持，我也要用本書向廣大榮迷問好。書中難免有疏漏與不足之處，還請批評指正，不勝感謝。

燕山刀客

主要參考文獻

1. 大衛・波德威爾（David Bordwell），香港電影的祕密：娛樂的藝術 [M]，海口：海南出版社，2003。
2. 張建德，王家衛的電影世界 [M]，北京：北京大學出版社，2021。
3. 志摩千歲，張國榮的時光 [M]，上海：上海書店出版社，2007。
4. 的灰，香港電影金像獎帝後列傳 [M]，上海：上海書店出版社，2007。
5. 的灰，張國榮的電影生命：與他共度61世 [M]，上海：上海書店出版社，2013。
6. 林沛理，影像的邏輯與思維 [M]，香港：次文化堂，2014。
7. 林青霞，窗裡窗外 [M]，桂林：廣西師範大學出版社，2011。
8. 洛楓，張國榮：禁色的蝴蝶 [M]，桂林：廣西師範大學出版社，2009。
9. 榮雪煙，隨風不逝，張國榮 [M]，福州：福建人民出版社，2018。
10. 張燕，映畫：香港製造 [M]，北京：北京大學出版社，2006。
11. 張徹，回顧香港電影三十年：[M]，香港：三聯書店（香港）有限公司，2019。
12. 趙衛防，香港電影藝術史 [M]，北京：文化藝術出版社，2018。
13. 鍾寶賢，香港百年光影 [M]，北京：北京大學出版社，2007。
14. 湯禎兆，香港電影夜與霧 [M]，杭州：浙江大學出版社，2012。
15. 湯禎兆，香港電影血與骨 [M]，上海：復旦大學出版社，2010。

16. 張國榮藝術研究會編，盛世光陰：張國榮 [M]，北京：現代出版社，2013。

17. 卓男，蒲鋒主編，群芳譜：當代香港電影女星 [M]，香港：三聯書店（香港）有限公司，2017。

張國榮，一場不會謝幕的流星盛宴：
橫跨樂壇與影壇，張國榮如何成就一代傳奇？他的故事仍然在無數人的心中持續書寫

作　　　者：	燕山刀客
發　行　人：	黃振庭
出　版　者：	崧燁文化事業有限公司
發　行　者：	崧燁文化事業有限公司
E - m a i l：	sonbookservice@gmail.com
粉　絲　頁：	https://www.facebook.com/sonbookss/
網　　　址：	https://sonbook.net/
地　　　址：	台北市中正區重慶南路一段61號8樓

8F., No.61, Sec. 1, Chongqing S. Rd., Zhongzheng Dist., Taipei City 100, Taiwan

電　　　話：	(02)2370-3310
傳　　　真：	(02)2388-1990
印　　　刷：	京峯數位服務有限公司
律師顧問：	廣華律師事務所 張珮琦律師

-版權聲明────────

本書版權為河南文藝出版社所有授權崧燁文化事業有限公司獨家發行繁體字版電子書及紙本書。若有其他相關權利及授權需求請與本公司聯繫。

未經書面許可，不得複製、發行。

定　　　價：520 元
發行日期：2024 年 11 月第一版
◎本書以 POD 印製
Design Assets from Freepik.com

國家圖書館出版品預行編目資料

張國榮，一場不會謝幕的流星盛宴：橫跨樂壇與影壇，張國榮如何成就一代傳奇？他的故事仍然在無數人的心中持續書寫 / 燕山刀客 著. -- 第一版. -- 臺北市：崧燁文化事業有限公司, 2024.11
面；　公分
POD 版
ISBN 978-626-416-130-5(平裝)
1.CST: 張國榮 2.CST: 傳記
782.886　　　　113017443

電子書購買

爽讀 APP　　　臉書